道特智库系列丛书

一流管理创新
——走向世界的企业管理体系

韩连胜 等著

南开大学出版社

天津

图书在版编目（CIP）数据

一流管理创新：走向世界的企业管理体系 / 韩连胜
等著. —天津：南开大学出版社，2021.4
（道特智库系列丛书）
ISBN 978-7-310-06109-9

Ⅰ.①一… Ⅱ.①韩… Ⅲ.①企业管理－创新管理
Ⅳ.①F272

中国版本图书馆 CIP 数据核字（2021）第 065541 号

一流管理创新：走向世界的企业管理体系
YILIU GUANLI CHUANGXIN：ZOUXIANG SHIJIE DE QIYE GUANLI TIXI

南开大学出版社出版发行
出版人：陈　敬
地址：天津市南开区卫津路 94 号　　邮政编码：300071
营销部电话：(022)23508339　营销部传真：(022)23508542
http://www.nkup.com.cn

天津市蓟县宏图印务有限公司印刷　全国各地新华书店经销
2021 年 4 月第 1 版　　2021 年 4 月第 1 次印刷
240×170 毫米　16 开本　18 印张　1 插页　307 千字
定价：72.00 元

如遇图书印装质量问题，请与本社营销部联系调换，电话：(022)23508339

推荐序

"好雨知时节，当春乃发生"。顺应世界经济的发展形势和管理变革的浪潮，响应中国共产党十九大提出的"培育具有全球竞争力的世界一流企业"的战略部署，助推国务院国资委"开展对标世界一流企业管理提升三年行动计划"，针对中国国资委提出的重点企业到 2022 年将实现的世界一流企业的一系列管理目标的具体内容和具有中国特色的现代管理体系所包含的要素，本书的著作者和他的协作策划团队审时度势，及时地以《一流管理创新——走向世界的企业管理体系》为书名，出版了饱含他们多年实践经验的研究成果。顺应时势需求是此著作的一个鲜明特点。

"九州生气恃风雷，万马齐喑究可哀"。纵观全球经济管理发展的历史，英国的工业革命，美国的二战后兴盛，日本的明治维新和战败后的经济复兴，中国的改革开放和经济腾飞，无一不呈现出变革中的生气勃勃。这其中既有企业的创业求进的激情，又有经济管理学者知识研究的激情和探索，实业界百花齐放，名企辈出；学界和理论界百家争鸣，名著纷增。有理由期待，中国在成功地度过经济周期低谷、美国极限施压和完胜新冠疫情之后，将继续迎来经济腾飞。著作的主作者和他的策划团队，饱含激情，勇于创新，以"创建走向世界一流的企业管理体系"为主题，探索性地提出了中国企业发展历史和世界企业管理发展历史的阶段论；深度剖析界定了世界一流企业和企业管理体系的概念和内涵；创新性地提出含一大体系、八大子系统和三条主线的创新管理体系的框架；深入具体地论述了八大子系统的要素、结构和搭建要领。此书的出版不仅能产生一家创新鸣放的作用，也将产生投石激浪、百花齐放的效应。

"问渠哪得清如许？为有源头活水来"。知识既源于书本，又来自实践。近代发达国家管理学界出版了多本由知识密集型的咨询公司总裁和精英撰写的好书。例如，由 Hammer and Company 顾问公司经理迈克尔·哈默和 CSC Index 顾问公司执行总裁詹姆斯·钱皮合著的《企业再造》，由罗伯特·卡普兰和大卫·诺顿合著的《平衡记分卡——化战略为行动》《战略中心型组织》和《战略地图——化无形资产为有形成果》三部著作。上述经典著作之所以在管理学界和实业界引起极大社会反响的一个主要原因，就是其既具有思想创新性又具有很强实用性。本书的主作者是成立于 2001 年的道特咨询公司的总裁，他曾带领公司为原中国铁道部、天士力医药集团、中车唐山轨道车辆公司、天狮集团、新和成公司等上百家知名企事业单位做过管理咨询和管理体系策划，为众多企业高管做过管理讲座和培训。本书的理论梳理归纳以及管理体系、管理原则和管理方法的设计是其多年管理咨询实践的结晶，具有很强的实证性和实用性。

使用广泛是本书的又一个特点。本书不仅是我国国资委《关于开展对标世界一流管理提升行动的通知》所要求的 97 家中央企业、重点国有企业开展对标的一本很好的参考书或必读书，也是混改企业和民营大、中、小企业在管理体系完善、再造和初建中可资借鉴的一本好书。书中把八个子系统融为一体，涉及了战略管理、项目管理、运营管理等多方面相互关联的知识、案例、方法和工具等，可以供高校商科的教师和学生，尤其是 MBA 学生课外阅读和参考。此书还可以作为政府相关机构和企业咨询顾问公司组织和提供企业培训的选用蓝本或参考资料。

概言之，应时、创新、实用、广适是本书的四个重要特点。期待此书能助推中国创一流企业的浪潮，既产生积极的实用价值，又引发更深入的管理实践开发和理论探索。

南开大学博士生导师、MBA 专家委员会主席 张金成
2021 年 2 月

推荐语

　　韩连胜博士是南开的青年翘楚,读过他的这本大作《一流管理创新——走向世界的企业管理体系》一书,感觉受益匪浅。

　　我在工商联工作约二十年,接触了大量民营企业家,目睹了中国改革开放的重要过程。我感觉中国企业经营管理的理念,在从计划经济到市场经济的过程中,得到了极大的升华。但是,我们目前面临的是百年之变局,面临的是国际顶尖企业的竞争,必须以最精干的身躯和最敏锐的头脑去迎接挑战。韩连胜博士这本书归纳了中国企业的发展和管理历程,从跨越时空、国界和文化的视角出发,系统地融合了企业整体管理的内容和关联,创造性地提出了"创新管理体系架构和建设路径"。

　　我强烈建议中国的企业家们、中国企业的管理者们和中国企业管理的研究者们,读一读此书,把它当作企业管理的工具书,把我们的企业打造成世界一流的先进企业。

原全国工商联副主席、天津市人大常委会副主任　张元龙

2021 年 3 月

推荐语

我国企业过去在改革开放的各种红利下得到超强发展，相比之下管理能力没有对等的提升。

时移势易，我国已经到了需要提升企业管理的重要关头，皆因无论是地缘政治还是全球化的博弈，都将会把国企和民企推到风口浪尖。

从创新、研发、生产、供应链，到物流、营销和服务等，都需要一流的管理体系支撑。

韩老师这本书中西结合，正好为我国企业管理提供很好的借鉴。

原 IBM 大中华区副总裁、SAP 中国区总裁 张烈生

2021 年 3 月

前　言

　　21 世纪 20 年代伊始，人类社会进入新时代，面临着"百年不遇之大变局"，迎来了"创新变革的大发展"。世界的经济、贸易、金融、科技，乃至人类社会的秩序和文明，都面临着前所未有的挑战和巨大震动变革。历史源远流长，近代历经磨难的中华民族，在创造了世界经济连续数十年快速增长奇迹的基础上，也面临着从"站起来""富起来"到"强起来"的伟大飞跃和巨大挑战。

　　中国的发展和世界的进步，面临着前所未有的融合互动：中国需要进一步走向世界，需要世界促进推动中国发展；世界需要进一步融合中国，需要中国推进拉动世界发展。企业是社会经济的主体，也是中国和世界融合的主力军、发展的排头兵。包括中国在内的世界企业，特别是世界一流企业，应当也必然在这次世界经济格局的变革中，发挥主导作用与核心贡献。

　　世界一流企业的培育与打造，是新时代发展的重点和热点。各个国家和经济体，都在将创建更多的世界一流企业，作为国家经济乃至综合实力的标志与象征。世界一流企业，跨越时空、国界和文化，在重要的关键经济领域或行业中，拥有国际型的优良核心资产、一流人才队伍、顶尖科学技术、卓越管理体系等共同特征，跨越国界、联通世界、全球经营，大可比国、强可御国、富可敌国，引领全球行业发展，塑造世界发展格局，影响社会未来发展态势。曾经创造行业跨越发展，乃至推进世界经济发展成绩的福特汽车、壳牌石油、通用电气、微软电脑、苹果手机、中国高铁、华为科技、字节跳动等，都是杰出的代表。

　　1600 年，世界上第一家成熟的、具有法人和股份制特征的英国东印度公司成立。1872 年 12 月 26 日，中国近代史上第一家轮船运输企业——"轮船招商局"正式创立，开启了中国企业的发展征程。历经中华人民共和国成立前的萌芽起步、中华人民共和国成立后的探索加速、改革开放的蝶变跟跑，中国企业获得了空前的发展。1990 年，《财富》杂志发布的世界 500 强名单中，没有一家中国企业，到了 2019 年，中国企业占据 129 席，2020

年，中国企业更是达到 133 家，连续两年数量超过美国（121 家）。在中国企业取得巨大发展的同时，也普遍存在着"大而不强、强而不优""体型大、体质差"的严重问题。

基于中国社会的高质量升级发展需求和世界经济的新时代共同发展诉求，2017 年 10 月 18 日，党的十九大报告提出了"培育世界一流企业"的战略部署，并在陆续出台"三个领军""三个领先""三个典范"的战略措施之后，2020 年 7 月 29 日，国务院国资委贯彻习近平总书记重要讲话指示精神，确定了"开展对标世界一流企业管理提升三年行动计划"，其总体目标是：到 2022 年，（国有）重点企业管理理念、管理文化更加先进，管理制度、管理流程更加完善，管理方法、管理手段更加有效，管理基础不断夯实，创新成果不断涌现，基本形成系统完备、科学规范、运行高效的中国特色现代国有企业管理体系，企业总体管理能力明显增强，部分国有重点企业管理达到或接近世界一流水平。

企业管理体系的实践构建和理论研究，是世界一流企业发展的要点和难点。世界一流企业的内涵标准与核心能力，是所有想走向世界一流企业关注的核心和努力的要点，卓越的体系管理能力，无疑是其中最为关键的要素之一，也是企业成为世界一流企业的核心途径和依托，没有世界一流的企业管理体系，就不可能创造出世界一流的企业。国际管理学大师德鲁克在《管理：使命、责任与实务》中阐述如下：当企业达到一定的规模和复杂程度以后，就必须要有管理体系。管理于企业而言，就是管理体系；就企业家而言，就是基本素养。

近两百年来，企业管理的实践精英和专家学者，从时代经济特征和企业发展主题出发，持续加强对企业管理的概念定义、功能价值、内容要素、方法工具以及运转规则的实践和研究。不同时代，企业管理应用和研究的核心与主题也随时演进：在企业萌芽起步的工业化发展阶段，企业管理的核心以"工厂管理"为主；在企业加速拓展的后工业化发展阶段，企业管理的核心以"职能管理"为主；当前到了企业深化升级的信息社会 VUCA（变幻莫测）时代发展阶段，企业管理的核心，当以"体系管理"为主。

在"工厂管理"和"职能管理"的经验和理论成就基础上，以企业整体为研究对象，反映企业转型升级的需求、政府号召高质量发展的要求和变革时代超强竞争的诉求，涵盖企业管理各种要素，将企业管理的各种管理要素和能力，汇总为一体，有机联系，实现企业在职能管理方面能够"专"，在整体管理方面又能"合"，建立高效运转的"企业管理体系"，既是企业管理学科百年来发展成就的必然结果，也是当今企业走向"世界一流"的必要手段。

当前众多企业管理体系的底蕴深厚，框架和经验非常丰富，企业管理体系的成果系统化、文字可视化和人员素养支撑化严重不足。为让更多的中国企业中高层管理者，深入了解创新管理体系建设的必要性价值，深度把握世界一流企业和管理体系的内涵，清晰认知并深入掌握创建创新管理体系的体系框架、系统构成、运转规则和路径方法，为让更多的中国企业走向世界、成为一流，道特智库核心顾问，系统总结20年一流企业管理顾问服务经验与成就，联合以南开大学商学院为主的管理专家学者，以及众多国内外一流企业的高管精英，系统总结创新管理体系的建设经验和借鉴理论，创新性地提炼并明确了"创新管理体系"的使命价值、核心内涵、体系架构、系统构成以及提升变革路径方法，以专著方式，出版发行《一流管理创新——走向世界的企业管理体系》。以推进世界企业，特别是中国企业，依托企业管理体系走向世界一流的发展进程。

在正式阅读本书之前，通过前言了解本书的适宜阅读人群和主要架构逻辑，对于提升阅读和应用成效，是非常必要的。

当今企业的领导人、管理负责人，特别是国务院国资委《关于开展对标世界一流企业管理提升行动的通知》要求的97家中央企业、国有的重点企业负责人，都将是本书的最佳阅读者、批判者、践行者和分享者。更希望读者朋友们，通过本书，结识更多企业家朋友和管理学专家，同创共享，为打造更多、更大、更强、更优的中国企业并让其成为世界一流企业而共同努力、携手同行。

本书主要由六章组成。

第一章为时代极限挑战，企业跨越使命。从时代极限挑战诉求出发，阐述了中国企业历经四个发展阶段，走向世界一流的必然性和必要性，同时深入阐释了世界一流企业的内涵、标准和能力。

第二章为管理学科发展，体系勇担重任。从企业管理学科三个发展阶段出发，解读了当今企业采取体系管理的必要价值性，并解释了创新管理体系的时代内涵和根本特征。

第三章为经验萃取凝练，理论借鉴指导。通过大量的世界一流企业管理案例分析和丰富的企业管理专家理论剖析，从经验萃取凝练和理论借鉴指导两个方面，广泛探索并深入理解创新管理体系的价值内涵和建设途径。

第四章为体系科学构建，法则高效运转。精要阐述创新管理体系的体系构建以及各系统汇总为一体的运转法则。

第五章为系统深化搭建，卓越成效体现。精要阐述创新管理体系八大系统构成及其卓越成效表现。

第六章为适时变革升级，创造一流奇迹。简明扼要介绍创建创新管理体系的整体框架、变革路径、诊断评价和应对服务。

需要说明的一点是，"道特智库系列"丛书中笔者的《企业项目化管理范式》一书，可以说是本书的姊妹篇，前者是侧重理论，本书侧重操作。两本书相互对照阅读，理解与应用效果更佳。

时代不殇，当求荣光。世界需要中国，中国走向世界！

韩连胜

2020 年 10 月于南开

目 录

引言 《一流创新管理体系赋》

历史长河、浩浩汤汤。中华民族，历经沧桑，刚创发展辉煌，又迎挑衅之殇。

政治博弈、文化冲突、军事挑衅，手段无所不用其极；经济制裁、贸易纠纷、社会割裂，伤害还在蔓延扩展。百年未遇之变局，企业未经之挑战。

追人类命运共同之求，圆中华民族振兴之梦；思企业经济发展之责，考企业管理价值之功，而作"一流创新管理体系赋"。

经济发展，企业荣光。全球时代，虽有升腾之望，亦存倒退之殇。变革创新，经验非金，创新为王。治理创新，受体制约束；经营创新，有环境影响；管理创新，乃希望之光。

企业之本，聚社会资源，创价值辉煌。全球时代、世界经济，一流企业、凝聚荣光。起于创业，三次蜕变：由小到大、由弱转强、由劣变优，有竞争力、具影响力、显凝聚力，跨越国界、联通世界、全球经营，大可比国、强可御国、富可敌国，引领全球行业发展，塑造世界发展格局，影响社会未来发展态势。

管理之道，以资源配置之功，行卓越发展之能。起于工业化，兴于信息化。先于流水作业工厂管理，后于专业细分职能管理，再于生态整合体系管理。他山之石，可以攻玉。对标企业，实践经验，凝练萃取；请教专家，理论知识，借鉴指导。融汇中外、贯通古今，当前管理、体系为上。

一大体系、八大系统：战略管理、项目管理、运营管理、组织人员管理、财务成效管理、知识能力管理、思想文化管理、信息管理。

高效运转、八大法则：战略主导、项目核心、运营积淀、组织人员保障、财务成效支撑、知识能力指导、思想文化引导、信息集成。

当今企业，应对供给侧改革，响应高质量发展，搭建管理体系，构建深化系统，对标基准，诊断偏差，查遗补漏，强优补劣，持续改进，日渐完善，助推企业，走向世界，争当一流，再创荣光。

第 1 章　时代极限挑战，企业跨越使命

2019 年这样一句话曾风靡网络——"2019 年，是过去十年里最差的一年，但却是未来十年中最好的一年"，但 2020 年伊始，新冠疫情、国际冲突、长江大水等一系列突发事件，不由地让人们，特别是企业管理高层，对企业的生存发展充满了困惑，甚而焦虑。作为一位常年从事企业管理教学研究、培训和咨询服务的管理专业人士，笔者经常思考以下三个问题：

（1）疫情或者类似疫情这种突发、重大、影响深远、不确定的事件的发生，是否是一种必然？以后是否还会发生？

（2）面对着未来发展的这种更大的不确定性，我们，特别是企业是否可以未雨绸缪，以便有备无患？

（3）正在进一步走向世界中心的中国企业，面临着国内外的各种挑战，我们的企业要何去何从？究竟会倒在强起来的路上，还是会站在更伟大的成就之巅？

阅读导图

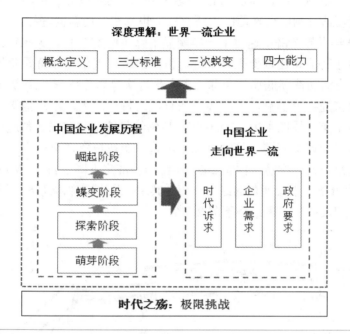

读者感言：

1.1 时代之殇：极限挑战

一场突如其来的新冠肺炎疫情从武汉爆发，短短三个月时间席卷全球，影响之深，范围之广，前所未有。疫情给中国乃至世界的经济带来了严重冲击，受疫情影响，全球范围内所有行业也都在经历新的洗礼。

2019 年世界经济增速比上一年明显下降（见图 1-1），大多数国家出现了经济增速回落和通货膨胀率下降，世界经济表现出国际贸易负增长、国际直接投资活动持续低迷、全球债务水平再次提高等特征。2019 年，受全球贸易紧张局势等影响，世界经济下行压力持续加大，全年世界经济增长 2.9%，是十年来最低水平。2020 年，疫情给供给端和需求端都造成显著冲击，阻断了全球供应链，限制了民众消费、企业投资，全球生产、贸易和跨境投资都在大幅收缩。预测 2020 年全球经济将下降 5.2%，成为 20 世纪 30 年代大萧条以来最严重的经济衰退。其中，发达经济体经济下降 7%，新兴经济体和发展中国家经济下降 2.5%。

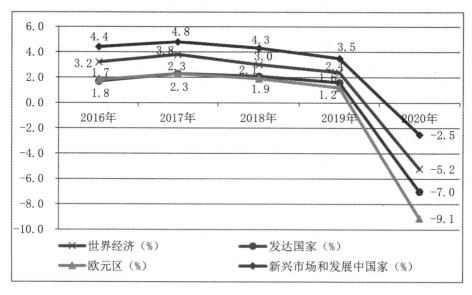

图 1-1　2016—2020 年世界经济增长趋势图

在经济下行和疫情的重压下，世界经济均出现严重衰退，如美国、日本、俄罗斯、印度、巴西等均下降了 6%，甚至更多，而中国是唯一保持正增长的国家（见表 1-1）。2020 年上半年，新冠疫情对我国经济发展和世界政经格局造成重大冲击。一季度国内生产总值下滑，消费、投资增速出现大幅下跌。随着我国对疫情的有效防控，二季度实现大部分复工复产，消费、投资、工业企业利润等的降幅均出现不同程度收窄，经济呈修复起稳态势。同时，受全球疫情蔓延的冲击，不仅对中国对外贸易增速造成影响，也导致全球产业链和供应链的重新调整及贸易保护主义的叠加，进一步加剧了经济下行的压力。

表 1-1　2016—2020 年部分国家经济增长走势

国家	2016 年	2017 年	2018 年	2019 年	2020 年
美国	1.5	2.3	2.9	2.3	-6.1
日本	0.9	1.7	0.3	0.7	-6.1
俄罗斯	-0.2	1.5	2.5	1.3	-6
中国	6.7	6.9	6.6	6.1	1.0
印度	7.1	6.7	6.1	4.2	-3.2
巴西	-3.5	1.0	1.3	1.1	-8
南非	0.6	1.3	0.8	0.2	-7.1

2020 年伊始，突如其来的"疫情"打了很多企业一个措手不及，每天都有成千上万的企业倒闭，许多企业或遭受重创或倒闭，部分巨头企业已经扛不住，或破产、或停产、或撤店，维密英国公司宣布破产，ZARA 关闭 1200 家店面，拉夏贝尔撤店 4391 家，香奈儿、爱马仕、百达翡丽、爱彼、劳力士官宣停产了，全球奢侈品牌纷纷停产，星巴克宣布"永久性关闭 400 家门店"，日内瓦车展或将破产，陆续有更多品牌加入停产大军，这些都是行业的巨头，它们都危机重重，更何况一些中小企业。面对此次疫情危机，"活着"已成为大多数企业目前的最大目标，中国企业尤为如此。

1.2　中国企业发展历程与时代使命

随着全球经济一体化进程的加快，市场竞争日趋激烈，市场环境更加复杂多变。纵观国内外迅速发展壮大的企业与濒临破产的企业同时存在，企业在历史发展潮流中优胜劣汰。因此，只有深入了解中国企业的发展历程，精准识别企业发展时代使命，才能更好地推进中国企业成为世界一流企业。

依据历史的发展脉络，中国企业的发展历程分为萌芽阶段（1875—1948

年）、探索阶段（1949—1977 年）、蝶变阶段（1978—2019 年）以及崛起阶段（2020 年至今），且各个阶段具有不同的时代特征与使命，如图 1-2 所示。

图 1-2　中国企业的发展历程

1.2.1 萌芽阶段与探索起步

19 世纪 80 年代，当世界公司的发展进入高峰期，公司已经成为欧美国家经济活动的主体时，而亚洲地区公司的相关理念还尚未萌芽。随着洋务运动的兴起，"洋务派"为中国带来了第一次"公司热"，军用工业、民用企业趁势发展，并于 1872 年成立了中国近代史上第一家具有公司意义的轮船招商局。但由于"官督商办"先天的不足，大部分公司在成立三五年后纷纷破产。

甲午战争战败后，郑观应提倡："商战（即经济侵略）比兵战（即军事侵略）更具有隐蔽性、更具有侵略性，因此应当将反对商战放在比兵战更优先的地位。"受商战观点影响，张謇、沈敬夫、沙元炳等民族企业家创办了一批民营企业，中国又迎来一次短暂的公司热，在此阶段正式注册的民营公司约 400 多家。由于同样受限于历史背景，交易相关法制的缺乏，使得这一次的公司热再度"退烧"。

1912 年，"中华民国"成立后，"实业救国"的浪潮再次被掀起，但受限于军阀混战，民族资本主义工业发展受限。1927 年南京国民政府成立后，通过整顿税务、控制金融、改革币制，中国的公司热再度席卷而来，进入"官僚资本的黄金 10 年（1927—1937 年）"。同样的，受到官僚资本的挤压、帝国主义的经济侵略和封建势力的压迫，这一轮的公司热，也没有持续太长时间。随着抗日战争的爆发，刚刚初见希望的中国企业，又在战火中被摧毁殆尽。

中国企业在这一阶段，起起落落，受限于时代背景，实业兴国的使命终将难以达成。企业发展与国家昌盛紧密相关，只有国家强大，中国企业才有望强盛发展。

1.2.2 探索阶段与夯实奠基

1949 年，中华人民共和国成立后，面对国民政府遗留的烂摊子、西方国家对中国的封锁等系列难题，如何恢复和发展国民经济、如何重塑国家基础工业等问题的解决迫在眉睫。在基本完成社会主义改造后，中国共产党提出"一化三改"的总路线，即在一个相当长的时期内逐步实现国家的社会主义工业化，并逐步实现国家对农业、对手工业和对资本主义工商业的社会主义改造。

在这一总路线的指导下，中国企业开启了新的历史篇章，对于民族企业，主要通过和平赎买、公私合营等国家资本主义形式，逐步将其改造为社会主义公有制企业；对于资本主义工商业，于 1956 年完成了全行业公司合营；对于公私合营企业，于 1966 年全部转变为社会主义全民所有制企业。与此同时，为建立健全我国基础工业和重工业体系，在苏联的帮助下，我国开始实施"156 项工程"，在这一过程中，初步塑造了诸如中国第一汽车集团、中国兵器装备集团、中国石油集团等中央企业的雏形。

当时的中国百废待兴，为充分调用、配置资源，中国共产党全面推行社会主义计划经济，全面由政府安排重大经济活动，引导和调节经济运行方向，全面统筹资源分配、产品生产与产量调节等。受此计划经济影响，在这一阶段国企、央企应运而生，不仅要承担生产经营的任务，还要承担一定的职能管理责任，最大限度地保障了我国的经济发展。

在这一特殊历史时期，中国共产党面临着巩固政权、恢复和发展经济等诸多难题与挑战，更肩负着对旧中国经济政治制度加以根本性重构的历史重任。实施计划经济是当时最适合中国发展的理性选择，中央企业、国有企业的组建与发展，助推了我国经济的发展，虽然这些企业带有浓厚的政治色彩，但对日后我国经济的发展产生了重大的影响。

1.2.3 蝶变阶段与起跑加速

在探索阶段，全面推行的计划经济虽然在一定程度上促进了我国经济发展，为一批企业提供了发展的机会，但此种经济体制下的企业缺乏竞争、脱离实际，存在一定的动力不足和效率低下的问题。为重振经济，1978 年12 月党的十一届三中全会后，中国开始实施改革开放，实行混合经济模式，农业上实行家庭联产承包责任制（俗称"大包干"），允许私有企业不再由国家管控，容许外商投资等，改变了中国自 1949 年后经济上逐渐对外封闭近 30 年的情况，使中国经济迈向高速发展。

1980 年 12 月 11 日章华妹领到中国第一份个体工商户营业执照，标志着中国改革开放迈出了最为关键的一步。自此，中国个体私营经济拉开了快速发展的序幕，先后经历了个体私营经济恢复并获得合法地位、个体工商户和私营企业高速发展以及以商事制度改革为先手棋的"放管服"改革三大阶段。在这一进程中，我们的民营企业经历了一个从无到有、从小到大的过程，从个体小规模经营到跨国大集团发展，民营企业的发展经历可谓破茧成蝶。现如今民营企业的税收、GDP 占比、投资、就业都占据了中国企业的半壁江山。

与此同时，中央企业、国有企业也开启了新一轮的发展与演进。先后经历了放权让利、产权改革、国资监管阶段，在这一过程中，逐渐在国企内部建立起现代企业制度，确立了"三分开、三统一、三结合"的国有资产管理体制，还大力推动了股份制改革。进入 2015 年，国企的发展进入了改革的全面深化阶段，通过分类改革、混改等手段，配合供给侧结构性改革，通过兼并重组等方式进一步调整优化国有经济战略布局。

在这一阶段，在稳定的政治环境、经济环境中，中央企业、国有企业与民营企业百花齐放，通过夯实基础，做强企业之后，也开始逐渐参与世界竞争，在世界企业的角斗场中占据一席之地。中国企业作为推动国家日益强大的重要支撑力量，功不可没。

1.2.4 蝶变阶段与争创一流

改革开放以来，中国企业的全球竞争力快速提升，正在迈入发展的新轨道。随着党的十九大召开，发出"培育建设具有全球竞争力的世界一流企业"的号召，明确了我国企业做优、做强、做大的目标。中国的世界 500强企业数量逐年增加，公司规模不断扩大，表明了我国综合经济实力的巨大提升。世界一流企业不仅在规模、利润方面发展到一定程度，更在世界范围内具有一定影响力、竞争力，还代表了国家在世界上的地位、话语权和改变游戏规则的能力。创建世界一流企业，向我们的中央企业、国有企业提出了新一轮的挑战与要求，同时也为广大民营企业提供了创新管理的契机！

1.3 走向世界一流的中国企业

中国企业走向世界一流既是时代诉求，也是企业需求，更是政府要求。培育具有全球竞争力的世界一流企业，已经成为国家发展战略的重要组成部分。当前，我国经济正处在转变发展方式、优化经济结构和转换增长动能的关键时期，面临着从高速增长阶段向高速度增长、高质量发展转型的战略机遇期；培育具有全球竞争力的世界一流企业，是中国企业"走出去"

和践行"一带一路"倡议的必然选择，更是深度参与国际分工与实现全球配置资源的要求，是具有长期性、战略性、挑战性的目标任务；培育具有全球竞争力的世界一流企业是持续深化企业改革的必然要求，是响应政府"培育建设具有全球竞争力的世界一流企业"的号召和"开展对标世界一流管理提升行动"的行动力。

1.3.1　时代诉求：高速度增长，高质量发展

树立管理红利观。很多制造业企业和政府部门在实践中并没有树立正确的"管理红利观"。很多企业仅仅为了提高效益或改善业绩，单纯依靠外在的资源、政策、垄断，依靠原始需求、低成本红利来获利，并不是利用技术创新、管理创新和效率收益来获益。部分政府部门对部分企业给予过度的政策投入和资金投入，使得一些企业获得本不应该有的"通行证"，企业没有将精力真正投入到提升竞争力上，而是不自觉地做了大量激励企业负竞争力的事情。

未来中国的红利将从管理红利中释放出来。管理红利，是指发明和实施一种全新的管理实践、过程、结构和方法，以更好地实现财富创造和解决社会问题。管理学大师德鲁克在《生态愿景》一书中提出：管理带来经济和社会的发展，经济和社会的发展是管理的结果。没有"不发达国家"，只有"欠管理国家"。

从历史上来看，当只提供经济类生产要素，特别是提供资本要素的时候，很多国家并没有得到发展。但是若干案例显示，因为发挥了管理的作用，激发了人的潜力，所以取得了快速发展（见表1-2）。

表 1-2　红利类型及特征

红利类型	政策红利	人口红利	市场红利	环境红利
红利特征	随着国家为企业松绑，简政放权，搞活经济，对外开放为主旨的政策实施，企业机制体制在效率优先的前提下得到极大改观	大量农村劳动力的转移为工业化提供了充沛的劳动力资源，中国企业可以凭借廉价劳动力优势来承接发达国家产业转移带来的发展机会	经历了几十年的短缺经济后，在大多数领域都存在着供不应求的现象，企业只要解决了产品瓶颈便可轻易实现飞跃式扩张	过低的环境与资源成本助推了某些行业企业的高速增长

续表

红利类型	政策红利	人口红利	市场红利	环境红利
红利空间	政策性红利逐渐从国家层面向地区层面转变，地区产业差异性政策成为各地区企业发展的重要红利	用工荒已经成为不得不面对的难题，劳动力成本的激增使许多凭借人口红利而发展起来的企业突遇门槛	除非某些特殊领域，卖方市场已经踪迹难寻。企业必须在商业模式创新上寻找差异化优势	环境和资源成本正在成为企业竞争的限制性因素，企业必须拥有绿色管理竞争力

　　1978 年，改革开放开启了我国经济发展第一季的篇章，此时供给侧劳动人口众多、工资福利低廉、工作积极努力，外汇储备匮乏、政府投入不足，产品物资匮乏、资源矿业较多、环保没有压力、维护成本低廉，经济快速发展主要由需求侧拉动。随着时间的推移，老红利逐步消失，自 2013 年开始，我们进入到经济发展的第二季：供给侧改革，即去库存、去杠杆、去产能（见图 1-3）。

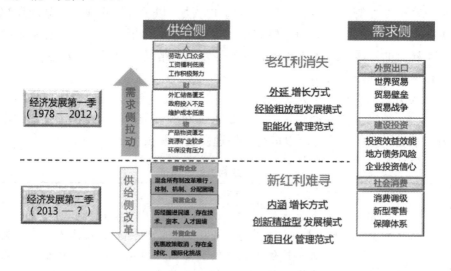

图 1-3　需求侧变化图示

　　2019 年 3 月 5 日，国务院总理李克强在发布的 2019 年国务院政府工作报告中提出，过去一年，深化供给侧结构性改革，实体经济活力不断释放。

　　供给侧结构性改革旨在调整经济结构，使要素实现最优配置，提升经济增长的质量和数量。需求侧改革主要有投资、消费、出口三驾马车，供给侧则有劳动力、土地、资本、制度创造、创新等要素。

供给侧结构性改革，就是从提高供给质量出发，用改革的办法推进结构的调整，矫正要素配置的扭曲，扩大有效供给，提高供给结构对需求变化的适应性和灵活性，提高全要素生产率，更好地满足广大人民群众的需要，促进经济社会持续健康发展。

供给侧结构性改革，就是用增量改革促进存量调整，在增加投资过程中优化投资结构、产业结构开源疏流，在经济可持续高速增长的基础上实现经济的可持续发展与人民生活水平的不断提高；就是优化产权结构，国进民进、政府宏观调控与民间活力相互促进；就是优化投融资结构，促进资源整合，实现资源优化配置与优化再生；就是优化产业结构、提高产业质量，优化产品结构、提升产品质量；就是优化分配结构，实现公平分配，使消费成为生产力；就是优化流通结构，节省交易成本，提高有效经济总量；就是优化消费结构，实现消费品不断升级，不断提高人民生活品质，实现创新、协调、绿色、开放、共享的发展。

同时，在新时代背景下，拉动经济发展"三驾马车"中的外贸出口、建设投资均受阻，需要拉动社会消费，实现内循环；"充分发挥国内大循环、内循环，不放弃双循环"。向高质量消费发展转变是当前和今后一个时期我国消费发展的根本要求。十八大以来，我国消费的基础性作用日益增强，为向高质量消费发展转变打下了坚实基础。为满足人民日益增长的美好生活需要，从高速度消费增长向高质量消费发展转变是经济社会发展的必然要求。由于新时代我国社会主要矛盾的转化，应重视消费的不平衡不充分问题，这也是向高质量消费发展转变的现实要求。为解决消费的不平衡不充分问题，消费升级是向高质量消费发展转变的必然选择。

在这里需要注意的是，高质量必须同时保持着高速度。空有速度无质量，难以占领高端市场并实现长远发展，"中国制造"难以甩脱"粗制滥造"的标签；但是空有质量无速度，难免错失良机，为他人作嫁衣。

1.3.2 企业需求：治理引领，经营转型，管理升级

我国经济增长从高速转为中高速、经济结构不断优化升级、经济增长的动力从要素驱动、投资驱动转向创新驱动。企业转型升级的需求更为现实而迫切。企业处在一个强者恒强、优胜劣汰、日新月异的时代，企业的转型升级既面临着劳动力成本上升、推出风险加剧等重大挑战，同时也面临着人力资本红利释放、质量效应不断显现、创新发展可以大有所为等重要机遇期，因此，"治理引领、经营转型和管理升级"成为企业的迫切需求。

1.3.2.1 治理引领

公司治理是通过一种制度安排，合理界定和配置所有者（股东）与经营者（董事/经理）之间的权利与责任关系。公司治理治本，即"治人、治事"，防范公司利益被侵占，解决治理缺陷，推动企业高效运作，提高企业价值，实现股东价值最大化。公司治理的实质，是界定企业中最主要利益主体相互关系的制度安排，解决企业所有权与控制经营权分离而产生的代理问题，平等地保护大小股东的利益，同时解决企业的战略决策和控制管理问题。

公司治理结构包含股权结构、资本结构、治理机构设置等。公司治理结构分为内部治理和外部治理。公司内部治理又叫法人治理，是根据权力机构、决策机构和监督机构相互独立、权责明确、协调制衡的原则实现对公司的治理。内部治理的机构，是指股东会、董事会、监事会和高级管理人员阶层，是我们筹划公司治理方案的重点，内部治理解决的主要问题是股东与管理层的利益冲突、大股东与小股东之间的利益冲突。因此，在设计公司治理方案时需考虑企业实际情况，内部治理包含的股权结构、股东权益保障、董事会构成、董事功能和业绩、高管的选拔、激励和约束等。

1.3.2.2 经营转型

面对当前复杂的环境，企业经营的转型势在必行，要坚持集约化利用，强调质量第一、效益优先，通过要素的集聚和结构特性的优化，提高全要素生产率，增强企业经济创新力和竞争力。坚持市场化运营，以市场为导向、以经济效益为中心，坚持所有权与经营权分离，努力构建依法自主经营、自负盈亏、自担风险、自我约束、自我发展的独立市场主体。坚持专业化发展，坚守主业、深耕主业、专注主业、做强主业。

通过加快经营管理转型升级、开源增收、降本增效来盘活资产，通过不同业务板块之间的战略联合、强强联手来优化区域布局、整合多方资源，实现优势互补；培育多元要素融合发展的基因，培育注入平等开放、关注价值、敏捷高效、拥抱变化、客户至上等新时代企业内生基因，从引进、消化、吸收外部资源转向自主创新，将资源调整配置到更能创造价值、更能打造核心竞争力、更能满足市场需求的区域和行业；蓄势产业链、创新链、价值链高度协调契合的新动能，合作布局产业链，打通创新链，发掘价值链，形成产业链优势互补、创新链合理分工、价值链共建共享的良好格局。

1.3.2.3 管理升级

企业管理优化升级是企业发展壮大的基础。管理可以提高效率，产生收益。企业管理主要从以下层面进行升级优化：一是加强战略管理，提升战略引领能力，强化战略管理意识，强化主业管理能力，建立健全主业管理体系和制度；二是加强组织管理，提升科学管控能力，优化企业管控模式，构建系统完备、科学规范、运行高效的机构职能体，加强组织文化建设，不断增强企业凝聚力、向心力和软实力；三是加强运营管理，提升精益运营能力，树立全员参与、协同高效、持续改善的精益管理理念，着力优化供应链管理，持续提升采购的集约化、规范化、信息化、协同化水平；四是加强财务管理，提升价值创造能力，构建一体化财务管控体系，实现财务信息贯通和管控落地，建立健全资本管理体系；五是加强科技管理，提升自主创新能力，深入实施创新驱动战略，围绕重点领域、重大项目，抓好创新项目培育，完善技术创新体系，加大科技创新资源投入，加强科创平台建设，开展国际技术合作，提高协同创新水平；六是加强风险管理，提升合规经营能力，加强内控体系建设，进一步树立和强化管理制度化、制度流程化、流程信息化的内控理念，增强企业管控能力；七是加强人力资源管理，提升科学选人用人能力；八是加强信息化管理，提升系统集成能力，强化统筹规划，推进实现监管工作协同、信息共享和动态监管，充分发挥信息化驱动引领作用。

1.3.3 政府要求：培育一流企业，提升全球竞争力

早在"十二五"时期，国资委就提出，中央企业改革发展的核心目标是做强做优中央企业、培育具有国际竞争力的世界一流企业，并于 2012 年研究制定世界一流企业应当具备的 13 项对标共性要素，发布《中央企业做强做优、培育具有国际竞争力的世界一流企业要素指引》，之后随着对世界一流企业认识的动态发展，在党的十九大会议中提出要"培育具有全球竞争力的世界一流企业"的重要战略部署，明确指出要深化国有企业改革，推动国有资本做强做优做大，培育具有全球竞争力的世界一流企业。2019年 1 月 25 日，国资委召开中央企业创建世界一流示范企业座谈会，确定航天科技、中国石油、国家电网、中国三峡集团、国家能源集团、中国移动、中航集团、中国建筑、中国中车集团、中广核等 10 家央企作为首批示范企业。

2020 年 6 月 13 日，国资委公布了《关于开展对标世界一流管理提升行动的通知》，2020 年 7 月 29 日，国务院国资委召开对标世界一流管理提升行动启动会议，落实国企改革三年行动部署安排。之后各企业认真落实国资委会议要求，迅速组织开展对标提升行动，截至目前，97 家中央企业中，

已有 73 家企业通过召开会议等方式进行动员部署, 34 个地方国资委向所监管企业印发开展对标提升行动工作文件, 9 个地方国资委制定了实施方案, 并确定了本地区开展对标提升行动的企业范围。各领域扎实推进对标提升行动全面覆盖、层层落地, 加快形成实施方案, 严格评价考核, 确保对标提升行动取得实效, 推动企业管理水平不断提升。

在全球高速发展浪潮中, 中国企业在面临着巨大的挑战的同时, 如何能在如此纷繁复杂的局势下, 实现企业的高速发展与高质量发展, 从而踏入世界一流企业的梯队, 成为一个伟大的企业, 这既是时代的诉求, 也是企业的需求, 更是政府的要求。

1.4 对世界一流企业的深度理解

中国企业走向世界一流是时代的诉求、企业的需求和政府的要求。那何为世界一流企业, 衡量世界一流企业的标准是什么, 世界一流企业的发展路径如何以及世界一流企业应当具备什么样的能力等问题值得我们深思, 下面便针对以上几个问题对世界一流企业进行深入分析。

1.4.1 世界一流企业的概念与内涵

提到世界一流企业, 我们率先会想到 IBM、苹果、壳牌、西门子等国际企业, 它们是一个行业或领域内的顶尖企业, 无论是从企业的规模还是盈利能力, 均走在行业前列, 代表着行业的一流水平。虽然企业规模、财务指标等要素是衡量与评价世界一流企业的重要指标, 但世界一流企业的内涵之丰富, 远不止于此。

自 2010 年国务院国资委召开的中央企业负责人会议上提出"着力做强做优, 培育具有国际竞争力的世界一流企业"的目标之后, 关于什么是世界一流企业成为国内管理学术界的新议题。当前对世界一流企业的定义还尚未形成统一的认知, 在此, 基于我们的研究与理解, 对世界一流企业的界定如下:

> 世界一流企业, 跨越国界、联通世界、全球经营, 超越时空、国界和文化, 拥有国际型的优良核心资产、一流人才队伍、顶尖科学技术、卓越管理体系等能力, 大可比国、强可御国、富可敌国, 引领全球行业发展, 塑造世界发展格局, 创造社会价值。

IBM、微软、苹果、华为、腾讯等国际企业，它们不仅规模大、市值高，还代表着这个国家的财富水平和社会进步水平。著名经济史学家钱德勒在他著作《大企业与国民财富》中，明确指出国民财富水平的决定性因素并不仅仅是对物质资本的投资率，也不是政府、企业家个人品质或者文化等因素（虽然这些因素都起作用），而是支撑了大企业纵向一体化发展的专业管理和组织体系的发展，也就是生产、分配和销售中的管理系统与结构的投资。因此，只有建立世界一流的管理体系，才能真正促进中国迈向世界先进国家。

1.4.2 世界一流企业的三大标准

根据世界一流企业管理的概念可知，世界一流企业其经营领域也许有所不同，但其在内部管理方面，都具有一定的共通性，如《财富》杂志采用创新能力、产品和服务质量、管理水平、社区与环境责任、国际化经营等指标来判定世界一流企业；德勤将战略决策、领导力建设、公司治理、运营与控制、国际化、人才管理、品牌与客户、创新管理、经营绩效作为衡量标准。

在这里，我们基于对世界一流企业的相关分析，提炼出世界一流企业应当具备的三个标准：竞争力、影响力和凝聚力（见图1-4）。

世界一流企业是指长期持续保持全球领先的竞争力、影响力和凝聚力的企业。

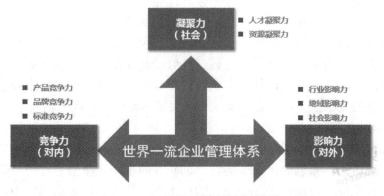

图 1-4　创新管理体系的三大标准

1. 竞争力

世界一流企业的市场和客户遍布全球，其产品营销、销售、售后服务，以及相关管理能力都呈现全球化分布特征。世界一流企业能够跻身于行业顶尖，在对外的市场开拓、管理中均体现出强有力的竞争力，主要表现为以下三个方面。

（1）产品竞争力

德鲁克说过，"企业存在的唯一目的是创造顾客。"这句话隐含的意思是，企业要能够为用户创造价值。产品竞争力，是满足客户需求的能力。任何一个参与市场竞争的企业，最首要条件是能够向客户提供满足其需求的产品和服务，因此，产品也就成为企业竞争的第一阵地。世界一流企业或因技术优势、或因资本优势，在产品本身（如产品的性能、外观、质量、成本等）、市场占有率等方面都有领先于竞争对手的巨大优势。

而当前，产品竞争力已不仅仅体现在产品本身的质量优势、成本优势上，更重要的是其背后的产业链体系。世界一流企业往往具有较为完整、遍布全球和较强成本优势的产业链体系，世界一流企业之间的竞争，不仅仅局限于单个企业之间的竞争，越来越表现为企业及其产业链之间的竞争。世界一流企业利用其自身强大的产业链协调配置能力，通过制定输出行业标准、规则，在全球范围内进行搜索、比较、固定优质产业链上的合作伙伴，可以更加灵活高效地进行资源配置，实现从全球范围评估后的交易成本最小，从而获取更大的竞争优势。

（2）品牌竞争力

经济全球化已把每个国家推向了国际竞争的战场，品牌既是国家综合国力和经济实力的集中体现，又是企业核心竞争力和竞争优势的重要源泉。

品牌是企业的有形展示，是当今时代能够与全球市场对话和沟通的唯一的世界级语言。对于世界一流企业，它们的品牌具有触达不同文化背景客户群体的能力，好的品牌会说话，在无形中就能快速俘获消费者的心。世界一流企业的品牌价值已远远超过品牌所能提供的产品和服务，已经成为企业的一种战略资源，使得其竞争对手难以模仿或超越，为企业建立起一种天然的竞争壁垒，是企业实现战略性竞争优势的有效工具。

（3）标准竞争力

标准的定义是指"对重复性事物和概念所做的统一规定"，而这里所说的标准竞争力，强调的是企业能够对创新性的事物和概念进行统一规定的能力。标准竞争力反映了一个企业的技术创新能力、技术引领能力，是企业在行业领域内话语权的一种体现。

世界一流企业通过统一行业某产品/服务标准规范的建立和实施，将行业领域的核心技术牢牢紧握，能够以比竞争对手更快的速度进行商业布局，抢占市场，甚至是打破某一领域的垄断，重建一个企业，甚至是一个国家的话语体系。

以 5G 标准为例，5G 标准由诸多技术组成，编码是非常基础的技术。在 5G 相关标准中，世界各大阵营一度曾就信道编码标准争辩激烈。2016 年，中国通信企业力推的 Polar 成为控制信道编码，这是中国在信道编码领域的首次突破，为中国针对 5G 标准争取较以往更多的话语权奠定了基础。

2. 影响力

世界一流企业之所以能够维持长久的行业地位，根本原因在于企业拥有强大的创新创造能力，这种能力是企业发展的永动机，源源不断地为企业输送养分与能量，支持企业不断创造新技术、新理念、新范式，支撑企业不断跨越式发展。这种创造力主要表现在以下三方面。

（1）行业影响力

世界一流企业的行业影响力是指在特定的行业领域内，能够长期持续保持全球领先的能力。其主要体现在：一是具有卓越的产品与服务质量，世界一流企业提供的产品和服务都远超行业平均水平，如丰田汽车生产的汽车质量卓越，在海内外享有良好声誉，苹果公司的产品在国际市场都有着赞誉；二是具有较高的市场占有率，如美国波音和空客两家公司在民机市场占据着 70%以上的市场份额；三是具有强大的技术研发能力，世界一流企业一般拥有生产同质产品或服务的前沿技术、制定主导国际标准等能力，如法国电力、苏伊士集团能够用更为先进的技术来提供电力产品，减少电力生产对环境的损害等。

（2）地域影响力

世界一流企业的培育对增强地方经济活力、促进转型升级具有重要作用，是承载区域经济发展和产业结构优化的重要力量，代表着地区经济形象和本地产业形象，是衡量一个地方发展水平的城市竞争能力的重要指标。

（3）社会影响力

世界一流企业在产品和服务品牌上拥有行业乃至全球领袖级形象，具有很强的社会影响力，如微软公司在软件开发、苹果公司在手机制造、IBM 在服务器和软件服务领域都具有无可争议的全球影响力和知名度。

3. 凝聚力

（1）人才凝聚力

人才是世界一流企业最重要的核心资产，并且是衡量企业综合实力的重要指标。世界一流企业将员工视为可以增值的资本而不是成本，将人才队伍建设贯穿于企业创新发展的全过程，并不断健全人才工作机制、完善人才培养平台、优化人才成长环境，通过创造各种有利条件，鼓励员工发挥潜能，提高能力，为组织创造价值。

同时，世界一流企业能够通过企业文化、使命、愿景来吸引外部人才，并通过严密的选人机制与贯穿始终的育人机制，协助员工成长，为公司的持续发展不断地输入各类人才，使企业在竞争中立于不败之地。

（2）资源凝聚力

资源是企业生存和发展的基础。迈克尔·波特在《竞争优势》一书中提出，企业拥有超越同行竞争对手的"竞争优势"，根本上还是要具备一系列特定的资产和能力，如设备设施的规模能力、融资能力、原材料成本和采购能力等。这些竞争优势，可以看作企业内部对资源的凝聚能力。

世界一流企业具有较为完整、遍布全球和较强成本优势的供应链系统，这种供应能力，体现了世界一流企业对资源的调用、配置能力，它们紧密地围绕着对资源的把控能力，大力发展核心业务，能够以比竞争对手更低的成本、更高的效率完成资源的配置，从而促进产品的生产与服务的提升，也因此建立起不可被打破的竞争壁垒。

1.4.3　世界一流企业的三次蜕变

企业要坚持走创新发展道路，通过不断激发企业内生活力和发展动力，确保企业的发展可以由小到大、由弱到强、由劣到优（见图1-5）。

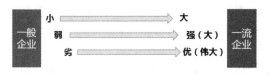

图1-5　世界一流企业的三次蜕变

1. 企业由"小"变"大"

万事开头难。在创业阶段，企业通常都是在客观资源并不齐备的情况下就开始了艰难的创业之路，通常是一项技术、一个行业资源或者一个不错的商业想法促使创始人开始创业。在这一阶段，企业可能受限于资金、人员团队或经验等因素，其生存与发展存在一定困难，但创始人本人的创业精神、对市场的敏锐感知、对产品技术的把握理解等将带领企业突出重围。可以说，企业的创业成功与否，在很大程度上取决于创始人个体。

经过多年的探索和实践，这些初创企业总体上实现了跨越式发展，无论是在增长规模上，还是在发展质量上都取得了很大的成绩，成了一批有影响力的大企业。然而，这些大企业是否已经成为或是否已经接近于世界一流企业呢？企业经过起步发展阶段，由小变大，但是企业规模的"大"，不等同于"强大"，只有"强大"才能在行业发展中发挥中坚力量甚至是逐步引领行业发展，这就要求企业进行由"大"变"强大"的第二次蜕变。

2. 企业由"弱"变"强"

企业完成了原始积累之后，已经获得了一定的市场规模、客户资源和核心产品等优势，开始进入稳定发展的规模扩张阶段。在这一阶段的企业发展，不能仅依靠某一位企业家，需要依靠企业的整体实力来提升竞争优势，否则，企业很容易被市场所淘汰。"大"到"强大"是企业发展的必然规律，企业在对外进行规模扩展的同时，创业阶段没有凸显的内部管理问题开始一一浮现，此时内部管理的提升成为企业管理的重点。

首先，企业逐步实现由单一的企业扩张为集团型企业、由局限于单一的国内市场逐步向跨国市场的拓展的转变，规模的扩张带来企业治理的难题，为此，企业纷纷完善内部治理结构，使得股东（大）会、董事会、经理层各司其职、各尽其责、规范运营，形成科学决策、有效制衡的公司治理机制；其次，企业内部各成体系的职能管理，不足以发挥系统合力，因此需要着力构建体系化、规范化、流程化的管理体系；最后，如何逐步成为行业的领军企业、如何长期占据行业霸主地位，这就要求企业要有持之以恒的创新创造能力，通过技术创新、理念创新、模式创新，引领行业发展，并将创新成果商业化，实现业务突破与地位维持。

3. 企业由"劣"变"优"

在实现了企业在量化和质化的成长之后，企业的经营活动已经趋于宽泛化和多层次化，并初步完成国际化企业转型。此时的企业在行业内已经具备一定的行业影响力。

要想成为世界一流企业，一方面要专注于自己的资源基础、动态能力与战略柔性，深化内部管理变革，能做到动态适应外部变化的环境，能基于对外界环境因素和内部资源及能力的正确认知，为实现长期目标而不断修正和更新企业发展战略，确保始终以正确的战略导向来指引企业的经营管理活动；另一方面要进行持续不断的技术创新，通过技术领先优势掌握行业主动权，通过制定行业标准主导行业发展方向，拥有行业的绝对话语权。通过深化内部管理变革与技术创新变革，实现企业的第三次蝶变，成为世界一流企业。

此时，作为世界一流企业，将具有强大的社会影响力和国际影响力，能够突破地域的限制在全球范围内进行商业活动，通过技术创新推动行业、甚至是全人类的发展，同时，也将比一般企业承担更多的社会责任和经济责任，将对全球发展产生深远影响。

1.4.4 世界一流企业的四大能力

世界一流企业是国家核心竞争力和自主创新能力的标志，是国家知名度、美誉度的集中体现，也是国家对外形象传播的载体。自国务院国资委部署开展对标世界一流管理提升行动以来，部分央企率先迈进或接近世界一流企业的阵营，48 家央企位居世界 500 强，不少企业的核心产品和技术，如高铁、特高压电网等已达到国际领先水平。纵观世界一流企业，其共同特征是拥有国际型全球资源配置能力、一流人才培育能力、顶尖科技创新能力和卓越体系管理能力四大能力。为加快建设具有全球竞争力的世界一流企业的步伐，中国企业应以全球领先企业的管理为"参考系"，全面对标找差，不断提升企业四大综合能力。

1. 全球资源配置能力

全球资源配置能力反映企业的整体业绩水平和综合实力水平，是企业效益的最直接目标。世界一流企业往往拥有一流的经营业绩、合理的规模经济、强大的盈利能力和较强的综合实力，保持着同类企业的领先地位，关键绩效指标如各类主要技术指标、效益指标保持或达到国内、国际领先水平。优良核心资产的主要衡量指标为总体业绩、盈利能力和资产质量等。

推进企业发展优良核心资产的基本路径：一是规范财务管理，推动由业务管理向综合管理、经济管理转变；二是积极开拓收入新增长，提高经营现金净流量和企业营业利润等；三是健全完善资产管理机制，推动资产经营、资本运营业务的开展；四是严格控制投资风险，完善应急处置机制，做到事前防范，发生应急处理及时有效。

2. 一流人才培育能力

没有世界一流的企业家，就没有具有全球竞争力的世界一流企业，人才是企业核心竞争力的体现，因此，拥有一流人才队伍是世界一流企业最显著的特征。一流人才队伍的衡量指标主要为核心人才的培养和企业人才结构两个层面。

人才兴企，一是培育企业家"做精主业"的工匠精神、"创新创造"的开拓意识和"科学管理"的经营思路，做强"种子队"、当好"排头兵"，奋力创建世界一流企业；二是培育造就一批具有诚信意识、全球眼光、工匠精神、创新能力和社会责任感的新时代人才队伍，统筹推进经营管理、专业技术和技能工匠人才队伍建设，如领军人物、首席专家、专业带头人、青年拔尖人才等，以骨干人才带动企业整体人才队伍建设，引领企业以更大决心、更高智慧、更强力度成为世界一流企业。

3. 顶尖科技创新能力

没有顶尖的科学技术，就没有具有全球影响力的世界一流企业。如中兴的缺"芯"之痛，便是缺"核心技术"之痛，其充分表明核心技术不能受制于人，核心技术是国之重器。顶尖科学技术的衡量指标主要为企业核心技术水平和企业科技创新能力。

企业发展顶尖科学技术的三项基本原则：一是企业必须在核心技术上不断实现突破，只有把核心技术掌握在自己手中，才能真正掌握竞争和发展的主动权；二是遵循技术发展规律，做好体系化技术布局，优中选优、重点突破；三是坚持市场、生产经营、技术创新"三位一体"机制，通过经营、市场开发争取优质项目，促进企业核心技术研发，提升自有技术转化率。

企业发展顶尖科学技术的基本路径：一是企业紧抓科技创新，对企业产业链结构进一步优化，填补"断链、短链"，做深"长链"，部署从基础研究-技术研发-工程设计-成果转化-推广应用的技术创新链；二是对企业关键核心技术开展科技攻关，联合科研院所、高校、上下游企业等形成研发应用联合体，形成"产、学、研、用"一体的综合科技创新平台；三是加大科技项目投入，组建科技创新联盟，完善合作创新机制，建立公平竞争机制，着力打造一批优势互补、成果共享的创新联盟，使科技创新真正成为推动企业发展的动力。

4. 卓越体系管理能力

一个优秀的、具有全球竞争力的世界一流企业，必定有其卓越的管理能力。企业发展是从管理科学规范化到管理精益化再到管理卓越化的不断提升阶段，如海尔、联想、海信等企业，其管理能力主要表现在管理手段的信息化、管理组织结构的法制化、管理方式的民主化、管理效果的最优化、管理意识的整体化和管理理论的科学化。

世界一流企业卓越管理体系以管理体系和管理能力现代化为目标，构建企业整体发展战略化、创新工作项目化、项目成果运营化、组织建设专业化、人员素质职业化、管理制度流程规范化、管理体制机制高效化、管理方法能力可固化和管理文化理念可传承的持续稳定、健康发展的卓越管理体系，促进企业管理提升，打造追赶世界一流企业管理新格局，推动企业管理水平和发展质量实现重大飞跃，最终形成系统完备、科学规范、运行高效的中国特色现代企业卓越管理体系。

第2章 管理学科发展，体系勇担重任

2016 年 5 月，习近平同志在哲学社会科学工作座谈会上强调"加快构建中国特色哲学社会科学"，指出"坚持以马克思主义为指导，是当代中国哲学社会科学区别于其他哲学社会科学的根本标志"。

党的十九大报告指出："深化国有企业改革，发展混合所有制经济，培育具有全球竞争力的世界一流企业。"

2020 年，国资委下达《关于开展对标世界一流管理提升行动的通知》（以下简称"通知"），以加强企业管理体系和管理能力建设为主线，推进国有重点企业管理理念、管理文化、管理制度、管理流程、管理方法、管理手段等全面提升。

随着企业管理的蓬勃发展和实证主义的日益强化，管理理论研究的方法和手段变得越来越复杂，为什么企业体系管理终将大行其道？

随着以中国为代表的新兴市场的快速发展，中国企业走向世界一流，冲击和重构着旧的世界格局，新一代科技革命带来的伦理冲击也进一步引发了对企业管理范式的思考。中国企业的管理体系升级与时代有着怎样的共鸣？是继续吸取国外管理经验，还是构建中国特色的管理体系，引导创新管理体系建立？

阅读导图

管理学科发展，体系勇担重任

社会演进与 企业管理阶段发展	企业管理体系的深度解读	中国企业走向世界一流的 管理体系升级
工厂化时代与 工厂化管理	企业管理体系的概念	中国企业的管理基因
后工业化时代与 职能化管理	企业管理体系的内涵	中国企业管理体系升级的 时代共鸣
全球创新时代与 体系化管理	企业管理体系的价值	中国企业走向世界一流 企业的管理桎梏
	企业管理体系的灵魂	
	企业管理体系的特征	

读者感言：

2.1 社会演进与企业管理阶段发展

　　企业管理作为一门经世致用的学科，与经济管理实践和社会的发展演进密不可分。企业管理变革即科学化、合法化和动态演化过程，本质上是由社会演进和管理实践的发展演变所决定的。

　　早在农业经济时代，企业还未产生，人们从日常管理实践中积累了大量的经验，但尚未对经验进行科学的抽象和概括，没有形成科学的管理理论，一些著名的管理实践和管理思想大都散见于埃及、中国、希腊、罗马和意大利等的史籍和宗教文献之中，如《论语》《孙子兵法》《道德经》等。

　　随着社会发展，企业逐渐兴起。在工业化时代、后工业化时代和全球创新时代等社会发展的不同阶段，企业的形态也有所不同，管理诉求、聚焦点也大不相同，与之对应的企业管理也呈现出不同的特点，如图 2-1 所示。20 世纪初，进入工业化时代，以规范、效率为导向的工厂化管理兴起，企业管理由实践化转为经验化；20 世纪 40 年代，发达国家率先进入后工业化社会，专业和技术等要素成为主导，以组织为导向的职能化管理应运而生，企业管理由经验化转向理论化发展；进入 21 世纪，全球创新浪潮涌现，组织间的关系开始受到重视，以融合、共生为导向的体系化管理萌芽初现，企业管理呈现哲学化趋势。

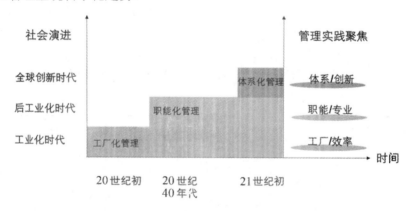

图 2-1　基于社会演进和管理实践视角的企业管理变革

　　企业管理的代际演变并不是一蹴而就、断裂式发展的。虽然有管理实践聚焦点的阶段性差异，但是新一代管理范式的出现并不是对旧有范式的彻底颠覆和抛弃，而是在原有管理理论的基础上不断丰富、发展和创新的过程。各个阶段的管理理论在同一时期、同一文化情境中可能并存和相互影响，同一时期的管理学流派也存在多维、多元并存的局面，这是企业管理顺应时代变革、承担社会使命和促进社会进步的体现。回顾企业管理在社会演进中的变革和管理学发展趋势，对于帮助我们探析正在发生的、由新科技革命、中国特色管理探索，以及管理实践的新挑战共同推动的管理范式新跃迁至关重要。

2.1.1　工业化时代与工厂化管理

在第一次工业革命的推动下，人类逐渐由农业社会向工业社会转型，以规范、效率为主导的工厂化管理范式逐渐取代经验研究的科学范式。1911年，泰勒在《科学管理原理》一书中提出科学管理思想，标志着管理学的正式诞生。

泰勒首次将"科学管理"的概念引入管理过程，为科学管理理论的形成奠定了坚实的基础。在科学管理思想主导下的工厂化管理的主要特征是聚焦理性与规范，顺应了人类新型组织——工厂管理工作的新要求，不但解决了劳动效率最大化的问题，也为组织效率最大化提供了系统的理论阐释，极大地推动了工业经济时代劳动生产率和各类组织管理的发展。

然而，假如工厂化管理所依托的"经济人"过于强调从理性和规范的角度加强控制、提高劳动效率，无视"情感逻辑"，从而陷入了"忽略人性的管理陷阱"，遭遇了管理控制成本的增加和劳资关系冲突等一系列挑战，企业和行政管理者不得不思考从更广阔的领域汲取灵感，解决环境管理"非人性化"带来的组织与个体冲突。

随着组织社会学和心理学的发展，以梅奥、马斯洛、赫兹伯格等人为代表的行为科学学者们推动管理理论内核从工厂化管理进入职能化管理，进一步关注员工行为和人际关系背后的期望、动机和需求。

2.1.2　后工业化时代与职能化管理

随着人类社会从工业经济时代转向后工业化时代，国际环境发生剧变，市场竞争逐渐增强，企业产能不断飞升，传统的工厂化管理已不能适应时代的发展，20 世纪 40 年代起，活跃在管理学界与企业内部管理的一线学者们，纷纷就管理的某一细分领域展开深入研究，到 80 年代，管理成果不断涌现，主要集中在行为科学学派及管理理论丛林。

行为科学学派阶段主要研究个体行为、团体行为与组织行为，重视研究人的心理、行为等对高效率地实现组织目标的影响作用，主要成果有梅奥的人际关系理论、马斯洛的需求层次理论、赫茨伯格的双因素理论、麦格雷戈的"X 理论-Y 理论"等。除了行为科学学派得到长足发展以外，在此期间许多管理学者都从各自不同的角度发表自己对管理学的见解，形成管理理论丛林，如管理过程学派、管理科学学派、社会系统学派、决策理论学派等。

这些成果集中于组织导向的职能化管理，强调效率、控制，有效提高了员工积极性，降低了企业管理成本，提高了运营效率和管理质量。虽然职能化管理在一定程度上可以指导企业正常运转，但从企业整体管理视角来看，存在一定的"专而不合"的管理困境，即企业在某一方面或某几方面的管理体系较为完善，但从整体来看，这几方面的管理体系并未形成有效合力，企业的综合管理能力存在不足，且忽略个体和组织创新，漠视知识对企业构建核心能力的重要性，也忽略了对组织内外个体、团队的创新管理与创意实施，限制了企业知识创造、吸收能力与创新竞争能力的进一步提升。由此，重点关注组织与环境关系的战略管理、以工作流程为中心的企业重组革命、知识管理与学习型组织等体系化管理开始登上历史舞台，在后工业化时代后期扮演更为重要的角色。

2.1.3 全球创新时代与体系化管理

后工业化时代后期，在对知识资本的管理，信息共享的体系的建设与管理，人力资本管理的创新，学习型组织、战略联盟、虚拟企业等新型组织形式的管理，在更为复杂的社会经济环境中对组织适应性的管理等方面，形成了一些新兴的管理学分支。以互联、开放、合作、共享为特征的管理实践模式逐渐成熟，面向复杂系统、应用全面管理思想并聚焦于知识和创新的企业管理范式逐渐形成。

进入全球创新时代，信息化、知识化渗透于管理的各个层面，管理走向国际化，全球化的深入发展使得企业发展面临更大的不确定性、更多的机会和更大的挑战，也将人类推进至人机交互、增强智能和有机更新的企业管理新时代。新一轮科技革命和认知革命带来的全球创新多元化竞争和伦理挑战，呼吁企业在通过技术创新创造知识和经济价值的同时，进一步承担社会责任，推动绿色可持续发展，科技与创新成为组织获得持续竞争优势和动态能力的主要来源。开放式创新、创新生态系统、全要素管理等概念和理论快速发展。

在此背景下，以实现"企业和个人的全面发展"为聚焦点的新一轮企业管理变革要求企业不断提升系统管理能力、主创新能力、核心能力和动态能力，在企业的战略、运作、项目、组织、财务等方面形成一个相互关联、相互配合、相互联动的整体创新管理体系，企业管理体系应运而生。

2.2 企业管理体系的深度解读

2.2.1 企业管理体系的概念

管理体系，狭义上是组织用于建立方针、目标以及实现这些目标的过程的相互关联和相互作用的一组要素。鉴于工业化社会发展，在以往的实践探索与研究提炼中，管理体系的概念有所拓展，开始侧重于组织的某一职能领域，即指产生并持续完善了某一职能的管理体系，诸如生产运作管理体系、组织管理体系、质量管理体系、环境管理体系和信息安全管理体系等。目前，关于企业整体管理体系的实践提炼和理论研究还比较匮乏。特别是在竞争日益加剧的全球创新时代，能够与之相匹配的企业管理体系、成功经验和成熟理论更是缺乏。

企业管理体系，是企业为实现持续、稳定和健康发展，在职能专业管理的基础上，从企业整体管理的效能出发，对企业全部管理要素进行体系建设和系统整合，总为一体成为一个有机联系并高效运行的企业整体管理解决方案。

2.2.2 企业管理体系的内涵

企业管理体系，涵盖了企业战略管理、项目管理、运作管理、组织管理、财务管理等各专项管理，包含了企业管理思想、管理组织、管理方法和管理工具等多种手段。卓越的体系管理能力，是现代企业走向世界一流的核心能力。

其中，"企业"是主体对象，要求必须将企业整体看作一个对象，强调企业系统管理能力。"管理体系"是内容成果，核心是企业价值链和资源。

一个企业只能允许存在一个管理体系，所有管理业务都应纳入体系化管理，各种利益攸关者的需求和合规要求都作为管理体系的有效输入，凝聚力量、同心构建协调统一的体系能力。当企业的管理体系建立后，管理者的工作重心应放在优化管理体系和体系能力上，对全体员工严格要求按体系流程执行。

2.2.3 企业管理体系的价值

1. 提升竞争力，决定企业成败

在瞬息万变的现代商业环境中，"敏捷应对"是企业竞争的核心法宝。敏捷应对要求企业内部有着灵敏探测的市场系统、联通全球的供应链系统、顺即触达的协作系统等。而企业管理体系从企业整体出发，正是这样一种高效、敏捷的运转体系，能够及时做出调整，以保障企业在变化的环境中，仍然能够强有力地主动出击。这种管理体系正是企业保持竞争力的主要原因。可以说，企业的管理体系是一种区别于其他一般企业的竞争优势与稀缺资源。

2. 增强凝聚力，加速提质增效

世界一流企业并不是昙花一现的企业，在行业领域内它们能够长期占据主导地位，实现可持续发展。科学、系统、有效的管理体系，必然配有良好的生态和文化，在此基础上，企业既能创建开放的企业文化、使命、愿景，吸引各类人才聚集，又能通过构建系统、完整、富有的供应链、销售系统，加强资源的管控。人力和资源同时作为管理体系的有效输入，凝聚力量、同心构建协调统一的体系能力，加速企业提质增效。

3. 扩大影响力，剑指世界一流

基于生态系统共创的"生态价值"成为大势所趋，内部经营单元日益微化、项目化，推进企业逐步按照平台化、分布式的管理方式运作。而生态系统和共同进化只能在系统论思想下才能充分发展。通过科学、系统、有效的管理体系，企业既能不断拓展市场，产生长久的利润来源；又能兼顾外部环境影响，快速做出调整，以积极的姿态应对变化；还能向外辐射，以"共同进化，自我驱动"为指引，推动共生、实现互生、追求重生，以确保企业在正确的道路上持久发展。这三方面的融合，能够保障企业在相当长的时间内良性发展，剑指世界一流，亦能保障世界一流企业长盛不衰。

2.2.4 企业管理体系的灵魂

深度融合构成创新管理体系的灵魂。"融合"蕴含着朴素的哲理，绝不仅仅是事物的简单合并或优化组合，而是各种资源要素的科学重组与高效运行，进而实现"你中有我，我中有你"的优势互补、强强联合、互惠互利的过程。深度融合是事物发展的客观规律，也是时代发展的必然趋势。只有主动顺应这一趋势，才能更好地遵循发展规律，走在发展前列。

企业管理体系深度融合古今中外管理文化。构建企业管理体系，需要移植和嫁接外国的管理理论；同时，不能单纯地厚今薄古，而要融古通今，融天、地、人三道，将以儒、释、道为代表的中国文化精髓和《易经》的管理智慧与外国管理研究和实践接轨，真正做到"阴阳"良性互动、"中外结合"。

企业管理体系深度融合管理理论与实践。构建企业管理体系，需要在"中西合璧"的基础上更加重视"中为外用"。时下以及未来，越来越多的中国企业"漫游"于全球市场，越来越多的外国企业"打进"中国市场。在这种情况下，更需要把"天人合一、和谐发展"以及"无为而无不为"等重要的中国价值观融入这些企业的管理和品牌实践中。只有这样，才能超越"师夷长技以自强"，与"夷"同乐。

2.2.5 企业管理体系的特征

企业管理体系具有创新性、体系性、科学性、有效性四大特征。

1. 创新性

企业的管理体系首先应能够通过战略管理主动作为，敢于创新；其次面对外界的不确定与挑战，能够坚持问题导向，直面新技术挑战，推动管理创新；最后通过项目管理实现企业从稳定到突破的跨越式创新提升和创新实现。

2. 体系性

企业管理体系从企业整体目标出发，运用系统论、控制论、信息论的基本观点，借鉴建立运行质量管理体系的基本方法，建立一个能够满足企业适用的法律法规和各项专业标准并覆盖企业整体，形成实现企业管理系统整体优化的方法和途径，以期使企业的经济责任目标与社会责任目标甚至政治责任目标相辅相成，使一个企业的各个子系统，连同质量、环境、职业健康安全等专业管理体系有机地融合成为一个整体。

3. 科学性

企业的管理体系首先应能够准确把握企业管理体系客户等利益攸关方需求，能够科学梳理企业管理体系工作，全面落实管理体系所承接的多个系统的合规要求；其次企业管理体系的各个系统能够与时俱进地改革在企业管理体系中的机构设置，优化职能配置，精准适配管理体系各类组织及资源，能广泛调动各方面的积极性、主动性、创造性，不断提高企业管理效能。

4. 有效性

企业的管理体系逐步实现从职能管理型向体系流程管理型过渡，按工作域、流程组、流程任命流程拥有者，实现流程的构建、优化、运行和绩效责任一体化，无缝链接企业管理体系有关的信息系统，利用信息化实现管理体系高效运转。

此外，企业管理体系应分为三层，由外而内来看，最外层直接表现为企业管理内容、手段和工具；中间层为企业经营管理过程中沉淀的一套知识体系，是企业管理的核心；最内层为本质层，是企业特有风格的意识、价值观、行为规范和准则的总和。三者层层递进，最上层顺应天理，最下层聚集人心，中间层满足日常人情世故。见图 2-2。

图 2-2　企业管理体系特征图

2.3 中国企业走向世界一流的企业管理体系升级

每一种大行其道的企业管理范式均是在特色文化的基础上，在经济高度发达、拥有众多成功企业的前提下总结提炼出来的。我国拥有独特深厚的历史文化，在实践上亦取得了相当的成就，并且在未来会继续不断向前发展，构建中国特色的管理体系，创新管理体系建立指日可待！中国管理学者完全可以提出新概念、构建新理论、创造新模式，向世界输出管理智慧和方案，引领和推动新技术条件下中国企业的管理创新，为世界企业管理学创新发展做出贡献。

展望未来，在努力实现"两个一百年"奋斗目标的进程中，我们相信，以习近平新时代中国特色社会主义思想为指导，坚持马克思主义基本原理和贯穿其中的立场、观点、方法，按照体现继承性、民族性、原创性、时代性、系统性、专业性的要求，中国一定会出现世界一流企业，并向世界贡献中国特色的企业管理智慧与企业管理方式，中国管理学界也将会向世界贡献中国特色的企业管理理论。

2.3.1 中国企业的管理基因

2014 年，习近平总书记在纪念孔子 2565 周年诞辰国际学术研讨会上指出："世界上一些有识之士认为，包括儒家思想在内的中国优秀传统文化中蕴藏着解决当代人类面临的难题的重要启示。"中华数千年文明，沉淀和积累了无比厚重、丰富的管理经验，是中国企业与生俱来的管理基因。

《梦溪笔谈》中记录了这样一个"一举三得"修复失火宫殿的故事。"祥符中，禁火。时丁晋公主营复宫室，患取土远，公乃令凿通衢取土，不日皆成巨堑。乃决汴水入堑中，引诸道竹木排筏及船运杂材，尽自堑中入至宫门。事毕，却以斥弃瓦砾灰尘壤实于堑中，复为街衢。一举而三役济，计省费以亿万计。"千年前丁谓用超前的管理智慧，站在整体性、层次性、结构性等多重角度考虑、解决问题，与现代企业管理思想不谋而合。

中华人民共和国成立以来，中国企业管理的发展历程大致可分为四个阶段。一是 1949—1978 年的探索起步阶段，初期以学习借鉴苏联企业管理理论和管理模式为主。20 世纪 60 年代之后，管理学界开始从中国企业管理的实践出发，探索建立适合中国国情的社会主义企业管理理论和管理模式。二是 1979—1992 年的转型发展阶段，改革开放后，我们认识到我国企业管理与世界先进水平存在较大差距，必须奋起直追。从计划经济体制向社会主义市场经济体制转型，对企业管理学和管理实践创新提出了新要求。众多管理学者和企业管理者重视学习和借鉴发达国家的企业管理理论和管理经验，希望从中得到启发。三是 1993—2012 年的蓬勃发展阶段，随着社会主义市场经济体制的建立和完善，我国管理学者更加注重对中国企业管理实践进行本土化研究，企业管理学的中国特色逐渐突出。四是 2013 年至今的创新发展阶段，国内外关于中国企业管理现象、中国企业管理实践的研究明显增多。中国学者在研究范式、研究方法、理论创新等方面不断取得新进展。

2.3.2 中国企业管理体系升级的时代共鸣

从世界企业管理史角度看，一个大国实现经济崛起的过程，必然是以企业管理创新与发展为基础的，而且其管理模式具有全球意义，形成管理范式。美国崛起时，将美国大企业的经理革命与组织革命推广到了全球；德国崛起，也使德国大企业出众的定制设计、强大的工程师技能系统享誉世界；日本在第二次世界大战以后推进了快速工业化进程，在 20 世纪七八十年代跨入工业化国家行列，以大规模精益制造、终身雇佣制等为核心内涵的日本企业管理方式以及一系列基于日本企业管理实践的系列研究成果都被世界管理学界认可。当前中国已进入工业化后期，成为经济总量世界第二的工业大国，在 2020 年将基本实现工业化，中国管理学界亟待对中国特色的企业管理实践进行归纳总结，形成中国特色企业管理模式，进而发展成为引领全球的世界一流企业管理范式。

习近平总书记指出："要按照立足中国、借鉴国外，挖掘历史、把握当代，关怀人类、面向未来的思路，着力构建中国特色哲学社会科学，在指导思想、学科体系、学术体系、话语体系等方面充分体现中国特色、中国风格、中国气派。"

展望未来，中国企业继续发展，成为世界一流企业，创造出世界一流的企业管理模式，正是与时代的共鸣。目前，中国企业创新世界一流管理范式已经具备三大基础：第一，现阶段我国企业和美、日企业相比尚有一定差距，还需要不断消化和吸收各种管理思想的精髓，中国特色企业管理模式还处于孕育阶段，但其核心架构——中国特色管理却已是一个成熟完整的体系。第二，以信息化、数字化、智能化为核心内涵的新一轮工业革命，给正步入工业化后期的中国企业带来了在高度不确定的新产业技术条件下谋求加速发展的难得机遇，中国企业需要充分展示中国特色企业管理智慧，创新巨大技术变革情境下的企业管理模式，而中国企业管理学界也需要在企业管理知识颠覆性变革时代创新出中国企业管理理论。第三，中国正在推进"一带一路"建设，在新一轮全球化中，伴随着中国企业的"走出去"，中国特色企业管理模式和管理理论将逐步走出国门，逐渐被国外所熟悉，并在新的国际情境下得到进一步的验证和发展，中国企业管理理论也将逐步成熟。在这三大情境因素变化下，我们相信，中国一定会产生世界一流企业，并向世界贡献中国特色企业管理智慧，中国管理学界也将会向世界贡献中国特色的企业管理理论。未来中国企业管理学，应以习近平总书记讲话精神为指导，按照体现"继承性、民族性、原创性、时代性、系统性、专业性"的要求，在不断创新中加快构建中国企业管理学，形成具有中国特色、中国风格、中国气派的创新管理体系。

2.3.3 中国企业走向世界一流的管理桎梏

虽然中国既有以招商局、同仁堂、谢馥春为代表的百年老店，也有以华为、腾讯、阿里巴巴、百度等为代表的业界新锐，它们是一批正在接近于世界一流企业，或正在加速成长为世界一流企业的大企业，有些企业可能已经具备在全球市场的某一竞技场上冲击世界一流企业的条件。这些企业通过学习世界一流企业的管理经验和成长规律，逐步提高自己的管理能力，是有望发展成为世界一流企业的。立足中国管理情境，他们已经探索出一些具有中国特色的企业管理模式，如华为公司的"灰度管理"模式、海尔公司的"人单合一"管理模式等。但是，没有证据表明其中的任何一家企业能够确信自身会在全球市场竞争浪潮中能够获得持续的领先竞争力。

除此以外，经过 70 年的艰辛探索，我国企业管理理论研究也取得了诸多成果。比如，将中华优秀传统文化、管理思想融入现代管理学理论，提出了诸多具有深厚中国文化底蕴的管理理论，大大丰富和发展了中国企业管理学的理论体系和概念体系。但客观地讲，迄今为止中国还没有被世界认可的独特的企业管理方式，中国企业管理总体水平仍然不尽如人意，存在管理思想不成熟、管理组织不健全、管理方法不灵活、管理工具不先进等问题。

因此，研究中国特色企业管理创新与发展问题，多维度、多视角总结提炼中国特色管理思想、组织、方法与工具，是未来我们中国企业管理学发展的重大使命，也是中国管理学界义不容辞的重大责任。

第 3 章　经验萃取凝练，理论借鉴指导

在企业成长、发展的道路上，总是会遇到发展瓶颈。如何突破这些瓶颈，成功与失败、卓越与平庸，往往就在一线之间。除了企业自我努力、谋划构建改进经营策略、管理机制以外，需要对标杆企业的管理成就进行学习、消化、吸收和融合。

"小黑本"IBM 如何跨越百年岁月长河成长为蓝色巨人？创立仅 30 余年的华为科技如何闪耀民族之光？中国高铁如何在客站、列车、工程建设方面全面超越日本，联通世界并引领世界标准？字节跳动如何通过打造自身的核心竞争力成为风头无两的"独角兽"公司，并在美国公开打压下逆势前行？

除此之外，还需要先进的经营、管理理论的专业指导。管理理论的发展历经几个阶段？每个阶段的重点为何？亮点和劣势在哪里？最前沿的管理理论发展趋势是怎样的？相信阅读完本章内容，您能找到形成符合企业自身情况与发展"独门秘籍"的路径。

阅读导图

他山之石，可以攻玉

对标管理

蓝色巨人——IBM

民族之光——华为

震撼世界
——铁路客站

走向世界——唐车

EPC龙头
——中国铁设

勇闯美国
——字节跳动

理论指导

企业项目化管理
发展沿革

世界一流企业
管理的发展经验

世界一流企业
管理的共同特征

读者感言：

3.1 世界一流企业的管理实践成就借鉴

要打造创新管理体系，需要在科学理论的指导引领下，不断探索和自我完善，在这条艰苦的路上，有一条捷径可以让企业走得更快，那就是借鉴世界先进企业的成功经验，吸取精华，为我所用（见图 3-1）。

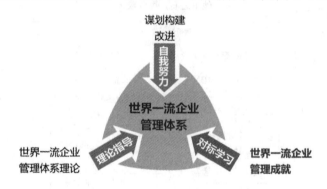

图 3-1　对标学习世界一流企业管理成就

3.1.1 百年创新的蓝色巨人 IBM

IBM 诞生于 1911 年，经历过两次世界大战、两次全球性金融和经济衰退，还出现过两次自身经营问题。它发明过引领行业的新产品和新技术，也遭遇无数次技术革新带来的竞争。它曾经是美国最成功、最赚钱的企业，也曾经差点因骄傲和官僚主义分崩离析。

IBM 目前仍然是世界上第二大软件公司、第二大数据库公司、第二大服务器公司、第三大安全软件公司、第六大咨询公司。在《财富》2019 年"世界 500 强"排名中，IBM 位居全球第 114 位。美国《时代周刊》称："IBM 的企业精神是人类有史以来无人堪与匹敌的……没有任何企业会像 IBM 公司这样给世界产业和人类生活方式带来和将要带来如此巨大的影响。"在美国专利商标局公布的 2019 年专利统计榜单中，排名第一位的 IBM，2019 年总共获得了 9262 项专利，华为排在第十位，专利数为 2418。这已经是 IBM 连续 28 年蝉联榜首。

作为一家科技公司，IBM 是如何能在一百多年的时间里不断适应变化，始终保持领先地位的？这家已步入百岁的"老"公司，一次次地证明了引领世界与"年龄"无关，它依然在各个年代和那些"年轻"公司比肩为改变人类的生活而努力。

3.1.1.1 IBM 百年挑战与成就

1. IBM 的沉淀与崛起

IBM 公司，由托马斯·沃森在 1911 年于美国创立，该公司创立时的主要业务为商业打字机。老沃森，雄心壮志，40 岁白手起家。他在 IBM 成立伊始就建立竞争优势和做大做强（Think Big）的目标。他的个人信念铸就了 IBM 的企业基因。这种创业者心态也使他成功地把职业经理人（CEO）的角色提升到当代新的高度。他穷极 4 年的精力为 IBM 打造"超长而优质"的创业期。

在美国 20 世纪 30 年代大萧条期间，当其他公司都衰落时，IBM 却逆势增长。这段时间，IBM 的规模迅速从几百人壮大到 7000 多人。IBM 重视研发投入，在 1932 年美国经济最艰难的日子里，IBM 拿出 100 万美元在纽约建立了一个现代化实验室，这个实验室让 IBM 在技术产品上获得领先。在第二次世界大战期间，IBM 真正开始进入计算机领域，其中重要的标志就是 1944 年出资 100 万美元在哈佛大学研制成功了著名的"Mark"计算机。1947 年，又花了 100 万美元推出"选择顺序控制计算机"（SSEC）。当美国大部分家庭开始拥有电话和收音机，预示着美国社会进入电子时代时，沃森顺应时代把 IBM 变成一家"打卡机"公司，抓住了 IBM 百年历史中的第一次重要潮流与机遇。

2. IBM 的爆发与挑战

在 1957—1992 年，IBM 进入了它的高峰期。之所以称这一阶段为"爆发"，是因为这一时期 IBM 从一家中型的企业，通过几次巨大的成功，摇身一变成为美国乃至全球首屈一指的企业。在 20 世纪 60 年代，IBM 是八大电脑公司（其他七家为 UNIVAC、都市生活、科学数据系统、控制数据公司、通用电气公司、美国无线电公司、Honeywell）中最大的公司，如同我们今天熟悉的 21 世纪初的苹果、谷歌一样鼎盛。经过之前半个世纪的厚积薄发，在这一阶段，IBM 在财富 500 强的排名达到历史最高的第四位，也一度成为美国最赚钱的企业。

在小沃森的领导下，IBM 强化企业管理能力和公司治理架构，进入现代管理的殿堂。另一方面，无论是数据处理还是我们今天所谓的信息处理行业，这段时间内也在 IBM 的带动下得到多元化的发展。随着技术的发展和用户的经验提升，市场对"电脑"的期望和要求越来越多而且越来越复杂，更多的行业新公司从中崛起，有的直接和 IBM 短兵相接，挑战 IBM 的传统业务，更多的公司在新的领域中悄然冒起。遗憾的是，绝大部分新领域的技术 IBM 都拥有、参与或曾经有机会领先，只是由于得了"大企业病"，让 IBM 没有及时进入，等到市场变得拥挤时，IBM 的战线也被迫拉得更长，同时受到来自各方面的"挑战"和夹击。像所有的"高峰"一样，盛极必衰，这些挑战带来的伤害差点让 IBM 彻底倒下。1993 年 1 月 19 日，IBM 宣布 1992 会计年度亏损 49.7 亿美元，这是当时在美国历史上最大的公司年损失，IBM 这个计算机制造业的龙头企业已经开始走下坡路，正面临着被肢解的危险。

3. IBM 的再造与复兴

IBM 经历了凤凰涅槃般的痛苦煎熬和转型后，终于迈向了成熟期。1993 年 4 月 1 日，郭士纳（1965 年获哈佛商学院的 MBA 学位，随即加入麦肯锡管理咨询公司，直至 1978 年）受命于危难，由美国最大的食品烟草公司老板转变成为 IBM 董事长兼 CEO。1994 年底，IBM 获得了自 20 世纪 90 年代以来的第一次赢利 30 亿美元；1995 年，IBM 营收突破了 700 亿美元大关；1996 年 11 月 15 日，IBM 股票升到 145 美元，达到了 9 年来的最高点。"空降兵" CEO 郭士纳为 IBM 成功止血，并开启了 IT 行业中最为经典的硬件向软件和服务业务转型的案例，让 IBM 变身成为真正全方位的企业解决方案的提供者。沉淀和累积了近百年的核心能力，也在这次严峻的考验中，得到了第二次提升。

2002 年，IBM 以 39 亿美元高价收购了普华永道咨询公司，又用 21 亿美元收购了 Rational 软件公司。这让 IBM 拥有了为客户提供咨询等多种后台服务，而不是局限于 IT 产品服务。此举标志着 IBM 从硬件科学技术进军到提供信息系统服务、企业管理和运营咨询服务的领域。2004 年，IBM 退出 PC 硬件业，把公司向为客户提供从战略咨询到解决方案的一体化服务公司转变。沃顿商学院管理教授兹巴拉基（Mark J. Zbaracki）评论说："IBM 的长处一直就是善于彻底改造自己。"到 2006 年，转型后的 IBM 全年经营业务收入达到了 914 亿美元。三年后，IBM 的营业收入又进一步达到 1036 亿美元。

2012 年，IBM 已经是美国雇员最多的公司，全球拥有 345000 名员工，IBM 开始从一家传统硬件、软件和服务公司转向为客户提供认知解决方案及云平台的公司。我们无法判断这场正在进行中的转型是否成功，但到目前为止，IBM 都应该是 IT 行业中战略转型最为顺畅的巨头。每一次的战略转型，均拥抱了科技产业发展的潮流，从而为自己赢得了先机和财富。

企业也是一个生命体，有其自身的生命周期性。IBM 公司一次次从危机到重返盛年期的历史告诉我们，对处在老化阶段的企业来说，转型变革既需要勇气，更需要智慧和眼光。IBM 的变革之旅远未结束，这种勇气、智慧和眼光将为这个百年老店不断注入永久的活力。

3.1.1.2 IBM 蓝色基因管理智慧

1. IBM 基业长青的三大蓝色管理基因能力

在 IBM 的"基因"中，对 IBM 影响最大的是它正直的价值观、蓝色的文化和对人才的追求理念。这些基因经过百年考验得以固化。

（1）IBM 价值观

价值观是企业的灵魂，正确的价值观作为企业的"基因"之一，对企业的长期生存起到保护和促进作用，正是通过 IBM 价值观的帮助，数以万计的员工在 20 世纪 90 年代危难之际，对 IBM 仍抱有信心且愿意一起熬过最困难的时期。

IBM 的核心价值观是由"创始人"老沃森建立的，"对所有人尊重、对客户负责和对事情追求完美"，即"尊重个人、顾客服务、追求卓越"，并通过行动去实现。IBM 最早的文化、业务策略与管理制度都是基于这三大基本信念而产生，赋予了 IBM 灵魂和价值观，影响了 IBM 人在 100 年来的模样。老沃森的价值观现如今依然被认同，而且指导性也十分之强，他清楚地告诉人们他的公司是怎样的一个公司，小沃森作为 IBM 价值观最好的"代言人"，以自身平常的言行、书本以及正式的沟通（广告、会议等），不懈地把价值观的信息传递，把他们的信念通过公司的制度和管理具体地展现出来。

IBM 的价值观不是一成不变的，随着时间和环境的发展，IBM 的价值观也与时俱进，新的价值观是"成就客户、创新为要、诚信负责"。新三条是老沃森的三条基本信念的"升级版"，在时代、环境和思想的变迁之下，"新三条"为 IBM 的未来成功指明了新的方向。

在价值观的问题上，不同的企业有不同的选择，重要的是它选择的价值观是否能容于社会，以及如何去建立和维持价值观的影响，是否能被员工接受且经得起竞争和生存的考验。

（2）IBM 文化

企业文化是能影响员工态度和行为的一种力量。"好"的企业文化是和价值观相吻合的。如果只有"正确"的价值观，但企业不能创造与之匹配的文化氛围的话，企业所表现出来的行为只会和价值观背道而驰，出现"讲一套、做一套"的现象。企业文化存在的目的是传递企业的愿景和价值观，并作为它们承上启下的最重要载体。"正确"的价值观和"好"的文化，两者相辅相成，缺一不可。

IBM 的文化被称为"蓝色文化"。IBM 能够在全球企业发展史上占有重要的位置，与它能够建立强大的蓝色文化有非常密切的关系。几乎所有的

IBM 人都被附上某种"蓝色"标记：刚刚加入 IBM 的是"新蓝"（New Blue）；在 IBM 工作了许多年的是"深蓝"（Deep Blue）；从大学毕业就一直在 IBM 工作的是"纯蓝"（Pure Blue）；从别的公司加入 IBM 的是"混合蓝"（Mixed Blue）。无论你是哪一种"蓝"，只要你进了 IBM，你就很难再洗去"蓝色"的印记。"蓝色"的强大可见一斑。

IBM 文化形成的最重要因素还是由于老沃森的知行合一，真正把他想建立的价值观贯彻落实，而不让短期的效益影响他的行为。如著名广告"IBM 就是服务"（IBM Means Service），还有那句表达 IBM 世界观的"世界贸易促进世界和平"（World Peace through World Trade），以及公司中随处可见的座右铭"思考"等，老沃森通过行动和公司制度证明他言出必行。通过老沃森和后来小沃森的努力，IBM 的蓝色文化构成了一股巨大的融合力量。在 IBM 的前 80 多年中，这种文化深深地影响着企业里的每一个人。

不管是好的文化还是坏的文化，企业文化都是由人所创造，特别是它的领导者。领导者的影响越大，认同的人越多，文化就越强，影响力也越大。反之，则文化就越弱。企业领导人可以并且需要用不同的方法和手段去把它强化，如可以通过组织制度、决策方法，或者利用奖励、礼仪和仪式等，甚至是通过突出企业里"英雄"的故事等方法来强化文化。

（3）IBM 人才理念

企业要成为一个百年老店，必须有一群志同道合和基本素质适合企业发展的员工方能达到。人才问题，不是简单的"缺什么补什么""头痛医头，脚痛医脚"的问题。企业需要对人才问题有长期的规划和做法，人才是企业竞争的核心能力。人才是长期投资，人才的本质就是个人的人品、性格、价值观、态度和行为特质。业务技能可以从市场上买到，但人才本质，需要通过培养才能达到和企业一致。

IBM 的人才理念是"找对人、再造人、后造技能"。"找对人"，就是找到与 IBM 价值观相近和基本素质较高的人；"再造人"是把他们打造成和 IBM 理念相同、行为模式一致、能融于 IBM 文化的 IBM 人；"后造技能"，是技能培养是一个延绵不断的过程，随着时间转变而不断更新，而如果人不对，投资在人身上的技能培养往往会半途中断和白费，因此才需要"后造技能"。

在 IBM 内部一直有这样的一个说法，"在 IBM，没有人是不可缺少的"。听起来有点骄傲，但与它源源不断的人才供应紧密相关。IBM 有一套完整的人才策略，且与 IBM 的人才理念一脉相承，即崇尚"人尽其才能者上"，通过内部培训、内部晋升和继任者规划来保证公司的稳定运营。人才决定生存，企业是靠人承上启下的，没有一个长期而完整的人才策略，企业的价值观、文化、战略和执行都必受影响。因此，人才策略重在落实和执行。

IBM 的价值观、文化和人才理念相互关系甚深，如三足鼎立，缺一不可，一起构成了 IBM 最早期和最核心的"基因"能力。

2. IBM 创新能力与项目化管理变革

（1）持续创新

创新有三种，分别是产品（含服务）的创新，企业或组织内部运营的创新，企业业务模式的创新。在 IBM 的百年发展中，创新扮演着极其重要的角色，不论是产品和科技、组织和内部运营，还是业务模式，创新在 100 年里一直影响着 IBM 的命运。IBM 早期的创新大多来自它的产品和技术的发明，在老沃森时代已经成立了 IBM 实验室和产品开发部门，并每年投入大量的资金用于研发，除了产品科技创新，业务模式上的创新是在业界推行打包产品和服务，然后以租用的方式付费。

要培养持续的创新能力，把创新变成整个企业的核心策略来执行。持久的创新力不单是依靠个别优秀的员工、一个临时的工作小组甚至常设的创新部门和设立"专款专用"的创新预算。人和组织只是建立持续创新能力的部分元素而非全部，要把创新变成核心策略，让创新在企业内无处不在，让每个员工感受到创新的重要性并且已经渗透到公司的方方面面。通过价值观的传递，让创新成为所有员工"有所为"的指南针。

（2）项目化管理变革与组织

百年间，IBM 能够屡屡在战场上得胜，又总能提出"电子商务""随需应变""智慧地球"这些引领世界方向的战略，正是因为 IBM 具有超强的市场思想领导力、创新力、业务模式设计能力和较强的执行力。加之，IBM 注重核心流程的建设和优化以及组织与技能。这些因素赋予 IBM 克敌制胜的关键能力，帮助 IBM 走向高峰。同时，IBM 善于把方法系统化，使之成为可重复的核心能力，跨越时空。将"人"和"事"紧密结合起来，系统化或流程化的运营相辅相成，使 IBM 的执行能力严谨如一台机器。

在 IBM 的历史发展长河中，面对着企业内部和外部的批评指责，郭士纳坚持采用"休克"疗法，使其经营重点从硬件制造转向提供服务。1996年 11 月 19 日，郭士纳宣称 IBM 变为项目化的组织，将项目管理作为公司的核心竞争力，以实现组织变革的目标。他提出建立一个管理体系（矩阵管理）来与目前 IBM 多产品、多行业、全球化的运营模式、核心流程与组织和技能相匹配，使部门间既有清晰的分工又能有序合作。其管理要点为：重塑 IBM 以客户和卓越为文化的队伍；建立矩阵式管理，加强全球一体化；开展服务业务为集成领航；开发软件成为独立核算业务；放弃应用业务，全力打造 ISV（独立软件供应商）生态系统；成立 IBM PC 公司，放手一搏；统一芯片技术，支持硬件业务；缩短研发和市场的距离；建立兼并收购能力；整合市场部和品牌管理；加强财务管理，利用规模节约开销；加强对新兴市场的投入。同时，在内部管理上，IBM 采用股票期权和金钱奖励相结合的办法来激励下属。IBM 提出"胜利、执行和团队合作"三条新的企业核心价值，这三个核心价值最终演变成 IBM 新的绩效管理系统，进行了一系列业务和管理制度的改革。

3.1.2 由民族走向伟大的华为科技

1987 年 9 月，任正非从南油集团辞职与其他五人合伙，注册了"深圳市华为技术有限公司"。华为公司的命名是从"中华有为"四个字得到的灵感。创立至今，经历过多次变革，实现了多个方面的跨越：销售收入规模从 0 发展到 2019 年 8588 亿元；员工从 6 人发展到 19 万人；从一家贸易代理企业发展为同时拥有运营商事业群、企业事业群和消费者事业群三大业务；从行业积极跟随者到行业领先者……

在中国文化背景下怎样管理一个世界级的大型企业，至今尚无成熟的经验和管理体系。华为是少数走出来的几家公司之一，我们有必要回望华为的成长历史，以求有所认识、有所发现、有所参考。

华为的研究和学习价值，体现在以下四个方面：

（1）持续成长的范例

实现可持续增长是管理永恒的任务。在中国现有的企业里，几乎找不到第二家像华为这样长期持续增长的案例。

华为的增长曲线近乎完美。自 1987 年创立以来，华为保持了持续 30 年快速增长的奇迹。从华为的销售收入增长数据看，华为历史上仅有的一次负增长出现在 2002 年，其销售收入从上一年的 225 亿元下滑至 221 亿元，而这一时期，华为正处于"华为的冬天"期间。和华为同时代成立的企业或多或少遇到了困境，但华为却显得"活力依旧"。华为近年在数千亿的收入规模上，仍然保持着足够的活力。

（2）全球化最彻底的中国企业

所谓全球化，是指"以国际社会普遍认可的价值观和方式，用全球的资源做全球的生意"。中国企业的全球化，分三个层次：第一层次是产品和市场全球化，即把产品销往海外市场；第二层次是资源全球化，即在全球范围内整合并配置资源；第三层次是文化全球化，即在文化上保持民族特性的同时，形成普遍的包容性。

在第一层面产品全球化上，大量的中国企业已经做到。目前，华为业务遍及全球 170 多个国家和地区，服务全世界三分之一以上的人口。自 2005 年海外收入首次超过国内收入以来，海外收入的比重一直保持在 54%～70%。

在第二层面资源全球化上，华为已经遥遥领先于大多数中国企业。至 2017 年底，华为拥有约 18 万名员工，超过 160 种国籍，海外员工本地化比例约为 70%；截至 2014 年，华为全球研发中心总数达到 16 个，联合创新中心共 28 个；截至 2018 年，华为在全球 11 个国家建立 5G 创新研究中心。目前，华为的三大财务风险控制中心分别设在伦敦、东京和纽约，充分利用三个民族的不同特征，确定不同的控制内容。伦敦风控中心提供金融税务政策及操作规则指引；东京风控中心专注项目风险控制；纽约风控中心帮助公司判断和应对宏观经济上的风险。

在第三层面文化全球化上，作为负责任的世界级企业公民，华为致力于消除全球数字鸿沟，在珠峰南坡和北极圈内、在西非埃博拉疫区、日本海啸核泄漏、中国汶川大地震等重大灾难现场，都有华为人的身影；华为"未来种子"项目已经覆盖 108 个国家和地区，帮助培养本地 ICT（信息与通信技术）人才，推动知识迁移，提升人们对于 ICT 行业的了解和兴趣，并鼓励各国家及地区参与到建设数字化社区的工作中。

（3）技术进步的典范

研发能力不足是困扰绝大多数中国企业的最大难题，严重影响了中国企业的国际竞争力。近年来在国际竞争中，华为在研发创新方面的表现不凡，截至 2018 年底，华为累计获得专利授权 87805 件，其中 90% 以上为发明专利。根据世界知识产权组织（WIPO）公布的 2019 年全球国际专利申请（PCT）排名，华为以 4411 件专利申请量排名第一，连续三年成为企业申请人第一名。

华为在研发方面的表现，归功于"坚持每年将 10% 以上的销售收入投入到研究与开发"。事实上，华为近年的研发投入都远远超过了销售收入的 10%，例如，2017 年研发费用支出为人民币 897 亿元，约占全年收入的 14.9%；2019 年研发费用 1317 亿元人民币，占全年销售收入 15.3%，近十年投入的研发费用总计超过 6000 亿元人民币。

欧盟最新发布的"2017 全球企业研发投入排行榜"（2017 EU Industrial R&D Investment Scoreboard），对全球研发投入最高的 2500 家企业以及欧盟研发投入最高的 433 家企业的研发、销售、盈利和员工情况进行了调查，在研发投入排名前 50 的企业中，只有一家中国企业上榜，就是华为，总投入 103 亿欧元，约等于人民币 800 亿元，位居全球第 6 位，超过了苹果。

（4）知识型企业管理的优秀实践者

能够和西方先进企业在技术领域同台竞争，这是基于华为对知识型员工的有效管理。华为是典型的知识型企业，知识型员工在公司中占有主体地位。

华为很早就明确了知识型员工在公司的地位。在 1998 年 3 月颁布的《华为基本法》中，就明确认定了"知识"在企业价值创造中的地位："我们认为，劳动、知识、企业家和资本创造了公司的全部价值"，并明确规定了"知识"在公司利益分配中的地位。

《华为基本法》中约定的理念在分配中得到了很好的体现。从 1990 年开始，华为就通过员工持股计划与员工分享企业的成就，实现"知识资本化"。截至 2017 年底，参与华为员工持股计划的人员已占全体员工人数的45%。而华为的创始人任正非，也参与公司的员工持股计划，其出资部分，仅占公司总股本的约 1%。

华为在现实收入分配中，用于员工分配的部分也远高于公司的利润。2010—2017 年的数据显示，华为用于员工的总支出占总营业收入的比例在20%～23%，与此同时，净利润占总营业收入的比重仅在 6%～10%。

华为又是如何一步步成为一家堪称伟大的企业呢？在其发展历程中的不同阶段，华为用创新变革的精神持续地解决问题、砥砺前行。

华为的创业阶段是从做小型交换机代理开始的，历经 5 年多的探索，逐步确定了主营业务方向，完成了创业团队的搭建。

在 1993—1997 年的 5 年中，面对急剧爆发的市场，华为来不及建立与之匹配的管理系统，而是从解决快速增长中出现的问题入手，倒逼组织职能的发育和管理系统的建立。这期间，华为导入了 ISO9000 质量管理体系，重整了公司的业务流程体系，对各个部门和岗位的职责进行了重新界定；经历了市场部的集体大辞职，暴露出公司发展中存在的一些根本性问题；为了系统解决一系列相互交错的管理问题，历时两年起草和讨论《华为基本法》，理清公司组织建设、管理制度化建设和文化建设的思路；导入人力资源管理 4P 模式，推动人员职业化管理。通过《华为基本法》的制定，达到了三个目的：一是将企业家的意志、思想和创新精神转化为成文的公司政策，明确、系统地传递给职业管理层，由职业管理层规范化运营；二是系统阐述公司处理基本矛盾和内外重大关系的准则和优先次序，建立起内外部心理契约；三是指导公司的组织建设、业务流程建设和管理的制度化建设，使管理系统化并达到国际标准。

从 1998—2010 年，华为在既有的通信设备业务领域，通过缩小与行业巨头的差距、提高市场占有率、扩张品类、国际化等方式实现扩张。在组织和内部管理层面，推出了股权激励制度升级、以流程化为中心的企业变革、引入了 IBM 的业务领导力模型推动以职业化为核心的人力资源变革、两次财经体系变革、防止大企业病的组织变革。同时，在本阶段，华为出现了两次大危机：一是发生在 2001—2002 年的"华为的冬天"；二是发生在 2008—2009 年由新劳动法出台引发的文化衰退风险。这两次危机分别触发了高层治理结构的变革和奋斗者文化大讨论。

在 1997 年，任正非带队到美国参观了 IBM。回国后，任正非发起、推动了在华为研发系统"向 IBM 学习"的活动，5 年时间花费 40 亿元购买 IBM 的管理咨询服务。先是在 IBM 的帮助下开展了"集成产品开发（IPD）"项目，打破从 1988—1998 年运营了 10 年的旧有做法，付出了艰苦的努力。从调研诊断、培训动员、流程设计到试点运行，再到全面推行，在任正非"削足适履""先僵化、后优化、再固化"的口号中，完成了这次空前的流程化变革，打通了产品开发端到端的流程，学会了大规模研发。据华为统计，IPD 流程给华为带来的好处是：产品投入市场的时间缩短了 40%～60%，产品开发浪费减少了 50%～80%，产品开发生产力提高了 25%～30%，新产品收益占全部收益的百分比增加 100%。继 IPD 之后，华为还与 IBM 开发了集成产品供应链（ISC），以及 MM 市场管理和集成财务管理等多个管理项目，在人力资源管理、财务管理和质量控制等方面引进最佳实践，进行了深入变革，在大大提高公司流程化素养之后，以此为基础建立起 IT 化的管理体系。

1998—2010 年间，华为在组织层面努力将分散的职能集中起来，建立起全球共享中心。到 2010 年，华为已经形成了财务、人力资源、法律、合规、采购、安全事务等多个共享中心，这些共享中心集中履行公司职能，以达到降低成本、改善服务、增加控制和成本透明度、减少冗余工作的目的。华为本时期的增长主题牢牢围绕主航道提升竞争能力以增加市场占有率、扩张品类和国际化。华为在复制成功方面做出了艰苦努力，业务流程化、工作模板化、表格化、IT 化、管理职业化的目的无不如此。

2010 年，华为首次进入《财富》世界 500 强。此时，在运营商用通信设备市场上，竞争结构处于僵持局面，很难再有大的突破，为实现进一步的增长，华为需要扩大业务边界，以打开新的增长空间。自 2011 年开始，华为重新定义了业务，提出"云管端"战略，成立"运营商 BG、企业网 BG、消费者 BG"[①]三大业务群，组织上进一步授权，为三大业务群放开手

---

① BG，"Business Group"的缩写，即一个业务集团。华为有运营商、企业网和消费者三大 BG。

脚，开启多业务增长的局面。业务调整的同时，华为在 2011 年对组织结构做了重大调整。这次组织结构调整实质上打破了以前华为的矩阵制体制，吸收了事业部体制的精髓，更具有扩张性。华为在这一阶段最难处理的是掌握"与原有业务共享能力"和"保持新业务自身独特性"之间的平衡度。华为分蘖成长也是几经试错，从早期地把手机业务当作运营商业务来做，到成立三大事业群、赋予三大事业群研发和市场独立权，再到把企业 BG 研发重新划归产品与解决方案平台，经历了"收-放-收"的反复调整，才找到了新业务独立空间和集中共享平台之间的平衡点（见图 3-2）。

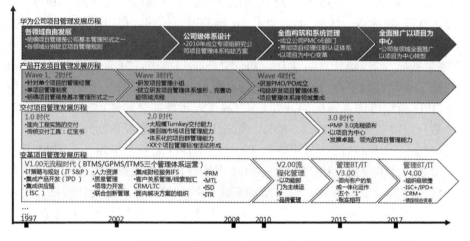

图 3-2　华为公司项目化发展历程

如今，华为创立已 30 余年，仍然充满活力，当同时代创立的联想、海尔等明星公司纷纷出现"大企业病"，出现停滞，不得不对企业进行大规模战略和组织重构，以图实现转型重获组织活力时，华为丝毫没有停滞的迹象，仍然保持足够高的增长速度。对华为来说，变革是一项从未停止过的战争。成为行业领先者、进入无人区后，重构在更复杂的环境下进行，有了新的内涵。面对新的严峻挑战，华为又一次站在起跑线上。

华为的成长历程表明，企业成长是一个没有尽头的过程。成长既是企业经营的管理目标，也是其结果。企业成长过程中会经历不同的成长方式，在不同成长方式的切换中需要企业发起变革。概括来讲，企业的成长是一个"开辟新业务、快速扩张、形成可复制化的能力、结构化停滞、变革驱动成长"的螺旋式上升过程。在这一过程中，变革是一种常态。企业需要不断发现阻碍企业内外部发展的因素，通过变革来消除障碍，以取得更有效的成长。

华为在不同阶段及其成长方式发生转换时，总能够适时启动变革，从未出现因大的盘整而增长停滞的状况，如同一支掌握了空中加油和在线维修技术的战斗机航队，一路前行，从未停歇。1990 年，华为刚刚开始自主研发，就推出"内部融资、员工持股"的机制，等到 1993 年 C&C08 机研制成功，大机会来临时，华为便开始爆发性增长；1993 年进入机会成长期，华为以成倍的速度增长；于 1996 年通过调整人员结构，以配合营销模式转换；紧接着便着手起草《华为基本法》，为成为世界一流企业做好理论准备；在 1998 年之后的十年里，华为发起了"走向制度化、规范化、职业化"的大变革，向世界一流标杆学习，陆续进行了组织流程化改造、管理职业化改造以及人力资源、财务、质量、营销管理的职能化建设，彻底将华为改造成为一个具备全球化一流标准的企业，即使在这期间遭遇了"寒冬"，变革的方向也从未改变。2009 年，在华为处于"最好的时候"，却推动了防止"大企业病"的一系列变革措施，几乎与此同时，为解决增长空间受限的问题，调整了战略，重构了业务，重新定义了主航道，并且做出了相应的组织变革，成立三大事业群，将职能平台从共享中心改造为"赋能中心"等。

3.1.3　震撼世界的中国铁路客站

3.1.3.1　铁路客站功能愈发重要

铁路客站，也称为铁路客运站。

世界上最早的铁路客站建于 1830 年英国利物浦市克朗街，主要作为办理客运业务、供旅客上下车之用的建筑。随着时代的发展，铁路客站从早期建筑与功能均"十分简陋"，发展成为城市的关键场所、多种交通方式的综合枢纽，成了具有旅游性质、商业开发、在提升自身经济效益的同时带动周边经济快速发展的综合性建筑，比如纽约中央车站、拉德芳斯车站、伦敦滑铁卢车站等。

3.1.3.2　21 世纪初我国的铁路客站与外国差距较大

21 世纪初，高铁未发展起来，我国的铁路客站大多数仍然是功能单一、环境一般、设计不足、管理缺乏重视的客站。随着铁路的快速发展，铁路客站建设需要用十几年的时间跑出发达国家几十年乃至上百年的速度，成为现代化、功能丰富、设计理念先进的综合交通枢纽。

3.1.3.3　21 世纪铁路客站发展重任

2008 年 10 月，国务院常务会议批准的《中长期铁路网规划（2008 年调整）》，把到 2020 年中国铁路营业里程由原定的 10 万公里增加到 12 万公里以上。同时，到 2012 年，需要建成现代化客站 804 座，形成适应客流特点、便于客运组织和分类管理的现代化客站体系。与传统客站相比，功能定位由单一的铁路客站转变为集多种交通方式为一体的综合交通枢纽。

3.1.3.4　难题在眼前

要完成如此艰巨的任务，铁路客站建设面临着诸多难题：

首先，我国面临着大量铁路客站同期建设的发展需要。

其次，每一座现代化客站需要在理念、技术和管理上，既有别于传统的铁路客站，也不同于一般的土建工程，从某种程度上讲，是技术与艺术、力学与美学的结合。

最后，大型高铁客站在空间结构、节能环保、环境控制、建设工期、管理模式等方面面临一系列挑战。我国以往铁路客站建设全部纳入铁路干线，并没有单独作为一项独立工程来管理，导致客站建设管理经验的积累和总结不足，管理能力比较薄弱，现有的管理理论知识中缺乏对铁路客站，特别是高铁客站这一特定对象的适用性研究。

因此，时代发展、外部环境、专业技术、内部管理这四方面对铁路客站的建设管理提出了高标准的要求。

3.1.3.5　铁路客站建设交出了满意答卷

即便前方艰难险阻，我们的铁路客站仍交出了举世瞩目的答卷：2012年8月底，全国共建成新客站373座，正在建设的客站209座，正在开展设计的客站243座，发达国家单体需要8～10年才能建设完成的客站，我们仅仅用了2～3年便建设完成。新时期客站建设更加考虑"坚持以人为本、突出服务功能、兼顾各方需求、力求系统最优"，城市门户、零换乘、综合交通枢纽、城市新地标、城市融入、可持续发展、绿色环保等概念均在客站建设中得到了极大的体现。如图3-3和图3-4所示。

图 3-3　老照片里的北京南站

资料来源：https://www.sohu.com/a/168762992_642365。

图 3-4　铁路客站的标杆——新时代的北京南站

资料来源：https://www.sohu.com/a/168762992_642365。

3.1.3.6 高标准的背后是世界一流的高水平管理体系支撑

高质量的工程离不开高水平的管理，这一系列成就的取得离不开高铁客站建设管理体系的重要支撑和保障。铁路客站建设总指挥部总指挥长郑健（现中国国家铁路集团公司总工程师）基于"打造'百年不朽'精品工程"的客站建设总目标，运用系统论做指导，提出了以"核心目标可控，重点流程可控，关键资源可控"为主导思想，以"价值性、系统性、层次性、独特性、持续改进"为原则的铁路客站建设管理新模式，力争打造世界一流的铁路客站。

建立和完善中国高铁客站建设管理体系，既需要对以往铁路客站建设过程中的系列管理经验与教训进行总结，更需要结合国内外先进管理理论、管理思想以及管理工具方法开展前瞻性的研究。构建并完善适应我国高速铁路客站建设实践的管理体系，才能更好地对在建及未来将要投入建设的高铁客站建设进行科学管理，进一步提升铁路客站建设效能。

我国铁路客站建设的管理者在广泛借鉴大型复杂项目的三层一体化体系的基础上，以"为什么构建铁路客站建设管理体系"为先导和输入，系统解释"铁路客站建设管理体系是什么"的问题，由此总结提炼出一整套新时期铁路客站建设管理理论体系。正是在该体系的指引下，新时期客站建设取得了重大成就。该管理体系可以高度概括为：一个体系、三大层级、十四大模块，如图 3-5 所示。

一个体系：全面总结并提炼大众、地方发展，铁路建设以及社会环境对新时期铁路客站建设的需求，同时结合新时期客站定位以及建设管理思维，系统分析铁路客站建设面临的形势，总结概括新时期客站建设的难点、重点，并针对这些难点和重点提出有效的解决措施，全面考虑新时期客站建设管理的指导思想、战略规划、建设全过程、全组织以及全要素。

三个层面：从组织的层级角度考虑，将铁路客站建设管理体系划分为三大层级，分别是包含客站建设指导思想和战略管理的高端层级——顶层设计，包含客站集群建设管理和技术创新集群管控的中端层级——集群管控，以及单一客站建设管理的低端层级——精益化建设。这三大层级分别从宏观、中观和微观三个层面对铁路客站建设管理进行综合权衡、思考及体系构建，能够确保该管理体系的系统性和全面性，同时做到从上到下的层层贯彻。

十四个模块：为了保证该体系能够有效落实，在高端层级、中端层级和低端层级中均设置了多个模块，每个模块内容详细到具体专业的操作与实施，并通过建立模块与模块间的相互联系，绘制体系落地路径。

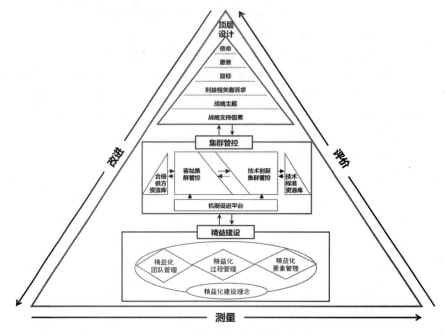

图 3-5　铁路客站建设管理体系

整体经过系统整合，铁路客站建设管理体系包含了管理思想、管理知识、管理目标、管理组织、管理标准、管理制度、管理工具等在内的多种先进方法。

3.1.3.7　管理体系的实践历程

历经近七年的发展，高铁客站建设管理走过了一条从薄弱到稳健、从规划到完善的体系化发展之路。

第一阶段为高铁客站建设管理体系的规划和突破阶段（2004—2008年）；第二阶段为高铁客站建设管理体系的总结和完善阶段（2009—2010

年），形成了高铁客站建设战略管理、项目集群管理、单项目管理的理论知识模型，提升了高铁客站建设专有理论对实践的指导，建立了高铁客站三级组织管理模式，制定并逐步完善相关制度，构建并逐步完善管理平台；第三阶段为高铁客站建设管理体系的深化和推进阶段（2011 年至今），2011—2012 年是我国高铁客站建设最为集中的时期，目标是建成 500 余座客站。这一阶段，在加强高铁客站建设管理体系在全铁路各层面推广的同时，还将在管理的信息化、工具化方面进一步细化，在管理的范围和程度方面进一步深化，以更好地支撑高铁客站建设与发展。

3.1.3.8 展望未来

展望新时代，我国将有上千座现代化铁路客车站矗立在神州大地上。

在高铁客站建设管理体系的保障下，一批现代化铁路客站将会建成与运营，中国高铁客站将为旅客提供更加便捷的进出站服务、更加舒适的候车环境、更加人性化的服务设施。高铁客站建设管理体系化的建设与发展，在体系的框架、内涵、建设、发展乃至组织方面，对于我国其他行业政府投资项目管理能力的提升也具有一定的借鉴作用和参考价值。同时，伴随着高铁客站建设实践的拓展，高铁客站建设管理体系也需要不断改进和完善，以推动高铁客站建设的持续发展与提升，不断打造"世界一流铁路客站"，不断强化"世界一流铁路客站管理体系"。

3.1.4 联通世界的中国唐车

3.1.4.1 唐车的发展历程（见图 3-6）

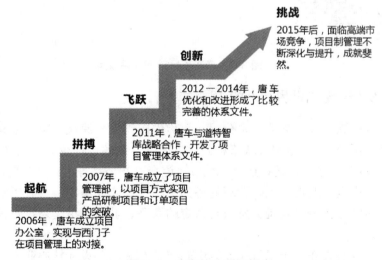

图 3-6 唐车的发展历程

3.1.4.2 唐车激情精益项目制的建设背景

（1）唐车内部已初步构建了项目管理体系，完成了动车组技术引进消化吸收和再创新。

（2）唐车的项目制管理存在着经验总结、系统整合和管理推广不足等问题。

（3）项目制管理在系统性、领先性、价值性与唐车公司的战略要求存在着改进的空间。

3.1.4.3 唐车的项目管理体系模型（见图 3-7）

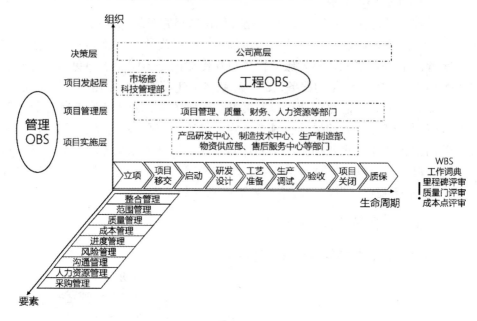

图 3-7　唐车项目管理体系模型

3.1.5 走向世界标准的中国铁设

中国铁路设计集团有限公司（简称中国铁设，原铁道第三勘察设计院集团有限公司），是中国铁路总公司下属唯一勘察设计企业，成立于 1953 年，资产 69 亿元，是以铁路、城市轨道交通、公路等工程总承包、勘察、设计、咨询、监理、项目管理业务为主的大型企业集团，具有工程设计综合资质甲级证书，是国家发改委认定的铁路、城市轨道交通投资评估咨询机构之一。

中国铁设在"十二五"规划中确定了发展勘察设计核心业务，大力拓展工程总承包业务，积极开发国际市场，努力推进相关多元化，先期建成具有工程公司特征和功能的工程咨询公司，进而实现向工程公司转型的目标（见图 3-8）。中国铁设认真分析工程总承包业务市场前景和企业资源禀赋，认为其具有一定潜在市场，可以作为今后一段时期企业营业收入增量的主要来源，成为与铁路和轨道交通勘察设计并行发展的核心业务。

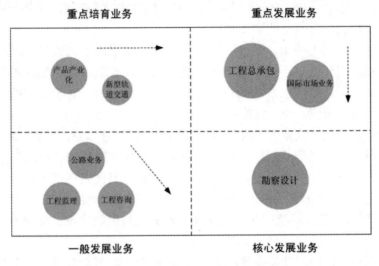

图 3-8　中国铁设"十二五"业务规划

　　根据业务发展状态和资源状况，中国铁设选择"循序渐进"式转型模式，提出经过三个阶段由设计院体制过渡到工程公司体制（见图 3-9）。"十二五"期间，中国铁设完成工程总承包和工程项目管理合同额 180 亿元，是"十一五"期间的 7 倍。完成营业收入 78 亿元，是"十一五"期间的 5 倍。实现了到"十二五"末工程总承包营业收入占总营业收入 1/3 的规划目标。

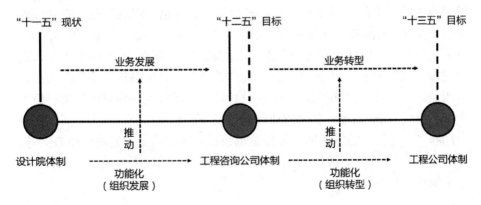

图 3-9　中国铁设三阶段转型

2016 年，中国铁设在"十三五"战略规划中提出：要从传统的勘察设计院向 EPC（工程总承包）公司逐步转型，实现 EPC 业务领域项目质量、管理效益的提升。而当时 EPC 业务的法律规范相对缺乏，而相较石化等行业，铁路行业的 EPC 模式起步较晚。对于铁路 EPC 项目总包商管理范围、管理深度、EPC 与施工分包单位和监理的责任界面等问题，尚未形成行业成文规定，也缺乏相应的实践共识。

管理范围的不明确，致使管理资源分配无法形成中国铁设与项目部层面的共识；对于管理手段，也随着管理者对于项目重难点认知的不同和管理风格的差异，形成大量的随机性管理、经验型管理；对于项目的考核、人员对项目的价值，也无法准确衡量。

为此，中国铁设基于 EPC 实践，建立 EPC 管理体系，明确 EPC 项目管理范围，这些是理清后续管理资源分配、明确管理手段、形成包括考核机制在内的总包管理机制建设的基础。将 EPC 项目的管理范围与内容形成一个完整架构，能够促成中国铁设对 EPC 项目层面管理的规范化与标准化，为 EPC 项目管理、后续的配套的管理资源分配与机制建设、推动中国铁设向工程公司转型奠定基础（见图 3-10）。

截至目前，中国铁设累计勘察设计铁路里程 4 万余公里，占全国铁路运营里程的三分之一，勘察设计高速铁路里程 7500 公里，设计大型综合交通枢纽 18 个，市场占有率位居行业前列。设计了中国第一条客运专线——秦沈客运专线，第一条时速 350 公里的高速铁路——京津城际铁路。先后承担了 200 余项工程总承包及项目管理工作，业务范围包括国内外铁路、公路、市政、煤炭储运装、太阳能光伏发电、四电集成、三电迁改、污水处理、桥梁、房建等工程。承担了目前国内铁路行业按工程总承包模式建设的投资额最大的工程项目——阳泉北至大寨铁路工程总承包（新建线路44 千米，投资额 32.6 亿元），中国首例煤运重载专用铁路工程设计及施工总承包项目——兴县至保德地方铁路工程总承包（线路全长 16.6 千米，总合同额 25.64 亿元），中国第一条以民营投资为主体的高速铁路杭州-绍兴-台州铁路。"十三五"期间，中国铁设总承包业务实现了跨越式发展，新签合同额超过 1700 亿元，实现营业收入超过 500 亿元。经过"十二五"的培育期和"十三五"的发展期，工程总承包已逐步成为企业发展的核心业务，占总营业收入的 2/3，并在高速铁路、干线铁路市场取得突破，实现了企业转型发展的战略布局。

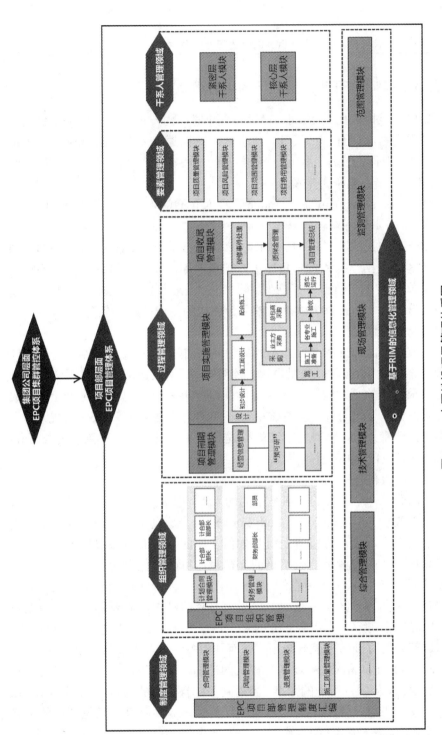

图 3-10 中国铁设项目管理体系图

3.1.6 美国打压下逆势前行的字节跳动

2012 年创建的字节跳动，在短短几年时间内发展到估值接近千亿美元的互联网大鳄，拥有今日头条、抖音、西瓜视频等多个爆品 App，除了搭上了移动互联网的快速列车，其企业自身的核心竞争力也得到了极大的体现。

3.1.6.1 核心竞争力来源

"Develop a company as a product，技术并不总能保证产品（公司的竞争力），但是好团队可以。"

张一鸣的说法非常精准，实际上，由于互联网产品和技术方案的开源化、社区化，在产品和技术角度很难形成垄断，企业护城河并没有想象中的牢固。进入 21 世纪，大家都认同"人才是最重要的资源"，因此，打造一个能培养人才、发挥人才才能的舞台就成为企业的核心要务。

（1）信息通畅

字节跳动内部推崇"直入主题的提问、回答""不要包装结果，不要向上管理、投领导所好""鼓励群聊，不要单聊""坦诚清晰"等原则，其目的是追求信息的高效流通。从经济学的角度上来说，也称为将企业内部成本降到最低。与此同时，其倡导 Google 的理念"格局大，ego（自我）小"，即别把自己看太重，多花心思在能力提升和业务拓展上，避免"ego creates blind spots"（自尊心产生盲点）。

（2）预设信任

这部分以一个员工的匿名分享为切入点，其提及"工作涉及和合作时，通常可以遵守 Full Control 和 Full Context 两个原则中的一个。前者是给出明确的上下文，让对方了解系统是如何工作的，从而能够根据上下文自己分析具体问题；后者是给出明确的文档，尽可能地包含所有可能遇到的问题和其解决方案。"采用后者的模式，由于参与者只了解自身的板块，因此需要花费大量的时间来沟通细节。采用前者的模式，需要参与者在前期花费一定时间去了解合作系统多方的 Context，不过这个花费通常是有价值的，之后这部分的对接效率就会高很多，而且相关参与者都会得到足够的成长。

对于 Control 和 Context 两种模式的选择，需要辩证地看待，没有绝对的孰优孰劣。从项目管理的角度，当遇到关键且紧急的项目时，适用 Control 模式，统一思想、集中资源，确保项目及时落地；而进行长尾渐进的项目时，适用 Context 模式，提高参与者的信息获取，并提供一定的思考自由度，让参与者有机会成为项目的 owner。从公司级管理的角度，Control 模式容易导致部门间难以合作，部分冗余，专业度和消息下降，违背 Day1 理念（每天都像创业公司一样运营）。

　　需要注意的是，这种管理模式是在"人性本善"的前提下运行，那么如何保证公司员工的"人性本善"？主要通过两种手段，第一是招募合适的人，第二是坚持信任的价值观，对于违背以上两点的事宜一定要坚决摒弃。对于第一点，以字节跳动公司为例，其信奉的原则是："找到合适的人""招一群学习能力强、视野开阔、心智成熟的成年人，一起打天下"。从文字的角度上看，这个要求非常高，在企业发展初期很难落地，但在高速发展期非常适用。对应企业初期，更需要的是招募受过大学教育的年轻人，需要创始人花费更多精力将这些年轻人带上路，就像阿里提出的"好的团队是剩下来的，不是招募来的"一样。对于第二点，以阿里为例，其针对刷单购买月饼的员工进行了坚决的清除，这就是对"信任"价值观最有力的支撑。

　　（3）模式集权

　　个人集权、机构集权比较容易理解，那么模式集权如何理解呢？对字节跳动来说，就是全公司自上而下的 OKR（目标与关键成果）制度，从 CEO 开始定制自己的目标，然后和直接汇报人一起审查，之后逐层细化到各个执行人，虽然在执行的战术选择上会有不小的分歧，但是在整体的目标上，是形成了足够的内部共识的。

　　字节跳动的核心五大价值观是追求极致、务实敢为、开放谦逊、坦诚清晰和始终创业。

3.1.6.2　管理模式落地

　　光说不练假把式，这部分学习的最终目标是引入部分适用于当前时期、当前团队能力的方法论，增强整体团队能力。

　　1. 核心目标

　　（1）每个人都主动规划自己的任务

　　目标一般和自己负责的项目相关，这样在日常的业务需求落地过程中已经对该目标提供了可观的完成度。

　　（2）逐渐成为项目或者领域的拥有者

　　完成日常业务代码，系统异常定期巡检和修补，发现系统潜在不足发起技术优化，日常业务数据、报表数据进行监控，对业务系统发展提出个人规划或建议等。

　　2. 具体要求

　　（1）OKR 管理

　　OKR 是英文的"目标"和"关键结果"的缩写词，即 Objectives and Key Result。首先是目标，然后是关键结果。OKR 作为一种管理工具，起源于英特尔，发扬光大在谷歌，现在在全世界，主要是在互联网高科技公司中推行。

德鲁克曾说：真正的管理不是管理者在管理，而是由目标来管理。很多公司管理混乱不是因为没有管理者，也不是因为没有管理制度，而是因为它的目标特别不明确。当没有明确的目标时，所有人的忙碌就成了表演工作的舞蹈，从事忠诚的竞赛，其结果也是非常差的。所以真正的管理叫MBO，即 Management by Objective，就是由目标来管理。OKR 继承的正是这样的思路，通过明确目标以牵引着员工激发自动能，而非每日无所事事。使用 OKR 就是用无形的、看不见的手来管理，而不是用看得见的手、看得见的等级、看得见的制度来管理。

回到字节跳动，张利东是刚刚被任命的今日头条中国董事长，有一个关于他的小故事。有一次，他要到印度去考察印度市场，却在海关被拦截了，因为他的签证有问题；张一鸣打电话给他的时候，以为他已经在印度了，他说我就在办公室，因为我被拦截了。又过了一个星期，张一鸣再给他打电话时，他说他在印度已经跑了好几个地方了，已经谈了好几个合作了。

张利东是怎么做到的呢？不管。这就是字节跳动的无为管理，目标和关键结果才是受到重视的。

（2）去等级化的公司文化

字节跳动还有一个公司文化，深深影响着员工，那就是去等级化。就是说在字节跳动，大家都不准叫什么总，甚至不能叫什么老师，所有人都是直呼其名。

很早联想集团就做过这样的努力，杨元庆在他的公司，所有人都叫他元庆，不能叫杨总；阿里巴巴用花名去代替等级、头衔，增加了趣味性，拉近了人与人之间的距离；字节跳动干脆所有这些都不要，就是直呼其名，很多公司的文化都是写成标语挂在墙上的，你只要一走进公司，就能感受到这种平等的、去头衔化、去等级化的文化。

（3）Context, not Control（情景，而非控制）

字节跳动有一句口号，叫"Context, not Control"，Context 就是语境、上下文、场景。很多人在工作沟通上最难的事情就是没有 Context，没有语境的背景，沟通的难度不是可以轻易描述的，随之而来的甩锅那都是家常便饭。"Context，No Control"是一种至上的管理哲学与公司文化，这也就解释了为什么有人说字节跳动没有管理，实际上它不是一个自上而下的设计和控制，而是一个自下而上的演化和生长。

这可以说是字节跳动快速成长的一个很重要的原因。有人说腾讯在爬行，字节在跳动，动力就来自这种"Context，not Control"。

3.2 世界一流企业的管理理论研究指导

要打造创新管理体系，除了通过对标管理借鉴世界先进企业的成功经验以外，还需要有成熟的、经过实践案例积淀的创新管理体系理论指导（见图 3-11）。

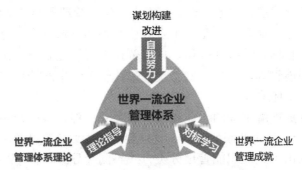

图 3-11　创新管理体系的理论指导

3.2.1 职能管理理论与研究指导

现代意义上的企业管理伴随着工业革命而产生。第一次工业革命发生在 18 世纪 60 年代到 19 世纪 40 年代，人类进入了蒸汽时代。工厂开始建立，这一阶段出现了管理职能同体力劳动的分离，管理工作由资本家个人执行，其特点是一切凭个人经验办事，企业管理进入萌芽时期。

第二次工业革命发生在 19 世纪 60 年代后期，人类进入电气时代，随着电力的广泛应用、内燃机和新交通工具的创制、新通信手段的发明，工厂被广泛建立，生产规模不断扩大，人与人之间的距离也大大拉进。随着经济的发展，这一阶段出现了资本家同管理人员的分离，管理人员总结管理经验，使之系统化并加以发展，逐步形成了一套科学管理理论。企业管理也进入了探索期，从早期的传统管理进入到科学管理，这一时期的企业管理以工厂管理和工业管理为主。

20 世纪 50 年代以后，企业管理进入到现代化管理阶段。这一阶段的特点是，从经济的定性概念发展为定量分析，采用数理决策方法，并在各项管理中广泛采用电子计算机进行控制，这就构成了 2.0 时代的企业管理。随着计算机的大量使用，经济不断快速增长，行业不断细分，企业为实现其经营目标，组织资源、经营生产活动的基本框架和方式也在不断细分，形成了企业职能管理。

　　企业职能管理，简单地说，就是企业某一方面的职责和效能的管理，是伴随着企业管理的专业细分和效能深化而产生的，是对企业某一局部（领域或模块）的管理。

　　企业管理职能，按照不同的方式划分，也就产生了不同的职能管理方式，因而所有的职能管理并不是严格区分的。主要的职能管理模式有：战略管理、研发管理、采购管理、生产管理、市场营销管理、仓储物流管理、项目管理、运营管理、财务管理、组织人力资源管理和企业文化管理等。

　　战略管理位于最高层，是一个企业或组织在一定时期的全局的、长远的发展方向、目标、任务和政策，以及依据资源调配做出的决策和管理方案。而其他职能管理，诸如研发管理、采购管理、生产管理等都是企业生产制造中的一个环节。

　　为了更好地理解不同的企业职能管理模式，现将各企业职能管理梳理如表 3-1 所示，从企业职能部门、管理要点、主要管理理论和方法等多角度进行对比（由于企业职能管理分类方式不同会导致名称不尽相同、种类繁多，以下种类只做列举）。

表 3-1　企业职能管理梳理

职能管理模式	企业职能部门	管理要点	主要管理理论与管理方法	特征	管理细分
战略管理	PMO（项目管理办公室）、总经办……	5P 模型：计划、计策、模型、定位、观念	竞争战略理论、资源基础战略理论、动力能力战略理论；基准化分析法、SWOT 分析法、波士顿（BCG）矩阵法、PEST 分析等	全局性、长远性、可行性、稳定性、风险性、系统性	企业战略管理、项目战略管理
研发管理	研发部	在研发体系结构设计和各种管理理论基础之上，借助信息平台对研发过程中的一系列协调活动进行管理	单一中心式研发管理模式、多中心式分散化研发管理模式、轴心式研发管理模式；PACE 方法论（产品及周期优化法）、敏捷开发	矩阵式跨部门协同运营；结构化的产品开发流程；面向价值、市场驱动；全局规划、分步实施	绩效管理、风险管理、成本管理、项目管理、质量管理、团队管理等
采购管理	采购部	对采购业务过程进行组织、实施与控制的管理过程	采购管理与 ERP 集成的一体化思想；采购计划、采购订单、发票校验	要确定供应商资格	合同管理、信息管理、交易管理、供应链管理、成本管理等

续表

职能管理模式	企业职能部门	管理要点	主要管理理论与管理方法	特征	管理细分
生产管理	精益部、生产车间……	生产管理内容包括生产计划、生产组织以及生产控制。通过合理组织生产过程、有效利用生产资源、经济合理地进行生产活动，以达到预期的生产目标	以色列戈德拉特博士提出的约束理论（TOC）；法约尔的过程管理理论；日本丰田公司提出的准时制生产（JIT）及英美学者在此基础上提出的精益生产理论（LP）；美国通用公司（GE）和里海大学教授共同提出的敏捷制造（AM）等。三大手法：标准化、目视管理、管理看板生产管理分析方法主要有：成本分析、线性规划、排队模型、模拟技术、统计分析、网络计划模型、启发式模型等	—	计划管理、采购管理、制造管理、品质管理、效率管理、设备管理、库存管理、士气管理及精益生产管理
市场营销管理	销售部、市场部……	市场营销管理的任务，就是为促进企业目标的实现而调节需求的水平、时机和性质；其实质是需求管理	4C 营销理论、4Cs 营销理论、4R 营销理论；市场调查、销售计划管理、销售价格管理、销售渠道管理等	综合性与交叉性、实践性与应用性、管理性与经营性、基础性与原理性、科学性与艺术性	市场管理、营销管理等
仓储物流管理	运输部、仓储部	仓储物流管理的任务，就是包含仓储和物流全流程管理，包括仓储资源的获得、仓储流程的管理、安全管理、物流作业管理等	基本库存管理模式、仓储控制理论、现场管理理论、物流管理理论；ABC 分类法、物流管理等	系统化：①信息集成；②结构优化；③整体功能。模块化三个基本属性：①功能；②处理逻辑；③模块所处的位置。实时化、网络化、现代化	仓储管理、物流管理、安全管理、供应链管理

职能管理模式	企业职能部门	管理要点	主要管理理论与管理方法	特征	管理细分
项目管理	PMO、项目部……	项目管理是对一些成功达成一系列目标相关的活动的整体监测和管控	项目十大要素管理、项目管理十八步等	一次性、临时性、整体性、目标性、唯一性	计划管理、目标管理、成本管理、需求管理、质量管理、相关利益者管理等
运营管理	行政部	运营管理指对运营过程的计划、组织、实施和控制，是与产品生产和服务创造密切相关的各项管理工作的总称	—	—	—
财务管理	财务部	财务管理是在一定的整体目标下，关于资产的购置（投资）、资本的融通（筹资）和经营中现金流量（营运资金），以及利润分配的管理	资本结构理论、现代资产组合理论、期权定价理论、代理理论等	①风险收益的权衡；②货币的时间价值；③价值的衡量要考虑的是现金而不是利润；④增量现金流；⑤在竞争市场上没有利润特别高的项目；⑥有效的资本市场；⑦代理问题；⑧纳税影响业务决策；⑨风险分为不同的类别；⑩道德行为就是要做正确的事情，而在金融业中处处存在着道德困惑	成本管理、预算管理、投资管理
组织人力资源管理	人力部、综管部……	在经济学与人本思想指导下，通过招聘、甄选、培训、报酬等管理形式对组织内外相关人力资源进行有效运用，满足组织当前及未来发展的需要，保证组织目标实现与成员发展的最大化的一系列活动的总称	戴维尤里奇的人力资源管理理念，六大管理模块：①人力资源规划；②招聘与配置；③培训与开发；④绩效管理；⑤薪酬福利管理；⑥劳动关系管理。抽屉式管理、危机式管理、破格式管理等	①人本特征；②专业性与实践性；③双赢性与互惠性；④战略性与全面性；⑤理论基础的学科交叉性；⑥系统性与整体性	组织管理、绩效管理、薪酬福利管理等

从表 3-1 可清晰看出不同职能管理模式的管理要点，从总揽大局的战略管理到精细的如质量管理、成本管理等，都是依托于企业的某一部分进行的管理架构。

而"3.0 时代的企业管理"，是以智能时代的到来开始，这个时代变化进程不断加快，我们不能单单依靠企业的某一部分的管理架构来提升企业的整体水平。而是需要将企业作为一个整体，包含从孕育到壮年再到死亡的完整生命周期，从而进行管理。

企业整体管理理论也就应运而生，我们是站在巨人的肩膀上看世界，总结前人经验，不断发展完善，通过整合修订，建立企业整理管理体系，从而更好地助力大型企业转型升级、普通企业步入快车道、小微企业稳步向前。

3.2.2 企业整体管理理论与研究指导

在当今时代发展的背景下，企业在转型升级的道路上遇到了各种各样的挑战，迫使企业寻求新的管理理念。当今的社会，标准化的分工作业模式逐渐受到个性化与定制化的挑战，社会中的项目活动逐渐增多，社会与企业的发展正走向一种新形态。基于当今企业发展的变化与管理特征，一些中外专家从社会与企业发展形态的角度进行了更为充分的研究，提出了项目导向型社会与项目导向型企业的概念，并明确指出当今社会与企业发展具有越来越明显的项目导向型趋势（见图 3-12）。

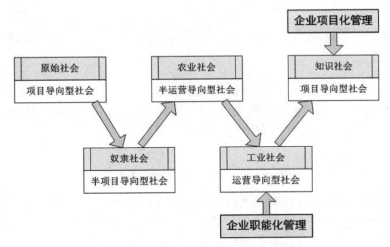

图 3-12　社会项目导向型发展趋势

当前企业管理理论中，针对企业整体管理理论的研究较少，项目化管理开创了企业整体管理理论研究的先河。

　　企业项目化管理，是站在企业整体角度，为解决具有时限特征的项目管理与企业这一长期稳定组织之间的矛盾，以企业为对象的一种管理体系。企业项目化管理的成功经验比比皆是：耐克公司以项目化管理运用方式设计了新型的运动鞋；克莱斯勒公司通过项目化管理缩短了轿车的设计周期；通用电器公司运用项目化管理开发新型喷气式飞机引擎；雷诺公司在订单式生产方面，进行了项目化改造，取得重大突破；美国电话电报公司（AT&T）在 1989 年，通过项目化的管理方式，在商务通信系统（BCS）方面，成功拓展；杜邦公司运用项目化管理，将大型设备维修时间由 148 小时压缩为 68 小时。包括在前一节中介绍的 IBM、华为、唐车和中国铁设，无一不是通过企业项目化管理系统的构建，实现组织变革和业务突破的目标，成长为一流企业。

　　同时，企业项目化管理理论还处在不断发展进程中，将从专业化的理论提升，通过实践深化达到规范化，再由平台拓展实现标准化，最终服务于不同发展阶段、规模、行业的企业，为企业项目化管理理论的迭代升级提供坚实的理论基础（见图 3-13）。

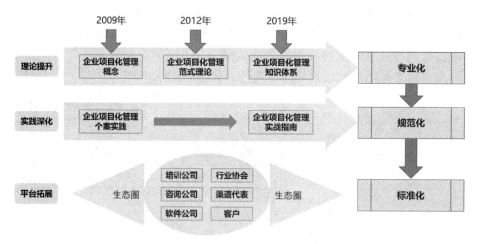

图 3-13　企业项目化管理发展进程

　　本书仅从创新管理体系系统构成的角度进行介绍，而对项目化管理的起源、概念与作用价值感兴趣的读者，可参考韩连胜博士的《企业项目化管理范式理论》一书。企业项目化管理范式框架图由 3 大层级、5 大领域、22 大模块组成，如图 3-14 所示。

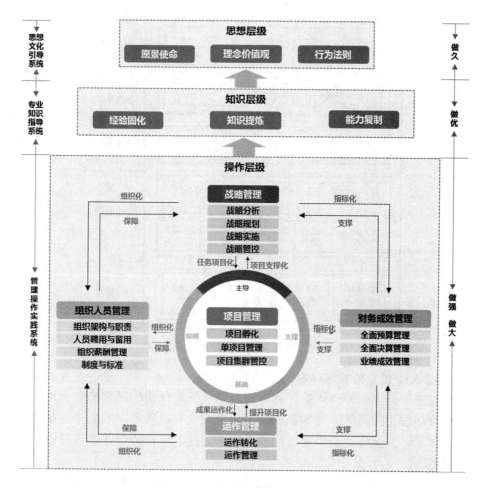

图 3-14 企业项目化管理范式

3.2.3 领先企业管理理论的启示

综合以上一流企业的共同特征和管理理论研究成果，或许能够窥见成就伟大企业的关键原因（见图 3-15）。

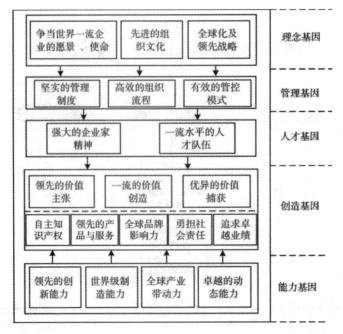

图 3-15　世界一流企业管理的共同特征

3.2.3.1. 健全的管理体系

首先是健全的管理体系。目前针对企业管理理论的研究趋向于提炼各职能管理理论的精髓，使各职能管理模块发生有机联系，形成企业整体管理的体系。关于体系的研究逐渐成为大家关注的重点和企业管理理论发展的亮点。

世界一流企业在规制和流程上强调通过集团管控推进一体化经营管理，实现全球战略和业务的高效协同。它们重视建立符合自身发展要求的管理制度和组织流程，推行权责明确的现代化公司治理制度，并重视合规经营，进行精细化的符合国际通行规则的制度设计，遵守国际公约和各国法律法规，使得企业有序运转并不断提升全球化水平。例如，在转型突破阶段，大众不断强化制度对公司国际化的适应性和本土化；华为从 2007 年开始建立包括贸易与金融合规委员会在内的合规运营体系，重视对国际公约和各国法律法规的遵守。

世界一流企业还强调用坚实的管理制度和高效的组织流程约束和激励全体员工的价值创造，坚持架构在规则和制度之上，建立体系化的治理结构、制度化的管理系统、完善的组织学习与沟通平台，同时践行道德标准和履行承诺，要求员工承担个人责任。例如，大众不断简化等级制度，将中间管理层的决策权力转移到各运营单位，打造扁平化组织以实现沟通畅通。华为则确立了轮值 CEO 制度并推动管理流程化管理，全面实施流程责任制以提高组织运行效率。此外，它们还拥有对制度和流程设计进行适时优化的管理能力和信息化手段，当外部环境或者企业发展战略发生改变，原有制度基础不再能提高组织效率甚至抑制组织效率时，就会进行组织与制度创新，让制度、结构和流程具有更强的适应性，使之契合发展的新需要。

3.2.3.2. 先进的管理理念

世界一流企业借助发展理念来凝聚人心、鼓舞士气并引领企业发展。

一方面，争当世界一流企业的愿景和使命能够为员工提供长期依循的方向和精神动力，鼓舞员工坚定方向，上下齐心。例如，大众于 2019 年确立新愿景为"塑造流动性——为未来的几代人"，激励全体员工在电力驱动、数字网络和自主驾驶等方面为人类发展创造价值。华为则"致力于把数字世界带入每个人、每个家庭、每个组织，构建万物互联的智能世界"，指引员工为客户提供有竞争力、安全可信赖的产品、解决方案与服务。

另一方面，先进的组织文化指导并激励员工。例如，华为早期专注于"产品就是精益求精再求精"，在外资主导的通信市场站稳脚跟。在企业文化建设上倡导"胜负无定数，敢搏成七分"的狼性精神和坚持、超越的"乌龟精神"，30 多年来一直致力于在通信的主航道上成为世界级领先企业。

3.2.3.3. 杰出的人才队伍

世界一流企业拥有强大的企业家精神，其成功离不开一代又一代具有开拓创新、敢闯敢拼、持之以恒等精神的企业家。他们不仅洞察力强，善于识别捕捉市场机会，灵活运用内外部资源将潜在机会转化为企业利润，在企业出现发展瓶颈时灵活思变，不断突破企业发展极限。任正非领导华为在创业初期抵挡住诱惑将资金投入到数字程控交换机和无线 GSM（全球移动通信系统）解决方案的研发中，为华为后来的领先发展奠定了技术基础。此外，一流水平的人才队伍为企业发展注入源源不断的智慧和动力。世界一流制造企业均将人才队伍视为企业发展的重要战略资本，高度重视人才机制建设。在人才引进方面，世界一流企业以开放包容的态度在全球广泛招揽优秀人才。

3.2.3.4. 卓越的创造基因

从价值活动过程看，世界一流制造企业在价值主张、价值创造、价值捕获的全过程领先；从价值活动结果看，世界一流制造企业拥有难以复制的自主知识产权、全球领先的产品与服务、极具全球影响力的品牌、卓越的企业绩效，勇担社会责任，为社会创造极大价值。一方面，坚持服务意识，全力满足客户需求。华为将客户需求视为其发展之魂，通过科技创新不断用优质产品和服务满足消费者升级的需求，倡导与外部结成利益共同体，提升企业社会信誉和品牌价值。大众汽车依靠鲜明的形象和不断改进的技术，使得"甲壳虫"享有经济可靠的美誉。另一方面，质量和技术构成价值创造的关键要素。世界一流制造企业表现出严格质控的特征，将质量视为企业的生命，打造"零缺陷"产品，并将技术作为企业的核心资源、向新利基市场和高端市场转型突破的重要支撑，从而收获卓越绩效。大众汽车在英军托管期间推行严格的质量管控条例，设立流动巡查员进行严格的质量检查；集中精力维持技术优势，通过高标准的工程和产品质量、卓越的销售和服务网络成功捍卫领导者地位。

3.2.3.5. 领先的能力基因

世界一流制造企业拥有包含领先的创新能力、世界级制造能力、全球产业带动力及动态能力等在内的经营能力优势。

第4章 体系科学构建，法则高效运转

越来越多的企业认识到，要应对不断变化的复杂的市场环境，以项目管理为核心的企业整体管理系统已经成为企业持续、健康、稳定发展的主要手段，且越来越多的企业正在实践以项目为核心的创新管理系统解决方案并取得了显著的成果，检验了创新管理体系的落地深化成果。创新管理体系已经成为同时具备内部系统性、外部适应性和应用实效性三大特征的完整管理理论

如何科学构建创新管理体系？构建创新管理体系需要遵循哪些法则？本章将按照一大体系、三条主线、八大系统、八大法则进行系统梳理，助力企业理论与实践相结合，成果与成效双丰收。

阅读导图

```
            ┌─────────────────────────────────┐
            │       一流企业管理体系构成        │
            └─────────────────────────────────┘
                          ▲
    ┌─ ─ ─ ─ ─ ─ ─ ─ ─ ─ ┐   ┌─ ─ ─ ─ ─ ─ ─ ─ ┐
    │      一大体系       │   │                │
    │  ┌───────────────┐  │   │                │
    │  │  创新管理体系  │  │   │    八大系统    │
    │  └───────────────┘  │   │                │
    └─ ─ ─ ─ ─ ─ ─ ─ ─ ─ ┘   └─ ─ ─ ─ ─ ─ ─ ─ ┘
    ┌─ ─ ─ ─ ─ ─ ─ ─ ─ ─ ┐
    │      三条主线       │   ┌─ ─ ─ ─ ─ ─ ─ ─ ┐
    │  ┌───────────────┐  │   │                │
    │  │   工作条线    │  │   │                │
    │  └───────────────┘  │   │                │
    │  ┌───────────────┐  │   │    八大法则    │
    │  │   实施条线    │  │   │                │
    │  └───────────────┘  │   │                │
    │  ┌───────────────┐  │   └─ ─ ─ ─ ─ ─ ─ ─ ┘
    │  │   时间条线    │  │
    │  └───────────────┘  │
    └─ ─ ─ ─ ─ ─ ─ ─ ─ ─ ┘
```

读者感言：

4.1 创新管理体系框架

除了对世界一流企业实践经验的借鉴和管理理论研究指导的总结，企业要想成长为世界一流，还需从自身实际情况出发，并通过自身的努力，分阶段逐步谋划构建起体系完善、系统科学、运行高效、符合时代与环境特点的企业整体管理体系。体系的构建绝不是简单地将各职能管理制度进行叠加，系统和系统之间如果缺乏有机的联系，则容易出现我们称之为系统失灵的现象。本节将从企业管理的整体视角出发，突破性阐述创新管理体系框架及内容，助力企业相应时代诉求、自我需求和政府要求，以发展创新的管理思路，走向世界一流企业。

4.1.1 一大体系

创新管理体系是为满足企业不断走向世界一流的创新发展需求，保证企业在复杂多变的环境中实现持续、稳定、健康的发展，以高瞻远瞩的战略管理为主导、以决定未来的项目管理为核心、以精益求精的运营管理为积淀、以组织人员管理为保障、以卓越显现的财务成效管理为支撑，同时以企业实操经验提炼并复制的专业知识管理为指导，以企业永续发展的思想文化管理为引导进行系统、动态、有机融合的企业整体管理方法。创新管理体系框架如图 4-1 所示。

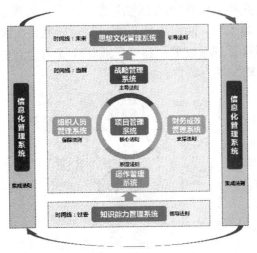

图 4-1　创新管理体系框架图

4.1.2 八大系统

创新管理体系由战略管理系统、项目管理系统、运营管理系统、组织人员管理系统、财务成效管理系统、知识能力管理系统、思想文化管理系统、信息化管理系统这八大系统有机构成。

创新管理体系的构建，首先从明确企业未来发展的战略目标开始。战略管理系统（见图4-2）是基于企业整体发展的视角，在发展环境日益动荡、竞争日益加剧的条件下，为实现企业持续、稳定和健康发展目标，对企业中长期发展目标进行整体谋划，进而有效进行战略分解和实施战略管控的管理内容和过程。战略管理系统以战略分析为前提，以战略规划为基础，以战略实施和战略动态管控为核心。

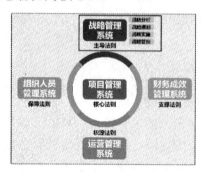

图4-2　创新管理体系战略管理系统

项目管理系统（见图4-3）是以企业战略任务为导向，从企业特定需求出发，为实现企业从稳定到突破的跨越式提升，对企业不同层级和类型的具有不确定性、挑战性、临时性特点的活动全周期、全要素、全团队进行管理的过程。项目管理系统的构建是企业管理能力提升的核心，包含项目孵化、单项目管理与项目集群管控等内容。

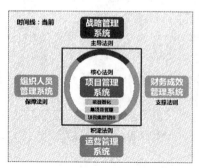

图4-3　创新管理体系项目管理系统

运营管理系统（见图4-4）是企业针对运营活动的管理，追求的是做对、做精，也就是追求工作效率的提升，其管理方法就是标准化管理、流程化管理、精益化管理，其责任主体可以选择原有的组织部门和架构形式。在成熟的企业中，其价值链中有很多活动，是以运营的方式来进行管理的。运营管理其本质反映了对重复性活动资源优化配置的能力，其核心管理要点是专业化的职能管理和结果导向的目标管理。

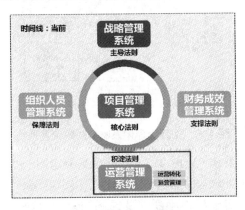

图 4-4　创新管理体系运营管理系统

组织人员管理系统（见图4-5）是以战略为指导，以项目化活动（包括项目活动与运营活动）的需要为核心，结合现有组织人员条件，明确各组织、部门、岗位的职责、权限和相互协作机制，建立组织管理制度和标准，进行组织的设计及人力资源的聘、用、育、留等管理，提升组织能力，为战略落实和项目、运营活动提供坚实的组织和人员保障。组织人员管理需要充分发挥管理学科中科学和艺术二重性的功能和特点。

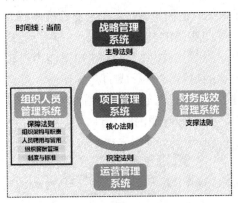

图 4-5　创新管理体系组织人员管理系统

　　财务成效管理系统（见图 4-6）是企业获得财务收益的外在显现，为企业战略实施、项目突破、运营积淀提供强有力的财务支撑，包括全面预算管理、全面决算管理和业绩成效管理等内容。

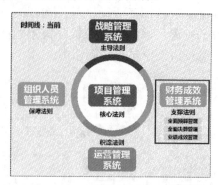

图 4-6　创新管理体系财务成效管理系统

　　知识能力管理系统（见图 4-7）是在组织中建构一个量化与质化的知识系统，让组织中的资讯与管理知识，通过获得、创造、分享、整合、记录、存取、更新、创新等过程，不断地反馈到知识能力管理系统内，永不间断地累积个人与组织的知识，形成组织智慧的循环，在企业组织中成为管理与应用的智慧资本，有助于企业做出正确的决策，以适应市场的变迁。

图 4-7　创新管理体系知识能力管理系统

　　思想文化管理系统（见图 4-8）是在企业管理实践基础上逐渐形成发展起来的，是对企业管理实践的精炼和总结，并对企业未来的管理实践发挥着重要的指导作用。思想文化管理是突破知识能力管理之后的思想指导，是企业本质能力传承的过程，所形成的愿景使命、理念价值观、行为法则是企业永续发展过程中不可更改的绝对性内容，反映了当今企业管理的时代特征和发展趋势，并具有鲜明的时代性、先进性和系统性。

图 4-8　创新管理体系思想文化管理系统

信息化管理系统（见图 4-9）是实现企业管理现代化的关键途径，它是将现代信息技术与先进的管理理念相融合，转变企业生产方式、经营方式、业务流程、传统管理方式和组织方式，重新整合企业内外部资源，快速响应经营环境变化，高效执行，精准决策，提高企业效率和效益、增强企业竞争力的过程。

图 4-9　创新管理体系信息化管理系统

4.1.3　三条主线

创新管理体系的八大系统有机结合，相互促进、协调、约束、制衡，构成体系完善、系统科学、运行高效的有机整体。除了下文中我们将要介绍的八大系统需要遵循的八大法则之外，在系统构成上，创新管理体系还蕴含三条主线。

4.1.3.1　管理的工作条线（见图 4-10）

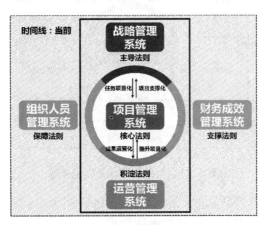

图 4-10　创新管理体系工作条线

从企业内部的运行机制来看，战略管理系统像是企业的大脑，负责谋划企业中长期发展目标，决定了企业未来发展的方向。《孙子兵法·计篇》曰："夫未战而庙算胜者，得算多也；未战而庙算不胜者，得算少也。"但如何使战略目标得以实现？如何将战略目标进行合理分解并落地实施？需要通过企业内部的什么活动完成？此时需要项目管理系统，实现对企业战略任务分解工作的管理。

项目管理系统，就是为实现企业发展战略，对战略分解后的各项工作，根据战略分解的要求，进行工作的细化识别、决策、计划、实施、收尾、转化等管理，以实现工作目标，促进企业战略任务实现的管理活动。在完成了企业内一系列项目活动以后，项目成果如何得以应用？或者说当企业具备创新发展的能力之后，要如何固化这种能力，确保企业的稳定？

运营管理系统，就是为了企业长期稳定发展，不断提升企业对临时性、变化性活动的管理水平并将其固化为企业常规的管理活动，降低管理的成本，提升管理效率。

由此可见，战略管理系统、项目管理系统和运营管理系统主要针对企业内的"事"，以项目管理为核心，项目管理成效支撑企业战略目标实现，项目管理成果转化为标准化运营管理，共同构成创新管理体系中管理的工作条线。

4.1.3.2 管理的实施条线（见图 4-11）

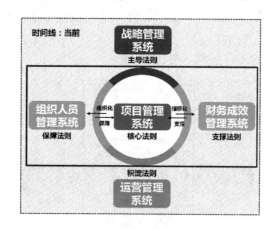

图 4-11　创新管理体系实施条线

通过对企业内部活动的直接管理，可以帮助企业向着既定的目标高效运行。但要使企业内部活动取得预期效果，还少不了对内部活动的支撑和保障，即需要完善的组织人员管理系统和财务成效管理系统。

无论是项目活动还是运营活动，都需要组织和人员的支撑才能够顺利运行。组织人员管理系统，是为了有效地配置内部有限资源，按照一定的规则和程序构成一种责权结构安排和人事安排，通过对员工的培训开发、薪酬激励，确保以最高的效率和人员绩效，保障组织目标的实现。

此外，不管是对组织或员工的培训、激励，还是对项目活动的管控、支撑，都少不了完善、合理的财务管理机制。财务成效管理系统，是以财务管理为核心手段，建立以企业战略目标为导向的财务管理体系，通过财务语言规划、沟通、协调、管控功能约束并保证企业的经济资源配置和运行效率，实现企业要素全覆盖，衔接各个工作中心运营，化解冲突，减少内耗，保证经济资源之间可以充分发挥效能。

由此可见，组织人员管理系统和财务成效管理系统都作为企业项目活动的有效抓手，以项目管理为核心，根据项目活动的数量和难度提供组织人员保障和财务成效支撑，共同构成创新管理体系的管理实施条线，使企业按照既定的目标实现高效运转。

4.1.3.3　管理能力传承的时间条线（见图 4-12）

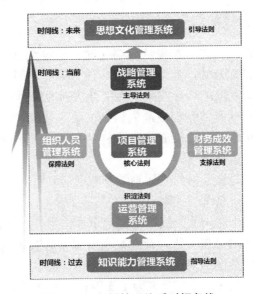

图 4-12　创新管理体系时间条线

前文提到的管理的工作条线和实施条线，共涉及创新管理体系中的五大系统，从企业生命周期发展的时间角度来看，可将这五大系统统称为"操作层级"，是基于企业当前管理水平的规范和融合，是一种"现在进行时"的时态。

知识能力管理系统则是企业从长远性、稳定性的组织特性出发，对企业以往管理实践的总结和提炼，形成可复制和应用于现在或未来的管理方法，是一种"过去时"的时态。

思想文化管理系统和知识能力管理系统有相似之处，是人们在过去或现在的企业发展实践中，形成对管理活动思考、萃取后的观点、想法和见解，是人们对企业管理实践活动中的种种关系、矛盾和规律的自觉性、系统性的反映。不同点在于思想文化管理是对企业中所形成的本质性思想所进行的管理，是基于企业未来发展的延续和传承，其方向决定了企业未来的发展方向（高于战略管理的中长期时段），其高度决定了企业未来拓展的高度，其系统性决定了企业未来管理的系统性，是一种用于引导未来的核心思想。

4.2 一流企业管理八大法则

4.2.1 战略主导法则

创新管理体系的构建，首先从战略研究、制定企业基本发展战略、明确企业战略发展目标开始，然后进行战略任务分解、制定实效的战略管控措施，从而实现企业以战略管理系统为主导法则的规划发展。

战略管理是企业整体管理应最先谋划的第一领域，在企业整体管理体系中起着主导作用，是对企业管成什么样的描述。战略管理领域的建设，对企业的发展起着主导作用。

战略管理系统与体系中的其他系统有着密切联系。

（1）与思想文化系统的关系

企业的思想文化对企业的战略制定起引导作用。企业的战略能看多远、看多高取决于企业的思想文化、企业高层对未来趋势的判断和把握。愿景是对企业未来发展意图的展现，是战略的输入。换言之，战略是企业家野心和意图的阶段性表达，是企业家为了实现长远发展目标而做出的3～5年的规划。

（2）与专业知识系统的关系

专业知识对企业战略管理起指导作用。战略管理没有固定的模板，是具有一定艺术性和个性化的管理行为，企业的战略管理能力覆盖环境分析能力、战略规划能力、战略执行能力以及战略考核和改进能力，专业知识系统在企业战略管理能力提升方面能够起到指导作用。

（3）与项目管理系统的关系

战略任务项目化。战略系统的输出是项目管理系统的输入。企业通过将战略规划层层分解，形成创新型、突破型的任务，这些任务在企业中往往没有成功的先例，需要进一步形成战略项目，运用项目管理系统的思维和方法进行突破。

项目成果支撑化。战略创新项目通过项目管理进行突破后，所达到的项目目标和产生的成果对战略目标的实现起到支撑作用，能够保障战略实施落地。

（4）与组织人员系统的关系

战略责任组织化。战略目标制定需要组织职责承接。从组织架构、部门职责、制度流程方面，对战略管理中涉及的职责分工、管理流程在组织层面予以保障。

组织人员保障化。组织人员系统根据保障战略落实执行。

（5）与财务成效系统的关系

战略目标指标化。为保障战略目标的可执行性和易监控性，需要将战略目标分解为财务系统可统计的指标。

财务成效支撑化。战略任务的实施需要财务系统从资金方面予以保障，同时财务成效系统可从财务统计角度反映战略指标的完成情况。

4.2.2 项目核心法则

通过战略管理系统的构建，能够形成支撑企业战略发展的众多层级和类型的战略性关键任务。如何对这些任务进行有效管理，并保质、保量、按时、按期完成，就成为企业发展战略得以实现的核心和关键。

项目管理系统处于创新管理体系的操作层级，是操作层级核心任务的关键，是以企业战略任务为导向，从企业特定需求出发，为实现企业从稳定到突破的跨越式提升，对企业不同层级、不同类型活动进行全周期、全要素、全团队管理的过程，具有不确定性、挑战性、临时性特点。项目管理系统，是企业管理能力提升的核心与关键。

项目管理系统与其他系统存在着密不可分的联系。

（1）与战略管理系统的联系

每个企业都会根据自身的内外部环境确定自己的商业使命，即战略。企业需要根据自己的战略定位对新的项目进行筛选，选择与公司长期目标相一致的项目，有所为，有所不为。企业通过战略分解，形成项目活动。因此，项目管理向上承接战略，是战略目标的载体，是一种十分重要、关键的落实战略和实现目标的手段。

（2）与运营管理系统的联系

在企业中的项目活动与运营活动之间，项目孵化与运营转化搭建了二者之间的桥梁，将创新管理体系的核心与关键进行连接，共同奠定了企业发展的基础和上升空间，即企业通过实施运营转化方案，可将项目一次性成果转化为企业运营积淀。因此，项目管理对应运营转化，项目管理是促进运营提升的手段。

（3）与财务成效系统的联系

项目主要为企业提供创新性、突破性的绩效改善，项目的策划、实施至目标的达成均离不开企业财务管理体系的支撑，项目的投资与实施又能提高企业的财务收益。可以说，项目管理系统与财务成效管理系统相辅相成，相得益彰。

（4）与组织人员系统的联系

项目管理的过程是对全周期、全要素、全团队管理的过程，因此项目活动的实施依赖于有效的组织和人员保障。同时，通过项目管理，企业管理者、项目经理及其团队技能得以提升和拓展，从而增加人员的技能种类，提供更多职业成长通道，并甄选出将帅之才。

4.2.3 运营积淀法则

企业中的所有活动，按照唯一性与重复性，都可分为项目活动与运营活动。对项目活动的管理是由近几十年社会发展的大趋势所决定的，而对运营活动的管理是自古以来企业管理的重点。虽然随着社会逐渐趋于复杂性与动态性，项目管理在未来越来越重要，然而作为管理成本小、管理效率高的运营管理，在企业应对创新变革环境的过程中，应起到对项目成果的转化与积淀作用，应遵循运营积淀法则。

创新管理体系模式，由操作层级、知识层级和思想层级三大层级组成。其操作层级包括战略管理、项目管理、运营管理、组织人员管理、财务成效管理五个领域。创新管理体系以战略管理为指导、以项目管理为核心、以运营管理为基础、以组织人员管理为保障、以财务成效管理为支撑。

运营管理是创新管理体系操作层级的重要组成部分。运营管理反映企业对重复性活动资源优化配置的能力，是运营管理和创新提案操作成效的外在显现，追求的是做对、做精，最终实现管理组织的稳定、管理效率的提升。

战略主导-项目突破-运营积淀的工作条线中，运营管理领域居于操作层级的实践地位。通过运营职责组织化、运营成果指标化的方式，组织人员系统和财务成效系统两大抓手分别对运营管理领域起到保障和支撑的作用。

在应用中，项目管理与运营管理的概念比较容易混淆，在此我们对项目管理和运营管理的核心概念进行辨别和分析。

4.2.3.1 项目管理和运营管理的联系

对临时性、变化性活动的管理我们称为项目管理，这类管理需要企业统一协调进行资源的配置，以保证活动的成功完成。企业的项目管理水平的高低决定了企业能否成功，较高的项目管理水平是企业不断发展进步的重要基础。当企业具备发展的能力之后，就需要固化这种能力，确保企业的稳定。企业要想长期稳定发展，就需要不断提升对这种临时性、变化性活动的管理水平，将这种活动进行固化，成为企业的常规管理活动，降低管理的成本，提升管理的效率。这种将项目活动转化为运营活动是企业活动管理能力进一步提升的标志；从项目管理到运营管理的过程，是企业在持续发展阶段做强的体现。

当企业中的某项活动按照项目进行管理之后，随着项目管理程度的不断深入，管理越来越得心应手。这时，当企业的外部环境较为稳定，内部管理的成熟度也较高时，项目活动就逐渐向运营活动进行转化，其资源配置方式、管理方式等方面都从项目管理开始向运营管理进行转变。当项目活动完全转变为运营活动之后，企业按照运营管理的方式为活动配置相关资源，管理成本将大幅度下降，而管理效率将有明显的提升。因此，运营管理能力已经成为企业稳定、成熟的重要标志。

项目化管理系统中，项目创新成果转化后形成运营积淀，运营中浮现的创新点则进入项目管理，体现了运营管理与项目管理相互作用的关系。

4.2.3.2 项目管理与运营管理的区别

企业创新项目化管理中，项目与常规运营各有其不同特点，必须加以区分。"常规运营"，是连续不断、周而复始的活动；"项目"，是临时性、一次性的活动。由于项目和常规运营具备不同的性质，必须实行不同的管理方式，因此在企业的活动中必须加以识别是项目活动还是运营活动。

就具体内容而言，二者之间存在着如表4-1所列的许多差异，此为"项目-运营过滤器"。

识别出项目活动或者运营活动后，再看常规运营活动，常规运营活动会衍生出创新的想法或者是小规模的改善活动。例如，制造组装流水线生产是以人力手工操作，创新想法是以智慧机器人代替人力，这类大规模的创新活动具有一次性、革命性的改变并追求效果型的结果，可视为明显的项目活动。再例如，流水线式生产原本是由 5 个作业人员（工位）合作完成，今优化流程可减少为 4 人，这个小规模的改善活动，可不归入项目，视为常规运营的优化。也就是在常规运营中潜藏着创新活动和改善活动的机会。

表 4-1　项目与运营特征比较

项目与运营比较特征	项目	常规运营
重复特征	独一无二的	重复的
时间特征	有限时间	无限时间（相对的）
产生的变化	革命性的改变	渐进性的改变
目标均衡性	目标之间不均衡	均衡
资源需求	多变的资源需求	稳定的资源需求
管理组织	柔性的组织	稳定的组织
追求结果	效果型	效率型
属性	风险和不确定型	经验与确定性

因此，常规运营中潜藏着创新活动和改善活动，必须再加以识别，小规模的改善活动若立项进行项目管理就有杀鸡用牛刀的感觉，同时耗用项目管理的管理资源，小规模的改善活动运用创新提案以及行动方案管理的方法足矣。创新和改善的具体差别如表 4-2 所示，此为"创新-改善过滤器"。

表 4-2　改善与创新的特征比较

序号	比较项目	改善	创新
1	效果	长期，影响深远，但不剧烈	短期，但很剧烈
2	步调	小幅度的	大幅度的
3	时程	连续渐进的	间歇跳跃的
4	改变	稳定温和的	突发剧烈的
5	投入	每一个人	少数优秀分子
6	方式	集体意识，群体努力，系统导向	个人主义，个人的意念与努力
7	形式	维护，改良	舍弃，再造
8	动力	传统的技术，当前的技术	技术突破，新发明，新理论
9	所需条件	小投资，庞大的维护努力	大投资，小幅的维护努力
10	重点	人员	技术
11	评估标准	赢得成果过程与所下的功夫	成果，利润
12	适用时机	经济低度成长的时代	经济高度成长的时代

总之，当企业有持续改善的创新想法之后，通过表 4-1 来区分是项目还是运营，可以更加科学高效地落实创新想法。在将创新想法归为运营管

理之后，根据其创新和改善的程度可分为三类：项目孵化、部门级行动方案和公司级创新提案，其中项目孵化需归到项目管理范畴，最终项目管理通过项目转化为运营管理。

4.2.4 组织人员保障法则

组织人员管理系统作为创新管理体系的创新抓手，以体系的战略管理为主导，以运营管理为基础，以项目管理为核心，为企业的战略实施和活动的成功提供强大的保障支撑作用。

组织人员管理系统是创新管理体系实现战略目标指引、项目管理卓越和运营高效畅通的保障，也与创新管理体系中的其他系统有着密切的联系。

（1）与战略管理系统的联系

组织人员管理可有效保障战略目标落实到组织部门和人员，同时通过战略职责组织化为战略卓越管理提供支撑和保障。

（2）与项目管理系统的联系

组织人员管理可有效保障项目实现卓越管理，同时通过项目职责组织化为项目卓越管理提供组织人员支撑和保障。

（3）与运营管理系统的联系

组织人员管理可有效保障运营高效畅通管理，同时通过运营职责组织化为运营高效畅通管理提供组织人员支撑和保障。

4.2.5 财务成效支撑法则

企业项目化财务成效是企业实施项目化管理获得财务收益的外在体现。财务成效作为创新管理体系的重要组成部分，为企业战略实施、项目突破、运营积淀提供强有力的财务支撑。

财务成效管理位于创新管理体系的操作层级，对企业战略发展、项目管理、运营起到全方位的支持作用。

（1）财务成效管理直接支持企业战略执行，将战略目标分解形成实施方案。

（2）财务成效管理为项目管理构建一个完整体系，形成预算的刚性，上下环节紧密相连。

（3）财务成效渗透到企业运营各个环节，表现为全过程的现金流、财务流管理。

4.2.6　知识能力指导法则

管理大师德鲁克认为："21 世纪的组织，最有价值的资产是组织内的知识工作者和他们的生产力。"

可见，在信息时代里，知识已成为最主要的财富来源，知识工作者是企业中非常重要的资产，组织和个人的重要任务之一就是对知识进行管理。知识管理将使组织和个人具有更强的竞争实力，并做出更好的决策。

企业项目化知识管理是将从操作层面所获取的经验与教训进行总结与提炼，并通过对企业外部知识进行参考与借鉴，所形成的一套能够在企业内部进行推广与传播，同时对企业操作实践有利的知识管理过程。企业项目化知识管理是通过对企业中知识的积累、提升与传播，对推动企业能力传承起到指导作用的管理活动。

知识能力管理系统，是创新管理体系的知识层级，起到指导操作层级的作用，包括知识开发、专业展现和能力复制三方面，旨在形成系统、科学、全面、适用的企业专业知识指导系统，其可快速提升企业内个人和组织的专业能力，推动企业能力的传承。

（1）知识层级与思想层级的关系

思想层级对应思想文化引导系统，知识层级对应专业知识指导系统，思想层级由知识层级精炼而来，思想层级指导知识层级落实。

（2）知识层级与操作层级的关系

操作层级对应管理操作实践系统，知识层级指导操作层级，操作层级的知识总结提炼形成知识层级。

4.2.7　思想文化引导法则

在企业项目化的大趋势下，项目性活动不同程度的增加，需要人们比以往要更加注重合作。而企业作为一个法人组织，如何将众多独立的个体绑在一起，共同为企业的使命长久合作、共同奋斗呢？老子的《道德经》中强调无形的重要性，"天下万物生于有，有生于无"。企业思想文化虽然是无形的，但将会在更高层次上为企业管理提供引导作用。一个企业没有文化，就等于没有灵魂。企业思想文化，貌似不可捉摸，其实在企业内部如同空气一般无处不在。在优秀的企业里，其主要产品既不是客户所要购买的东西，也不是员工所制造的东西，而是客户和员工全都融于其中的企业文化，让思想文化起到引导作用。

4.2.8 信息化集成法则

企业信息化的基础是企业的管理和运行模式，而不是计算机网络技术本身，其中的计算机网络技术仅仅是企业信息化的实现手段。企业信息化建设的概念是发展的，它随着管理理念、实现手段等因素的发展而发展。

企业信息化是一项集成技术，企业建设信息化的关键点在于信息的集成和共享，即实现将关键、准确的数据及时传输至相应的决策人手中，为企业的运营决策提供数据。

信息化建设是知识经济时代企业寻求发展过程中至关重要的因素，其建设效果直接影响着企业管理的整体质量；同时，这也是企业管理水平作为信息化建设根本目标的具体要求。因此，企业管理与信息化建设的关系密切，互相作用，是一个有机整体。

4.2.8.1 信息化建设是企业整体管理工作的关键环节

企业管理不是一蹴而就的，而是一个漫长复杂的过程，更涉及员工、合同、设施购置等方面面细致的工作。当然，在知识爆发的社会里，企业的发展也离不开对知识的积极应用。因此，信息化建设为企业管理工作的质量提高提供了有力的保障。信息化建设已经成为确保企业管理工作顺利完成的关键性环节。通过严谨的企业管理，才能调整好企业的发展步伐，保证工作效率，促使各个方面、各项管理工作及时顺利完成。因此，信息化建设是实现高水平企业管理的最佳通道。管理实现渠道化，就会更加及时、有效，更好地推动企业发展。

4.2.8.2 实现高质量企业管理是信息化建设的根本目标

优质的企业管理关系着企业的对外形象和内部认知，更关系着一个企业经济效益和社会效益能否同步实现。因此，科学合理的企业管理已经成为企业员工热切关注的话题。信息化建设作为企业管理的一种重要手段，其根本目标就是确保企业管理工作的整体质量。科学高效的企业管理才能得到企业内部及外部的双重认可。因此，在企业管理工作过程中应当切实搞好信息化建设，促使企业向高科技靠拢，实现企业规范高效迅速的发展。高质量的企业管理才能保证企业的稳定，在市场经济下企业才能立于不败之地。

4.2.8.3 企业信息化建设的误区

1. 信息化与企业管理思想、架构无关

传统的企业经营、管理思想与企业信息化的要求不相适应。企业信息化不仅仅是单纯在企业中运用信息技术，更重要的是要对企业进行重组，以建立一套符合信息化要求的经营管理体制。我国企业界的管理人员从思想上并没有意识到这一点，将信息化等同于购买行为，以为买来硬件、软件等就是实现了信息化，这是技术决定论的思想，以为技术是万能的，是一切工作的终点。许多企业在实施信息化战略时，一味地追求技术的高消费，而忽视了对信息技术的管理和内部业务流程的变革。有些企业虽然实施了一些系统管理和信息管理，但其侧重点仍然只是侧重于事后的技术支持和故障解决方面，所以许多企业抱怨信息化对经营没有什么效果，没有带来预期效益。其实，企业信息化的首要任务是对企业结构、管理制度进行变革。

企业信息化，即挖掘先进的管理理念，应用先进的计算机网络技术去整合企业现有的生产、经营、设计、制造、管理，及时地为企业的"三层决策"系统（战术层、战略层、决策层）提供准确而有效的数据信息，以便对需求做出迅速反应，其本质是加强企业的"核心竞争力"。基础设施的建设和完善是企业信息化的基础，但是硬件到位仅仅是信息化的开始，怎样合理利用，如何提高企业整体管理水平、增强企业竞争力才是信息化的真正目标。企业的信息化建设能否取得成功，除了技术因素之外，更大的因素将取决于能不能将先进的管理理念同企业的具体实际情况良好结合，"企业信息化建设与其说是技术问题还不如说是管理问题"。在信息化建设中，企业结构、管理不合理带来的问题突出表现在以下两个方面：

其一，企业的流程不适合信息技术结构，使得计算机系统不能充分发挥作用，得不到预期的效果。企业运用信息技术改造生产经营管理的过程，同时也是用先进的管理方法和手段改造现有的业务流程的过程，业务流程再造的成功与否直接关系到信息化的效果乃至成败。用先进的手段去适应过去的工作习惯，即"穿新鞋走老路"，使先进的信息技术丧失统一性和先进性，无法充分发挥其作用，由此导致了许多企业信息化效果不理想。

其二，信息化建设出现"分层"。信息化技术相对于完善的企业中间技术层，尤其是设计部门和财务部门已经初步实现计算机管理；但企业的决策部门的信息化建设依旧很薄弱，基本停留在"形象工程"上，相关的报表满天飞。另一方面，企业的末梢，如供应、生产、销售等环节的计算机应用基本上是空白，整个企业的信息化建设呈现出中间大、两头小的格局，即目前的企业信息化建设还处于"战术层"的居多，而企业的"决策层"和"战略层"是相当薄弱的。

解决这些问题就是要将企业的生产流程、人力资源、财务、物流等信息资源进行整合，利用 MRP-II、ERP 等企业信息化系统的先进管理理念，建立与信息化系统相配套的企业管理与组织模式，实现企业管理信息化。

2. 信息化高管不必专业化

企业的信息化进程和企业流程密切相关。不论是传统企业还是高科技企业，进行信息化改造都不是件简单的事，它将涉及企业的方方面面，需要整合各方面的资源，从战略高度进行规划。这就需要企业中有一个高层管理人员专门从事信息系统方面的领导工作，CIO（首席信息官）这个职位也因此应运而生。CIO 是随着信息技术和信息资源的集成而出现的统一的信息部门的高层管理者，他们通过指导信息技术的利用支持公司的目标。他们具备技术和业务过程两方面的知识，具有多角度的思考，是将组织的技术调配战略与业务战略紧密结合在一起的管理者。虽然国内大部分企事业单位都已经设置了信息中心，设有主管信息化工作的副总经理或副总裁，但却缺乏真正意义上的 CIO。首先，国内许多企业的 CIO 要么直接由技术部门的主管提升，要么就由业务部门技术基础比较好的人担任，甚至高层领导直接兼任 CIO 职务。其次，我国 CIO 目前所处的位置也就是信息中心主任。IT 投资上所拥有的权力也不容乐观，一项具有实质性意义的调查结果显示，中国的准 CIO 们，有 87％表示自己在企业的 IT 投资上只拥有建议权，只有 8％的受访者明确表示自己拥有决定权。而在企业进行重要的战略决策时，42％的受访者表示，公司的决策层只是偶尔会征求他们的意见；13％的受访者表示，公司的决策层不会征求他们的意见；而能够真正参与到公司战略决策中去的准 CIO 们就更微乎其微了。

3. 信息化重门面、轻应用

信息的重要价值全在于运用，而运用好、管理好信息才是企业决胜市场的关键。企业由于自身信息应用能力的限制，往往低估了信息的作用，这又导致企业对信息化的不正确理解，典型的表现是：企业将资金大量投入技术设备或系统工程的建设，而不知道如何才能提高竞争力、真正体现信息的价值。真正决定企业信息能力的因素包括：员工应用信息的能力；实现信息有效配置的程序；长期利用和体现这种价值的文化；与价值和准确性相关的信息本身。企业在以技术能力为中心的信息投资项目上投入大量资金和精力，错误地认为技术本身能创造出信息能力，实际上，企业在信息化建设中不平衡的认识和投资，反而阻碍了其信息能力。因为决定信息能力的很多主要因素是非技术层面的。

第 5 章　系统深化搭建，卓越成效体现

创新管理体系的构建并非一蹴而就，在了解体系构建规则、完成体系框架搭建后，需要遵循相应法则完成创新管理体系子系统的构建。

如何进行创新管理体系子系统的构建？企业中的各部门又需要进行怎样的配合？如果要对企业自身的管理体系进行优化升级，每一个系统需要按照哪些指标与维度进行评价？

本章将为您提供可参考、可实操、可落地的详细步骤。

阅读导图

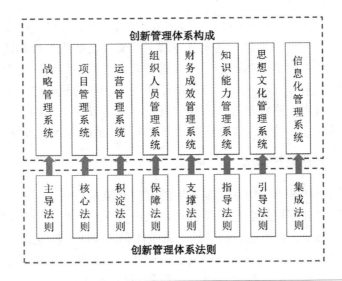

读者感言：

5.1 战略管理系统

《孙子兵法·计篇》曰:"夫未战而庙算胜者,得算多也;未战而庙算不胜者,得算少也。"

"庙算"指的就是在庙堂之上做出战略决策,"庙算胜"就是说在战前就要做出胜人一筹的决策,这充分体现了战略管理的重要性和价值性。企业战略和战略管理等这些词汇对企业管理者来说并不陌生,但对于什么是企业项目化战略管理、企业项目化战略管理与之前的战略管理有什么不一样、企业项目化战略管理有什么样的目标、战略管控工作如何开展这些问题就可能不甚清晰了,而这些是进行企业项目化战略管理必须探讨的问题。

5.1.1 战略管理的定位与内涵

组织战略,是一个组织长期发展的方向和范围,它通过在不断变化的环境中调整资源配置以获取竞争优势,从而实现利益相关方的期望,具有指导性、全局性、长远性、竞争性、系统性和风险性等特点。

战略管理,是企业在对当前发展条件和未来发展环境进行分析和判断的基础上,对企业中长期发展整体目标和核心策略的统筹谋划,以及为达成目标所采取的分析、规划、管理、管控、评估考核等一系列的管理活动。

创新管理体系的战略管理系统,位居企业整体管理体系操作层级五大领域之首,对企业创新项目化整体管理起主导作用。创新管理体系战略管理系统是对企业中长期发展目标进行整体谋划,进而有效地进行战略分析、战略规划、战略实施和战略监控的系列管理活动。

5.1.1.1 战略管理的定位

明确企业战略定位,能够保障企业中长期战略发展方向不偏移,进而明确企业中长期战略发展目标,通过战略目标指标化、量化考核战略发展成效对企业创新项目化整体管理起到主导作用,对创新项目化管理工作条线进行战略管控和目标输入与考核。

定位一:战略目标的主导和考核。

在企业创新项目化管理中,战略管理领域强调战略目标在企业管理中的主导地位,同时更加注重对战略目标的考核与管控,以达到战略规划与战略实施步调一致、协同统一的目的,避免出现规划和执行"两层皮"的现象。

定位二：操作层级的主导。

在"战略主导-项目突破-运营积淀"的工作条线中，战略管理领域处于操作层级的主导地位。通过战略职责组织化、战略目标指标化的方式，组织人员系统和财务成效系统两大抓手分别对战略管理领域起到保障和支撑的作用。

5.1.1.2 战略管理的内涵

在构建创新管理体系过程中，战略管理具有战略分析、战略规划、战略实施和战略管控四大内涵。

1. 战略分析

企业项目化战略分析是企业项目化战略管理的前提，是指企业对所处的社会宏观环境、行业中观环境以及企业微观环境进行客观分析和趋势判断。其主要在宏观影响因素、行业竞争态势、关键成功要素、企业愿景和企业能力现状评估等方面进行分析评估，为企业战略规划提供信息输入。

2. 战略规划

企业项目化战略规划是基于企业项目化战略的分析结果，进行企业发展的战略定位，对企业中长期发展策略进行谋划，制定企业的总体战略目标。包括企业的近期、中期和长期的战略目标以及对其战略路径、战略任务、战略职责的描述。

通过战略规划，企业可将战略目标分解为指标，便于推动战略执行和考核；将创新战略任务导入项目管理系统，提高突破成功率，保障创新成果不流失；建立战略支撑导向的组织架构、职责分工和管理流程，使战略管理活动更加简捷高效。

3. 战略实施

企业项目化战略实施是在进行企业项目化战略规划后，为实现企业战略目标而对战略规划的实施与执行，主要包括战略宣贯和战略任务实施两大内容。

（1）战略宣贯

战略规划在经过评审后发布，需要进行不同层级的宣贯培训，以达到高层战略思想统一、中层战略指标分解、基层战略思想认同的目的。

（2）战略任务实施

战略任务实施是对战略规划分解的战略任务的执行，包含战略项目实施和战略运营执行。

4. 战略管控

企业项目化战略管控是指在企业项目化战略实施过程中，检查各项战略任务的执行情况，评价实施企业战略执行绩效，发现战略差距，分析产生偏差的原因，纠正偏差，使企业持续、稳定、健康地发展。主要包括战略绩效考核和战略纠偏两大内容。

（1）战略绩效考核

战略绩效考核包括战略项目考核（OKR）和战略运营考核（KPI）。

（2）战略纠偏

战略纠偏包括战略偏差分析、战略纠偏解决方案、管理问题诊断与研究等。

5.1.2 战略管理的价值与难点

战略管理系统（见图5-1）从卓越成效与卓越成果两个维度为企业创造价值。

卓越成效：成效目标是对战略管理结果的评价，直接从指标的完成情况上反映战略管理的效果，也是企业希望达成的最终效果。

战略管理的卓越结果是年度战略目标达成率≥100%。

卓越成果：是指在卓越战略管理的过程中可视化的文件，包括战略分析卓越成果、战略规划卓越成果、战略实施卓越成果、战略考核纠正卓越成果四个部分。

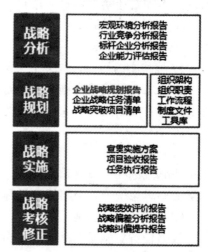

图 5-1　战略管理系统

战略目标的最终决策者是企业的最高管理者。决策是孤独且痛苦的，企业的战略反映企业最高管理者的野心和意图，企业家的个人经历和思想境界在战略目标的制定中起主导作用，在缺乏数据支撑和案例参照的前提下，面对快速变化的外部环境，对未来几年甚至几十年的企业发展做出规划和展望，这极大地依赖于企业家的战略眼光和水平，同时也需要极大的勇气和决心。

5.1.3　战略管理的组织、流程与核心方法

5.1.3.1　战略管理的组织

战略的规划、制定、目标分解、执行和考核必须具有一致性。从组织职责的角度来讲，战略管理的主体应是战略执行单位，即业务单元。战略业务单元的总负责人负责战略的规划和中长期战略目标的制定，业务单元的执行部门负责长期战略目标的分解和战略任务的执行。业务单元的管理部门负责战略任务执行的过程支持监督和考核（见图 5-2）。

战略管理部门的定位是属于服务支持的角色，其行使建议权、审核权和考核权。

执行部门		职责	权利
企业发展阶段	责任部门	➤ 集团战略管理与决策支持	➤ 集团战略管理建议权
永续发展企业	战略管理委员会	➤ SBU战略规划支持	➤ SBU战略规划审核权
持续发展企业	战略管理办公室	➤ 战略目标执行监督	➤ SBU年度经营计划审核权
创业发展企业	总经办	➤ SBU偏差分析	➤ 战略目标考核权
		➤ SBU核心竞争力管理	➤ SBU核心竞争力评估权
		➤ SBU咨询诊断服务	

图 5-2　战略管理组织与职责

5.1.3.2　战略管理的流程和方法

战略管理的核心目标为制定包括中长期战略目标在内的企业战略规划，并确保中长期战略的实施。基于此，战略管理流程分为战略调研分析、战略规划、战略实施和战略考核修正四大阶段，共包含十三大步骤、三十一项重点工作。具体见图 5-3。

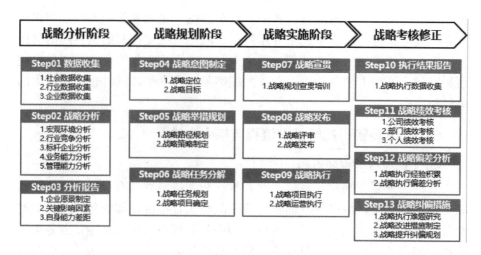

图 5-3　战略管理总体流程图

1. 战略分析

战略管理的第一大步骤是企业战略分析，用以确定企业战略目标实现的环境。战略分析通常被划分为宏观环境分析、行业竞争分析与企业自身环境分析三个层次（见图 5-4 和图 5-5）。

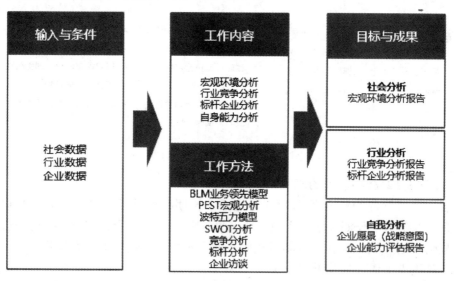

图 5-4　战略分析流程图

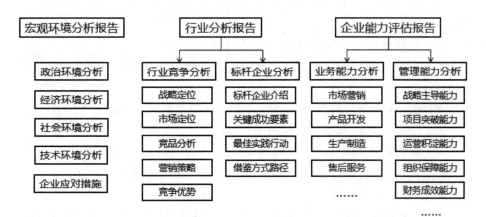

图 5-5　战略分析成果图

（1）宏观环境分析

宏观环境分析主要对企业的外部环境进行分析，通常使用 PEST 分析方法对政治、经济、社会和技术四个方面进行分析（见表 5-1），从而从一般外部环境层面判断未来市场及行业的变化趋势，规划企业的应对措施。

表 5-1　PEST 分析法

政治（包括法律）	经济	社会	技术
环保制度	经济增长	收入分布	政府研究开支
税收政策	利率与货币政策	人口统计、人口增长率与年龄分布	产业技术关注
国际贸易章程与限制	政府开支	劳动力与社会流动性	新型发明与技术发展
合同执行法消费者保护法	失业政策	生活方式变革	技术转让率
雇用法律	征税	职业与休闲态度企业家精神	技术更新速度与生命周期
政府组织/态度	汇率	教育	能源利用与成本
竞争规则	通货膨胀率	潮流与风尚	信息技术变革
政治稳定性	商业周期的所处阶段	健康意识、社会福利及安全感	互联网的变革
安全规定	消费者信心	生活条件	移动技术变革

例如，通过对电子商务的国家政策、经济增长情况，社会普遍认知和

相关技术的推广应用进行解读和分析，得出以下三条关键影响因素：

① 国内电子商务市场人口红利消失，依靠用户数量增长的市场逐渐饱和。

② 我国移动互联网和网购的普及处于上升趋势。

③ 影响消费者偏好的因素更加多元化，其中社群影响对消费者的吸引力加强。

根据宏观环境分析得出的影响因素，我们或许可以得到以下信息：

① 依靠人口红利扩张的业态成长放缓。

② 随时随地利用移动终端消费是未来一段时间的主流消费模式。

③ 社群营销、关系营销将对传统的渠道营销造成挑战。

（2）行业竞争分析

首先利用五力模型对行业进行整体的一般性分析，得出行业的普遍趋势（例如行业现状、行业成长性、市场容量增长、平均利润率等）。在此之后，行业竞争分析包括两个主要内容：竞争对手分析、标杆企业分析。

竞争对手分析：指根据企业自身现状，考虑企业规模、目标客户群体、营业收入、地域等因素确定企业所处的竞争群组，找到企业当前的竞争对手，分析其战略定位、市场定位、产品策略、营销策略等信息，针对其优劣势制定企业自身相应的竞争策略（见表5-2）。

表5-2　某温泉度假村分析结果

酒店名称	XXX 温泉度假村	分析因素		
房间数量	别墅：26 栋（客房约 182 间）商务房 530 间（共 712 间）	竞争对手经营战略分析	战略意图	转型发展
星级	四星		战略目标	打造养老休闲度假品牌酒店
优势	开放式绿色园林；房间类型有较多选择，能接待各种大、中、小型会议；餐饮整体可同时容纳 1100 人用餐；9 洞高尔夫球场及双层共 50 个打位的水上练习场，使度假村的娱乐配套更加完善		战略重点	养老地产
			成长方向	进军养老产业

续表

酒店名称	XXX 温泉度假村	分析因素	
劣势	设备老化； 无突出特色招牌菜； 人员关系上裙带关系明显，家族性突出，管理不专业； 员工得不到专业培训的机会，工作积极性差； 员工英语水平低，与外宾沟通存在一定困难	下一步举措	增加养老地产投资
		奥蓝际德酒店竞争优势	温泉特色 会议服务能力 餐饮服务能力

　　标杆企业分析：指结合本企业各方面的经营状况，对行业内外的优秀企业进行分析，将其他企业的最佳实践进行探究分解并结合自身企业的情况进行移植复制的过程。标杆企业分析的核心价值在于找到行业关键成功要素，结合企业自身能力和资源，借鉴行业内外的最佳实践，形成企业自身竞争优势。

　　例如，通过对五星级度假酒店标杆安缦酒店的分析，得出如图 5-6 所示的关键成功要素。

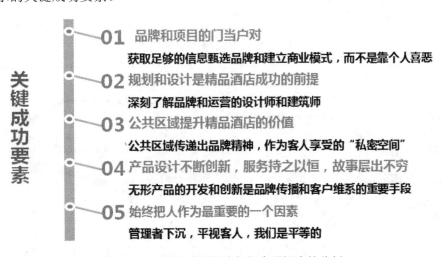

图 5-6　五星级度假酒店标杆安缦酒店的分析

　　在高端度假酒店的战略发展中，提升品牌价值、获取行业竞争力的维度提升可以从项目甄选、设计师的培养、公共区域的打造、产品设计和客户态度方面进行思考，并结合企业的自身能力和资源，选择可操作的最佳实践进行借鉴模仿和创新。

（3）企业自身分析

企业自身能力分析的结果主要有两个方面：确定战略意图和分析企业能力。

战略意图的明确：在很大程度上依赖于企业领导者的管理艺术和高瞻远瞩能力。通过对行业信息、企业信息的掌握，领袖对企业未来发展进行展望和规划，进而对企业愿景进行升华表达。

企业能力的分析：能力差距分析包括业务能力差距分析和管理能力差距分析。

其一，业务能力差距分析可按照企业价值链的逻辑进行，将企业在市场营销、产品开发、生产制造、售后服务、供应链等方面的业务专业能力在行业中进行比较，寻找差距和提升改善点（见图 5-7 和图 5-8）。

- 高层领导、战略策略、客户群、客户标准频繁变化，工作计划推进进度变化大
- 硬件设施水平和服务水平本身没有竞争力，只能靠适当放宽价格政策获取流量

- 宏观因素变化：煤改燃成本直接上升
- 统计口径造成分摊费用上升

图 5-7　业务能力分析图

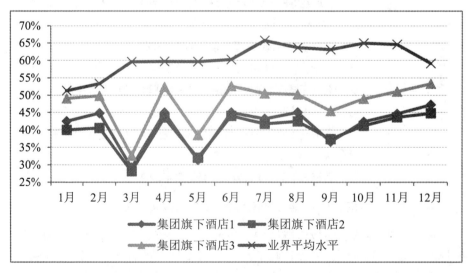

图 5-8　某酒店 2018 年入住率预测图

其二，管理能力差距分析可按照创新管理体系系统逻辑进行分析，包括战略主导能力、项目突破能力、运营积淀能力、组织保障能力、财务成效能力。通过评估模型进行评价，确定当前企业的级别，明确企业升级至下一个级别所需要提升的内容和路径。

企业项目化战略分析，是企业战略目标制定前的重要步骤，是企业战略成功的基础。通过进行企业战略分析，确定企业愿景和差距分析，作为战略规划的输入，是企业家野心和战略意图的充分表达，是整个战略管理系统的源头（见图 5-9）。

图 5-9 某酒店战略分析流程图

2. 战略规划（见图 5-10 和图 5-11）

战略规划是确定企业宗旨、战略目标，以及实现战略目标的方法、步骤的一系列重要经营活动。一个完整的战略规划必须是可执行的，它包括两项基本内容：企业发展方向和企业资源配置策略。

战略规划一项十分重要的工作是将企业的战略进行分解，识别出支撑战略目标的核心活动，也就是识别企业战略任务，它是企业战略目标能否有效落实的关键。从根本上来说，企业战略规划的实效性，其关键点就在于企业项目化战略分解的实效性。

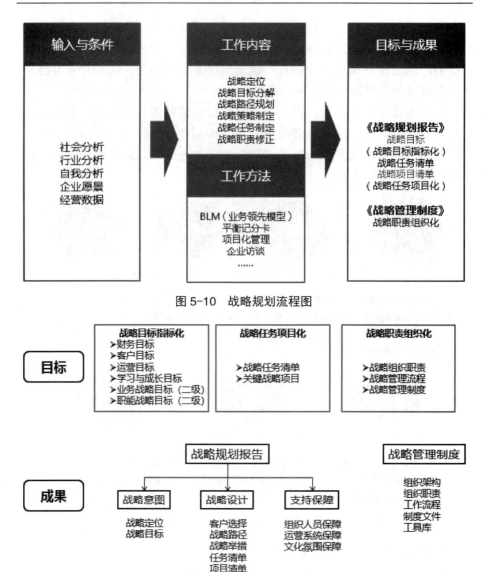

图 5-10 战略规划流程图

图 5-11 战略规划目标与成果

（1）战略意图

战略意图是企业企图心的表现，是对企业长期发展的方向和目标的规划。企业的战略意图主要表现在企业的使命、愿景和价值观，同时内部各业务单元的目标和外部价值链上合作伙伴的目标应保持协同一致性。企业在确定了战略意图后，制定与企业战略目标相吻合的业务设计，在战略目标的实现过程中融入企业的使命、愿景和价值观，并且坚定不移地执行业务设计的战略计划和关键任务，从而使得企业的战略得以落实，实现企业的战略愿景，体现企业的社会价值。企业中的各业务单元、事业部和职能中心都需要有各自的战略规划，同时这些战略规划需要与企业的使命、愿景和价值观等战略意图保持一致。明确各业务单元的重点工作任务，在工作过程中通过与战略目标对齐，保障工作方向的稳定，实现各业务单元的战略目标，从而向上支撑企业的战略意图。良好的战略意图具有两个方面的作用：一方面从内部来看，可以激发组织内部的积极性，激励各级员工为企业而努力，提高企业的竞争力；另一方面从外部来看，客户和合作伙伴可以加深对本企业的了解，提高合作的可能性。

在制定战略意图时，还需要考虑以下几个问题：重点突破的方向是哪些领域？采取哪些措施提高领域内的竞争力，获取竞争优势？每个突破点需要达到哪些目标？在设置有挑战性的战略目标时，这些目标是否可以分解成为关键指标？这些关键指标是否可以量化？指标制定到哪个程度最合适？如何最大限度地激发企业潜能？

① 战略定位。

战略定位就是使企业的产品、形象、品牌等在预期消费者的头脑中占据有利的位置，它是一种有利于企业发展的选择，即它是指企业如何去吸引人。对企业而言，战略是指导或决定企业发展的全局策略，它需要回答 4 个问题：企业从事什么业务；企业如何创造价值；企业的竞争对手是谁；哪些客户对企业是至关重要的，哪些是必须要放弃的。

企业战略定位的核心理念是遵循差异化。差异化的战略定位，不但决定着能否使你的产品和服务同竞争者的区别开来，而且决定着企业能否成功进入市场并立足于市场。著名的战略学专家迈克尔·波特早在其 20 年前的名著《竞争战略》中就指出了差异化战略是竞争制胜的法宝，他提出的三大战略——成本领先、差异化、专注化都可以归结到差异化上来。差异化就是能够做到与众不同，并且以这种方式提供独特的价值。这种竞争方式为顾客提供了更多的选择，为市场提供了更多的创新。某酒店的战略定位分析如图 5-12 所示。

② 战略目标。

平衡记分卡（见图 5-13）是一个可以帮助公司执行、管理和沟通公司战略和远景的工具，它弥补了传统财务评价方法的缺陷，从财务、顾客、内部流程、学习与成长四个方面来综合衡量公司绩效，不仅从财务视角保持了对短期绩效的关注，也揭示了如何保持长期的绩效水平的方法。

立足于高星级酒店业务，通过品牌输出、资本运作、资源整合手段，发展成为"国内拥有品牌知名度的高星级**酒店管理公司**"。

市场定位：高级商旅、休闲
度假、尊贵会员服务提供者
客户人群定位：世界500强
商务客人、养生及亲子度假

市场定位：大型综合性会展
承办方、会议酒店
客户人群定位：大型培训、
会议、演示

图 5-12　某酒店战略定位分析

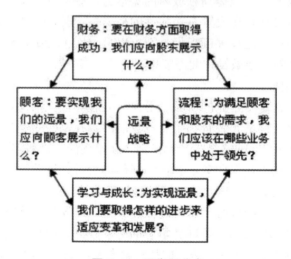

图 5-13　平衡记分卡

财务指标：财务维度是业绩考核的垫脚石，能够展示出企业的方针和其实际的操作与落实能否推进企业的获利和发展。

财务业绩指标可以显示企业的战略及其实施和执行能否让企业盈利。财务目标通常与获利能力有关，其衡量指标有营业收入、资本报酬率和经济增加值等，也可能是销售额的迅速提高或创造的现金流量，如提高盈余率、投资回报率、提升客户价值、成本结构优化和资产利用率提升等。

客户指标：客户维度主要是企业以目标消费人群以及目标销售方向为指引，将注意力集中在提升客户满意程度上。

在平衡记分卡的客户层面，管理者确立了其业务单位预计竞争的客户和市场，以及业务单位在这些目标客户和市场中的衡量指标。客户层面指标通常包括客户满意度、客户保持率、客户获得率、客户盈利率，以及在目标市场中所占的份额。客户层面中，业务单位的管理者能够阐明客户和市场战略，从而创造出出色的财务回报。

内部流程指标：在这一层面上，管理者要确认组织擅长的关键的内部流程，这些流程帮助业务单位提供价值主张，以吸引和留住目标细分市场的客户，并满足股东对卓越财务回报的期望。

学习与成长指标：学习和成长层面指标涉及信息系统的能力、员工的能力与激励、授权与相互配合，它确立了企业长期成长和改善必须建立的基础框架，确立了未来成功的关键因素。平衡记分卡的前三个层面一般会揭示企业的实际能力与实现突破性业绩所必需的能力之间的差距，为了弥补这个差距，企业必须投资于员工技术的再造、组织程序和日常工作的理顺，如员工满意度、员工保持率、员工培训和技能等，以及这些指标的驱动因素。这些都是平衡记分卡学习与成长层面追求的目标。

（2）战略举措

① 战略路径。

企业要实现战略目标，需要通过关键举措的设计以及关键任务的分解以找寻实现企业战略目标的途径和路线（见图 5-14）。

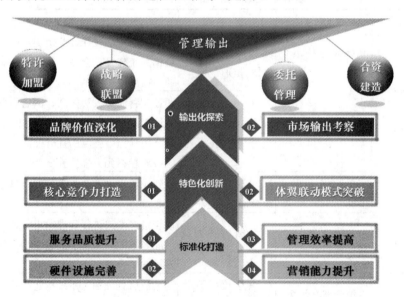

图 5-14　战略路径示意图

② 战略策略。

战略策略是贯彻战略指导思想，保证实现战略目标而采取的一系列重要措施、手段和技巧。根据战略环境的不同，采取新颖独特、别具一格和卓有成效的战略策略，对战略目标的达成和战略行动的推进具有重要作用（见图 5-15）。

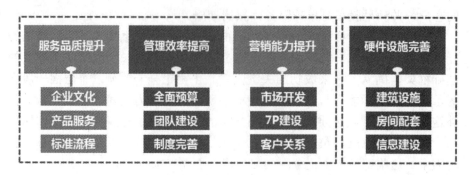

图 5-15　战略策略示意图

③ 战略任务分解（如表 5-3 所示）。

表 5-3　某温泉酒店战略任务分解示意表

项目序号	项目分类	项目名称	项目描述
1	市场业务拓展创新类	现有酒店营销能力提升项目	通过产品价格设计、营销团队建设、信息化系统建设、会员系统建设和渠道打通，提升酒店营销能力
2	系统管理升级类	现有酒店服务质量提升项目	通过完善服务人员团队、酒店服务标准打造、服务团队培训、SOP 和 P&P 的制定、质量监督强度的提升使酒店的整体服务质量得到大幅提升
3	产品服务开发实施类	高端酒店管理系统突破项目	以建设管理输出系统为目标，打造三大核心竞争力
4	市场业务拓展创新类	高端酒店管理输出突破项目	以轻资产形式进行管理输出。通过对各可能区域的深入调研，确立输出项目，签订输出合同
5	系统管理升级类	组织建设提升优化项目	通过酒店管理输出系统构建和管理输出团队建设，优化提升管理输出竞争力

3. 战略实施（见图 5-16）

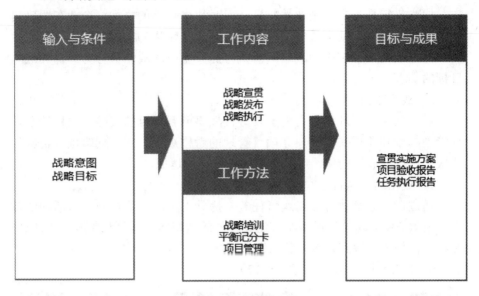

图 5-16 战略实施流程图

（1）战略宣贯

① 宣贯目标。

包括高层管理人员达成共识；中层管理人员分解部门战略目标；基层员工增加使命感和归属感。

② 宣贯实施方案。

宣贯会议：通过会议形式在公司各层级对战略规划进行全面系统深入的宣讲解读，统一公司上下对未来发展目标和方向以及实现路径的认识。

主题活动：通过战略主题活动将公司的战略意图渗透到每位员工思想深处，使每位员工了解企业战略意图，认同企业战略目标。

宣传材料：印制战略规划宣传材料，供企业员工和客户阅读。

（2）战略发布

① 战略评审。

战略规划在新增和更新时，需要由各级战略管理对应部门（战略管理部、总经办、战略决策委员会等）进行评审，经企业最高决策机构审批后执行。相关的评审制度、评审流程、评审方法和评审标准由战略管理对应部门负责起草和发布。

② 战略发布。

战略规划通过评审后，需在企业内部正式公开发布。

（3）战略执行

战略执行是为实现企业战略目标而对战略规划的执行。企业在明确自己的战略目标后，就必须专注于如何将其落实转化为实际的行为并确保实现。通过战略项目突破和战略运营执行提升企业的战略执行力，保障战略目标的实现。

① 战略项目突破。

通过项目化管理这一有力工具进行战略创新项目的突破，严格按照项目管理制度和流程实施，遵守项目管理的考核规则，实现战略项目目标的达成，项目的成果转化，进而支撑战略目标的达成。

② 战略运营执行。

通过运营系统执行战略运营任务，提升支撑战略目标的运营活动的效率和成效。将公司的发展战略转化成公司的战略实施计划和年度工作计划，并将工作任务分解到相应的部门和人员。

4. 战略考核与修正（见图 5-17）

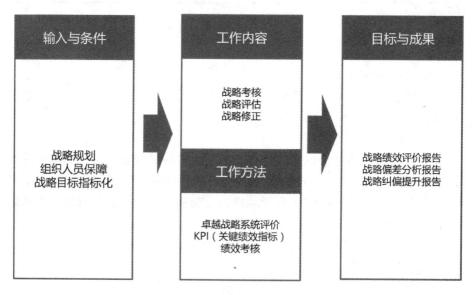

图 5-17　战略考核与修正流程图

（1）战略绩效考核

要实现有效的战略绩效考核，需要构建科学、合理的战略监控流程，如图 5-18 所示。

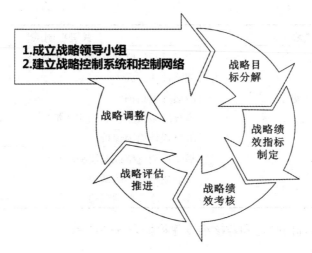

图 5-18 战略监控流程图

当公司新的战略年度计划结束时，战略领导小组要按照以上的程序再次对公司的战略进行评估与调整，以实现战略领导小组对公司战略控制的管理职能（见表 5-4）。

表 5-4 战略监控流程与关键控制点

流程节点	关键控制点
1. 成立战略领导小组	负责战略具体推进 实施与监控 保证战略目标有效实现
2. 建立战略控制系统和战略控制网络	战略控制系统（以高层领导为主体） 业务控制系统（包括业务单位和职能部门） 作业控制系统
3. 战略目标分解	将公司发展战略目标分解为公司战略实施计划和年度工作计划，并将相应工作分解至相应部门和人员
4. 设定战略绩效指标和绩效标准	业务战略指标 财务指标 管理指标 市场与客户指标 人力资源指标
5. 战略绩效考核	设定考核方法与激励模式并进行适时的绩效考核 结合公司日常管理绩效考核、激励体系、公司的战略实施计划，保证公司战略的有效实现

续表

流程节点	关键控制点
6. 战略评估推进	定期召开年度战略评估及推进会 战略评估方式 战略环境扫描 审核战略实施计划的完成情况 战略误差原因评价
7. 战略调整	战略计划调整或发展战略调整 发展战略内容的调整 战略实施计划的调整

战略目标的制定和考核维度建议如表 5-5 所示。

表 5-5　战略目标考核指标建议

战略目标维度	考核指标	
财务维度	主要经营指标	销售收入
		利润总额
	盈利能力比率	销售净利率
		销售毛利率
		资产净利率
		净资产收益率
	变现能力比率	流动比率
		速动比率
	资产管理比率	应收账款周转率
		应收账款周转天数
		营业周期
		流动资产周转率
		总资产周转率
	成长能力比率	销售增长率
		净利润增长率
		人均净利润增长率
顾客维度	交货时间	
	顾客满意度	
	市场占有率	
	新客户开发	

续表

战略目标维度	考核指标
内部业务维度	业务流程运行效率
	质量和服务
	交货效率
	生产力
	收益率
学习与成长维度	新产品开发
	员工能力评估和发展
	员工的专业能力水平
	员工培训
	内部员工满意度

（2）战略偏差分析（见表 5-6 和表 5-7）

表 5-6　战略偏差分析指标体系

指标类型	具体指标（举例）
财务指标	• 销售额/营业额 • 净利润/总利润
关键因素指标	• 市场份额 • 营销因素中的关键指标 • 核心竞争力因素中的控制指标 • 人力资源因素中的关键指标 • R&D 因素中的关键指标 • 综合运营/管理因素中的关键指标 • 整合的效益因素中的关键指标 • 整合的一致性因素中的关键指标 • 整合的战略提升因素中的关键指标

表 5-7　战略偏差分析模板

指标	上年同期	计划	实际	同比偏差	与计划偏差	偏差原因分析
一、财务指标 • 销售额/营业额 • 净利润/总利润						

续表

指标	上年同期	计划	实际	同比偏差	与计划偏差	偏差原因分析
二、战略规划中的关键因素指标						
• 市场份额						
• 营销因素中的关键指标						
• 核心竞争力因素中的控制指标						
• 人力资源因素中的关键指标						
• R&D 因素中的关键指标						
• 综合运营/管理因素中的关键指标						
• 整合的效益因素中的关键指标						
• 整合的一致性因素中的关键指标						
• 整合的战略提升因素中的关键指标						

（3）战略纠偏措施（见表 5-8 和表 5-9）

表 5-8　战略偏差解决方案

项目	具体内容
一、偏差	
二、对偏差原因的分析及结论	
• 　原因	
• 　责任公司/部门/人	
三、偏差解决方案	
• 　纠正措施	
• 　预防措施	
• 　问题解决的阶段/最终结果	
• 　期限	
• 　责任公司/部门/人	
• 　偏差纠正的验证和评价办法	

表 5-9　战略偏差纠正专项模板

项目	具体内容
一、偏差	
二、偏差解决方案要点	
·　纠正措施	
·　预防措施	
·　期限	
·　责任公司/部门/人	
三、偏差解决方案落实情况	
·　纠正措施落实情况	
·　预防措施落实情况	
·　偏差纠正结果	
·　问题和难点	
·　后续措施	
四、纠正报告总结	

5.1.4　一流企业战略成果指标

一流企业战略成果指标如表 5-10 所示。

表 5-10　一流企业战略成果指标

系统名称	一级成果指标	二级成果指标
战略成果指标	年度目标达成率	年度战略目标达成率

5.1.5　一流企业战略管理系统核心要素

一流企业战略管理系统包含四个核心要素：

（1）战略分析——了解组织所处的环境和相对竞争地位

战略分析的主要目的是评价影响企业目前和今后发展的关键因素，并确定在战略选择步骤中的具体影响因素。战略分析包括三个主要方面：

① 确定企业的使命和目标。它们是企业战略制定和评估的依据。

② 外部环境分析。战略分析要了解企业所处的环境（包括宏观、微观环境）正在发生哪些变化，这些变化将给企业将带来更多的机会还是更多的威胁。

③ 内部条件分析。战略分析还要了解企业自身所处的相对地位、具有哪些资源以及战略能力；还需要了解与企业有关的利益和相关者的利益期望，在战略制定、评价和实施过程中，这些利益相关者会有哪些反应，这

些反应又会对组织行为产生怎样的影响和制约。

（2）战略规划——战略制定和选择

战略分析阶段明确了"企业目前状况"，战略规划阶段所要回答的问题是"企业走向何处"。

第一步需要制定战略选择方案。在制定战略过程中，可供选择的方案越多越好。企业可以从对企业整体目标的保障、对中下层管理人员积极性的发挥以及企业各部门战略方案的协调等多个角度考虑，选择自上而下的方法、自下而上的方法或上下结合的方法来制定战略方案。

第二步是评估战略备选方案。评估备选方案通常使用两个标准：一是考虑选择的战略是否发挥了企业的优势、克服了劣势，是否利用机会，是否将威胁减小到最低程度；二是考虑选择的战略能否被企业利益相关者所接受。需要指出的是，实际上并不存在最佳的选择标准，管理层和利益相关团体的价值观和期望在很大程度上影响着战略的选择。此外，对战略的评估最终还要落实到战略收益、风险和可行性分析的财务指标上。

第三步是选择战略。即选择最终的战略决策，确定准备实施的战略。如果由于用多个指标对多个战略方案的评价产生的结论不一致时，最终的战略选择可以考虑以下几种方法：

① 根据企业目标选择战略。企业目标是企业使命的具体体现，因此，要选择对实现企业目标最有利的战略方案。

② 聘请外部机构。聘请外部咨询专家进行战略选择工作，专家们利用其广博的知识和丰富的经验，能够提供较客观的建议。

③ 提交上级管理部门审批。对于中下层机构的战略方案，提交上级管理部门能够使最终选择方案更加符合企业整体战略目标。

（3）战略实施——采取措施发挥战略作用

战略实施就是将战略转化为行动。主要涉及以下一些问题：如何在企业内部各部门和各层次间分配及使用现有的资源；为了实现企业目标，还需要获得哪些外部资源以及如何使用；为了实现既定的战略目标，需要对组织结构做哪些调整；如何处理可能出现的利益再分配与企业文化的适应问题，如何进行企业文化管理以保证企业战略的成功实施，等等。

（4）战略考核修正——检验战略的有效性

战略考核就是通过评价企业的经营业绩，审视战略的科学性和有效性。战略修正就是根据企业实际情况的发展变化，即参照实际的经营事实、变化的经营环境、新的思维和新的机会，及时对所制定的战略进行调整，以保证战略对企业经营管理指导的有效性。包括调整公司的战略展望、公司的长期发展方向、公司的目标体系、公司的战略以及战略的执行等内容。

通过对各核心要素进行分解，一流企业战略管理系统共设置 22 个评价要点，具体如表 5-11 所示。

表 5-11　一流企业战略管理评价要点

核心要素	评价要点
战略分析	宏观环境分析报告、行业竞争分析报告、标杆企业分析报告、企业业务能力评估报告、企业管理能力评估报告
战略规划	战略目标、战略定位、战略路径、战略举措、企业战略任务清单、战略突破项目清单、战略组织架构、战略组织职责、战略管理工作流程、战略管理制度文件、战略管理工具库
战略实施	战略宣贯实施方案、战略项目验收报告、战略任务执行报告
战略考核修正	战略绩效评价报告、战略偏差分析报告、战略纠偏提升报告

5.2 项目管理系统

企业中的任务、活动按性质的不同可以分为一次性的项目活动与日常不断重复进行的运营活动，本章将以项目活动为核心，从企业的特定需求出发，探讨企业项目管理的概念与价值、项目管理的范围与联系、项目管理的相关概念与理解、项目管理的痛点与难点、项目管理系统的卓越标志、项目管理的组织、流程与核心方法以及项目管理系统构建的核心流程等重要内容。

5.2.1 项目管理的定位与内涵

鉴于项目活动具有对企业发展的影响程度大、环境不确定性大、成果不可挽回性、管理内容不确定性等特点，项目活动的管理成为企业活动管理的重点和难点。因此，熟悉企业项目管理特征，准确把握企业项目管理范围，对提升企业项目管理能力大有裨益。

5.2.1.1 企业项目管理的范围

企业项目管理的范围包括单项目管理和项目集群管控两大模块。具体来说，企业中项目工作的来源主要包括战略任务以及运营中的创新工作。对于企业战略任务而言，不论按业务单位划分（比如说按经营产品划分），还是按职能划分（比如说按生产、财务和人力资源部门等划分），都可以将企业战略任务划分成不同的活动层级。而支持这些企业战略任务并达到目标的就是企业若干的具体项目活动。这些活动有的是局限于某个部门内部的小项目、单个项目，有的是跨部门的大项目或者多个项目的集合，构成一个或多个项目集群。

同时，企业能够通过实施一系列项目使企业形成或者提升生产某种产品或提供某种服务的能力，并在此基础上重复经营、运营。经过一段时间的经营、运营后，由于环境的变化，企业需要通过创新来形成新的竞争能力，这样企业的经营、运营便上升到一个新的平台，如此螺旋上升，推动企业不断发展。企业项目管理的范围如图 5-19 所示。

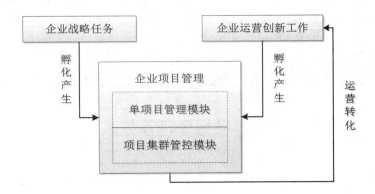

图 5-19　企业项目管理的范围

5.2.1.2 企业项目管理的特征

面对当今社会激烈竞争的市场环境，迅速变化且多样化、个性化的消费者需求，传统的企业运营活动因为其内在的刚性，已经难以适应环境和需求的变化。企业项目活动管理是企业战略任务所要求的管理，其管理的目标是一次性、创新性的项目工作，通过目标的实现以及企业项目活动与企业战略任务之间的有机联系和互动，以确保通过企业的项目活动实现企业的项目战略。企业项目管理的特点主要体现为以下三项。

1. 目标导向的过程管理

传统的目标管理对于企业中易于分解和量化的目标会产生良好的绩效效果，有助于形成清晰的工作分工，能够激励员工且有效地提高士气，但是也有明显的不足，如果只看重结果而忽略了过程，过程中存在的很多绩效改善机会和潜在风险都会被忽略，从而很容易失去进一步改善流程的机会。而单纯的过程管理由于目标不突出，很难鼓舞士气，责任分工也不够明确。企业项目活动管理是以目标为导向的过程管理，以每个活动所要求的成果为目标导向，在活动管理中重视过程管理和过程改进。在项目活动管理中，可以针对活动的具体表现情况以及过程中的测量指标，经过改善分析，提出绩效改进目标和项目过程改进计划，通过过程改进的活动管控实现最终的目标管控。

2. 分工之上的整合管理

企业项目管理不同于更注重专业分工、明确界定职责、明确界定管理方式的职能管理，而是针对达成一次性的、临时性的项目目标进行的团队组合，为了完成项目的最终结果而进行的管理。在这种管理方式之下，团队内的成员根据项目目标的分解而进行分工，不同于企业以长期运转为目标进行的分工。项目团队的工作成员除了完成各自本职工作之外，还需要随时准备完成随着项目的实施而带来的各种不确定的风险所带来的临时性工作。因此，企业项目管理既需要分工，又需要在分工之上进行整合，以确保项目目标的实现，主要体现在以下两个方面：

其一，实现项目的目标是项目团队所有人的共同、唯一的终极任务，因此在分工的基础上，还需要以完成项目目标为最终目的，平衡质量、成本、费用等变化所带来的影响。

其二，项目目标的实现过程不同于运营活动的运行，其过程所受的影响因素更多，发生不确定风险的概率更大，因此企业在对项目团队内成员各自工作进行管理的同时，还需要随时注意分配、调整、整合各种资源，应对各种突发状况。

3. 跨越部门的协作管理

不论企业采取何种组织架构，企业中的项目活动都不单单是项目团队自身的任务，通常需要财务、人力、技术等部门的支持与配合，因此企业项目管理还需要进行跨部门的协作管理。

企业中的项目是从企业升级发展的战略目标中分解而来的，其成果的好坏在一定程度上决定了企业升级发展的速度与能力。越大的项目，对企业的影响就越大，需要投入的资源越多，需要支持与配合的部门也越多。因此，企业项目活动能否顺利完成，除了项目团队人员的工作能力之外，也取决于企业各部门之间的协作程度。

5.2.1.3 企业项目管理的内涵

企业项目管理作为创新管理体系任务中的重要板块之一，在企业发展中占有重要地位。那么企业项目管理有何作用与价值？主要包含哪些内容？下面将对以上问题进行详细阐述。

企业项目活动是指活动环境不确定、工作内容模糊，企业未曾经历过，即使经历过，此次活动与原有活动也有很大的影响性变化的一次性、特殊性的活动，诸如市场拓展、产品研发、工艺改造等。项目活动的目标以及过程管理比运营活动要复杂得多。对于项目活动，必须采用区别于运营活动的管理方法，也就是采用项目管理方式，充分发挥项目团队的主观能动性和创造性，并以项目的柔性组织保证项目活动的进行。

企业项目管理，即对企业战略任务分解工作以及企业运营过程中创新工作的管理。企业项目活动管理，就是为实现企业项目发展各类战略目标，对战略分解后的各项工作以及运营过程中的创新工作，根据其各自不同的要求，进行工作的细化识别、决策、计划、实施、收尾、转化等管理，以实现工作目标，促进企业战略任务实现以及创新工作完成的管理活动组合。

根据以上对企业项目管理的理解，将企业项目管理定义如下：

企业项目管理，是站在企业的整体角度，按照项目活动的特征和要求，集中对企业中所有项目进行管理的过程与方法，是企业升级创新发展的重要保障。由于项目是一次性的、动态性的，企业项目管理也就必须采用以目标为导向的过程管理，采用在专业化分工基础上的整合管理，采用跨越部门的协作管理，以追求项目活动的成功率和效益性。

5.2.2 项目管理的价值与难点

5.2.2.1 项目管理的价值

项目作为企业的重要活动之一，对其进行有效的管理，有助于更好地完成企业的战略目标，保证企业的可持续发展。企业项目管理的作用与价值主要体现在以下两个方面：

1. 战略任务得以实现的支撑

企业的发展离不开战略的主导作用，通过对战略目标的分解，形成一个个战略任务，并通过实现每个战略任务，从而支撑战略的执行与最终目标的实现。然而，通过企业发展战略分解而来的任务，多体现和落实到一些企业项目的活动中，这与我们一直强调的"项目反映的是企业未来的发展状况，运营反映的是企业过去的稳定状态"是相符合的，可见，项目是企业发展的基础支撑，运营是企业稳定的保障。

因此，项目活动作为企业战略发展分解而出的重要活动，其管理的好坏就反映了企业战略任务实现的程度。企业项目管理的主要任务就是对项目进行有效的资源分配，从而保证项目的成果。因而，企业项目管理也堪称是战略任务得以实现的支撑。

2. 企业长期持续发展的载体

企业的长期可持续发展，离不开不断的创新与突破。在企业活动中，运营解决的是企业不断重复和稳定运行的问题，项目解决的是企业发展、创新问题，二者之间的转化与平衡解决的是企业打牢基础、稳定运行和攻坚克难、创新发展的问题，因此企业项目管理是企业长期可持续发展的载体。

5.2.2.2　项目管理的难点

项目管理是运用专业的知识、技能、工具和方法，使项目能够在有限资源限定的条件下，实现或超过设定的需求和期望的过程。在项目管理的过程中有三点需要特别关注和重视。第一，如何获取能够支撑企业战略目标实现的高质量项目；第二，项目成立后，如何设置项目管理组织，使得项目管理组织最有成效；第三，项目实施离不开组织中的人，如何设置项目绩效，提高人员积极性。从长远角度来看，还存在如何在短时间内培养锻炼出大批项目管理人才的问题。

1. 项目孵化——如何有效孵化高质量项目，支撑战略目标实现？

项目孵化，顾名思义，就是项目产生的过程，高质量的项目能够支撑战略目标实现，有力地推动企业的创新发展。我们知道，企业资源是有限的，要实现资源最优配置，选取高质量项目进行孵化，既要通过孵化重点项目承接企业战略目标，又不能过度孵化项目，导致项目孵化"泛滥"，因此必须采取一定的策略和方法。以下介绍两种项目孵化的方法予以参考。

（1）划分项目孵化主体

企业在进行项目孵化时，主要来源为战略任务项目化和创新工作项目化，在孵化过程中，可能存在"避重就轻"的重要项目不提报、日常运营"浑水摸鱼"等项目泛滥的现象。为了提高项目孵化质量、保证重点项目战略承接，创新项目孵化方法，可从以下两方面开展孵化工作：

其一，A+、A 级项目做减法，保持战略定力，保障项目成功率。

重大项目的孵化成功，是支撑企业战略、支撑业务发展与部门目标、支撑运营管理系统完善的关键，也是需要竭尽企业之力、关键资源保障其成功的。重大项目的实施如果超过部门总体资源承载能力，就会降低项目的成功率，影响人员战略定力。因此，以企业优势资源保障重大项目成功率，需严把重大项目入口。

由企业主要业务负责人联合主持事业部门/职能部门 A+、A 级项目的孵化，一方面可以多角度、全面识别出各部门的关键项目；另一方面可以从企业整体资源角度出发，实现突破性的任务聚焦。

其二，以 B 级、C 级项目激发事业部门/职能部门以目标为导向的广泛自我创新动能。

以事业部门/职能部门作为该类项目提报与管理主体，杜绝为了申报项目而提项目，引导部门以支撑部门目标而发起项目，以项目结果支撑目标实现的闭环。

企业层面，明确立项标准与项目成果验收的标准，简化孵化流程，当前以结果管理型为主，提高事业部门/职能部门对于该类项目管控与实施的效率，不拘泥于形式化、烦琐的流程审批，以最快的速度、明确的目标导向，促进创新、创业氛围的形成。

（2）统一项目孵化颗粒力度

在项目孵化过程中，企业各业务部门提出的项目内容差异较大，如有的项目仅为部门工作或岗位工作的一部分，有的项目则囊括了事业部所有工作内容，项目颗粒度参差不齐，为解决此类孵化难题，可从以下两方面解决问题：

其一，对于颗粒度大的项目。判断项目是应该分拆为若干个项目，组成一个项目集群，还是按照一个项目来提出。判断的主要依据为项目若干项工作的独立性，包括工作内容独立性、目标相对独立性、工作资源的独立性。如果符合三个指标中的两个，建议分拆为若干个项目，组成一个项目集群，便于企业对于项目更细致化的监督。

其二，对于颗粒度小的项目。如果项目仅涉及业务部门中一个部门甚至部分岗位时，判断其与其他项目目标的关联性、资源的共享性。如符合这两个特征，可考虑合并项目，减少企业管控难度；如果项目涉及多个业务部门，建议按照单一项目立项。

2. 项目组织——要使项目管理组织最有效，PMO 该如何设置？

提高项目组织管理效率主要从规范组织架构的选择、明确项目组织的管理模式以及分级划分管理的管控界面三个方面来实施，具体而言：

① 规范项目组织架构选择程序。

项目组织架构一般由项目负责人根据项目的重要程度、项目目标要求、项目等级等信息，提出组织架构设计方案，进而上报企业决策层，决策层依据企业所有项目优先等级，综合评估企业组织资源，确定项目组织架构方案，项目负责人依据项目组织架构方案批复意见选择正式的项目组织架构，组织架构选择程序如图 5-20 所示。

② 确定项目组织模式。

项目组织是项目执行过程的机构载体。组织架构选择，往往需依据组织战略、项目性质、项目阶段、项目复杂程度等进行，简单地也可以依据企业中项目的数量和项目的难度、复杂性这两个维度来确定，如图 5-21 所示。

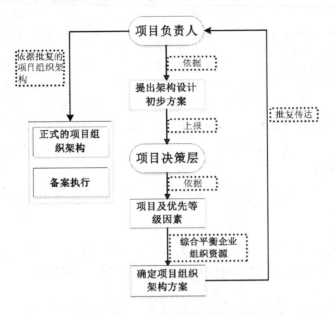

图 5-20　项目组织架构选择程序

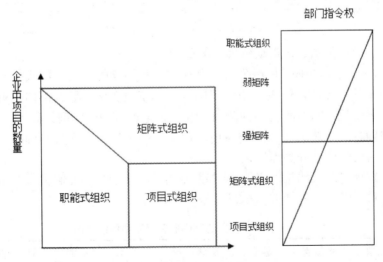

图 5-21　项目组织模式

③ 有效划分管理管控界面（两级 PMO）。

企业项目管理组织一般实行两级 PMO，进行分类分级管控，其管控方式如表 5-12 所示。

表 5-12　两级 PMO 管控

项目管理基本组织	组织特点	管控原则
企业级 PMO	常设机构	负责企业层级的重大项目管控
部门级 PMO（业务部门/职能部门）	可为虚拟机构	负责本部门提出的项目管控

3. 项目人员——如何提升人员申请项目的积极性？

在构建创新管理体系的过程中，由于缺乏一定的激励机制，员工不愿意申请项目，因此，企业需配合制定相应的项目绩效奖励方案，以下三种方案可供选择。

方案一：根据部门发展阶段、人员职级、工作性质确定项目绩效与运营绩效比例。

➢ 部门类别一：新成立的部门

部门成立当年，工作以项目为主，人员绩效以项目绩效为主（见表5-13）；在部门部分项目转运营后，逐渐提高运营绩效比例。

表 5-13　新成立部门各级人员项目绩效占比

绩效类型	成立首年	转运营第 1 年	转运营第 2 年	……
项目绩效	85%	75%	65%	……
运营绩效	15%	25%	35%	……

➢ 部门类别二：以运营为主的部门

以运营为主的部门是指公司中存在并运行多年的部门。如果某一部门在公司中长期存在，但主要职能范围或定位发生变化，导致部门发展方向发生重大变化，则按照第一种部门类别，设定项目绩效比例。

级别越高，精力越应向突破性、创新性的工作（即项目）倾斜，故项目绩效占比随职级升高而增大。

级别项目绩效比按照表 5-14 参照执行。当个别员工专职于某一项目或某几个项目时，个人绩效以项目绩效为主。

表 5-14　以运营为主的部门职务级别项目绩效占比

绩效类型	高级总监	总监	高级经理	经理	主管	专员
项目绩效	35%	30%	25%	20%	10%	—
运营绩效	65%	70%	75%	80%	90%	100%

➢ 部门类别三：以项目为主的部门

个别部门以项目形式为主，可参照表 5-15 执行项目绩效。

表 5-15　以项目为主部门项目绩效占比

绩效类型	高级总监	总监	高级经理	经理	主管	专员
项目绩效	65%	70%	75%	80%	90%	100%
运营绩效	35%	30%	25%	20%	10%	—

方案二：按照项目的不同角色，设置不同的项目绩效比例。

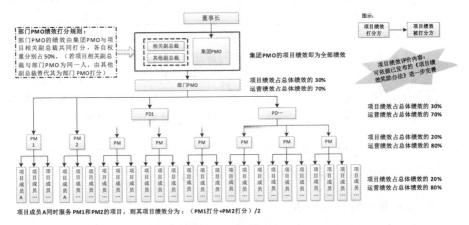

图 5-22　项目绩效示意图

方案三：以目标体系分解、支撑目标的计划为主线，以相应目标的实现作为岗位绩效实现的依据。项目作为实现岗位绩效的一种手段。

此方案不强制人员的项目绩效占比。各部门以实现公司对该部门战略定位与目标为出发点，设计为实现目标的行动计划，对于行动计划符合项目特征的活动，部门以项目形式提出。无论是行动计划中的项目，还是运营活动，均以任务形式监督其进程。

综合以上三个方案，各方案的适用性分析如表 5-16 所示。

表 5-16　各项目绩效奖励方案的适用性分析

方案	优点	缺点	建议
方案一	考虑部门发展阶段不同、工作性质不同、人员参与项目的精力分配，进行针对性分析，与工作内容较为贴合	实施较为复杂，部门不同阶段、部门人员参与项目程度不同，绩效考核方案也相应不同，集团、部门的绩效考核管理难度较大	可针对个别部门进行该方法的局部应用

方案	优点	缺点	建议
方案二	相对于第一种方案，考核形式以项目为主线，较为简单	项目角色是随项目变动的，不同项目、同一人员可能存在 PD（产品设计人员）、PM（产品经理）、成员多种角色	对于 IT 等以项目为主的部门，可考虑尝试该种方式。为应对人员多重项目角色的情况，对于不同角色的项目绩效赋予不同的权重系数
方案三	考核以运营绩效为主，考核基准为战略目标的层层分解，项目对目标的直接支撑性明显	项目以实现战略目标而存在，该种情况下，项目一般为实现战略的重大项目，或较大的管理改进，对于基层的创新性激发不足	对于基层员工，增设"提案"通道。项目实施完成，在原有绩效基础上形成加分项，给予物质或名义的项目绩效奖励

5.2.3 企业项目管理的组织、流程与核心方法

5.2.3.1 项目管理的组织

1. PMC（项目管理中心）与 PMO（项目管理办公室）组织架构及岗位职责描述

（1）核心业务以项目形式为主开展的卓越项目管理组织职责（见图5-23）

① PMC 的主要职责。

项目决策支持组主要职责：开发职能，包括企业年度项目管理规划、企业整体项目管理系统的开发、企业通用项目管理各项制度（组织管理、绩效考核/激励、分类分级、要素管理等制度）的开发、企业通用项目管理全生命周期模型开发以及企业通用项目管理流程及工具模板开发等。

项目管理服务组主要职责：支持和服务职能，包括重大项目间的资源协调支持、项目管理制度解读支持、项目管理通用工具模板应用指导、公司级会议安排、对 PMC 负责执行的重大公司级项目进行阶段评估以判定和提供 PMC 所需要的帮助等。

项目监督管理组主要职责：对各 PMC 负责执行的重大公司级项目的计划审批、项目状态跟踪、项目变更审批、项目问题跟踪、客户满意度、成员满意度等进行监督和控制；对各 PMC 行使监督权力的项目进行关键点的监督管控职能；考核各 PMC。

项目专业指导组主要职责：对项目管理难题等方面提供咨询、指导等。

项目培训认证组主要职责：制定企业内部的项目经理素质能力模型、项目经理分级管理体系、项目经理培训体系、项目经理能力评估体系和项目经理职业生涯规划等政策，并组织各类项目管理有关的培训、认证、评估的实施，以及项目管理过程与结果的知识管理工作。

② PMO 的主要职责。

项目决策支持组主要职责：主要具备开发职能，包括根据 PMC 制定的企业年度项目管理规划细化各类型项目的规划；细化各类型项目管理系统的开发、企业各类型项目管理各项制度的开发、企业各类型项目管理全生命周期模型开发以及企业各类型项目管理流程及工具模板开发等。

项目管理服务组主要职责：主要具备支持和服务职能，包括某一类型项目间的项目资源协调、某一类型项目运营转化追踪与表彰、某一类型项目管理制度解读支持、某一类型项目管理工具模板应用指导、某一类型项目各项评审会等会议安排、文档整理支持、对某一类型中关键项目进行阶段评估以判定和提供项目经理所需要的帮助等。

项目执行管理组主要职责：对某一类型项目中的重大公司级项目的管理工作，包括项目全过程、全要素、全组织管理，具体同项目经理的职能。

项目专业指导组主要职责：对某一类型项目管理难题等方面提供咨询、指导等职能。

③ 适用性调整。

可根据企业整体项目规模、项目管理需要及特点等方面调整相应组织架构及职责。

管理层级：若企业整体项目数量、规模不够大，类型不够多，可考虑删减项目管控层级。例如，删减 PD（项目总监）层级，各 PMO 直接管理项目团队；或者，项目类型不明显，可删减 PMO 层级，PMC（或不设置 PMC，只设立一个 PMO）直接管理各 PD。

层级关系：可根据项目的重要程度、复杂程度等因素，调整项目层级之间的关系。例如，对于复杂程度较低、重要程度较低的项目，可使用兼职项目经理，项目经理与项目团队成员之间由隶属关系调整为管控关系，项目成员仍隶属原来职能部门或项目部门。

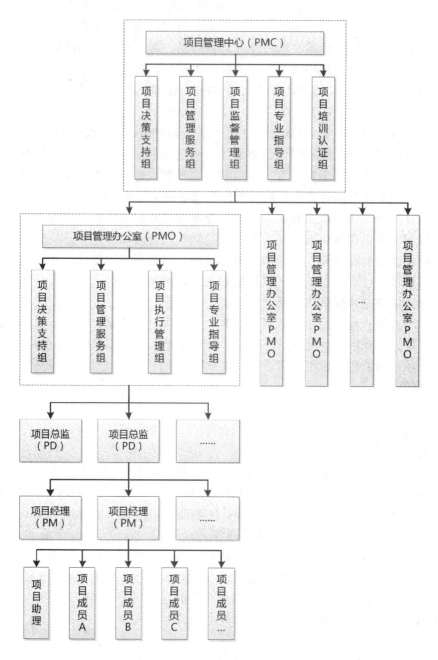

图 5-23   以项目形式为主的卓越项目管理组织架构图

（2）核心业务以运营形式为主开展的卓越项目管理组织职责（见图 5-24）。

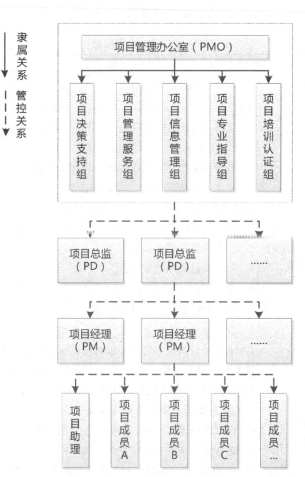

图 5-24　以运营形式为主的卓越项目管理组织架构图

与前述以项目形式为主开展的项目管理组织架构的主要区别：

第一，无须设置 PMC。

第二，设置项目信息管理组，区别于以项目形式为主的项目管理组织架构中的"项目监督管理组"及"项目执行管理组"，其主要职能是对企业所有项目信息的收集整理、项目状态的定期跟踪以及文档管理工作等，并定期向公司负责人汇报，不具备项目的监督管控职能。

第三，在层级关系上，以运营形式为主的组织架构中，PMO 与 PD 之间、PD 与 PM 之间、PM 与项目成员之间均属于管控关系，而非隶属关系。

PD、PM、项目成员隶属于原有职能部门。该种项目管理组织架构内，PD通常由部门负责人兼任。

2. PD（项目总监）职责描述（见表 5-17）

表 5-17　PD 职责描述

序号	阶段	职责描述
1	项目孵化阶段	1. 通过"战略任务项目化"方式，依据企业/部门的战略规划、年度工作计划等发起项目，并编制项目清单； 2. 通过"创新工作项目化"方式，依据部门/企业整体发展创新需求，发起项目，并编制项目清单； 3. 审批 PM 提交的项目清单及项目建议书，并给出审批意见。 4. 建立企业/部门年度"项目储备池"
2	项目立项阶段	1. 根据 PMO 通知，参与并完成项目立项评审，包括项目可行性评审、项目评级、项目人力预算评审以及项目财务预算评审； 2. 发布项目经理任命书； 3. 发布项目立项通知书； 4. 建立企业/部门年度"项目池"
3	项目规划阶段	1. 审批 PM 提交的项目管理基准计划，并给出审批意见； 2. 参与项目启动会，接收《项目启动会会议纪要》
4	项目实施阶段	1. 进行项目关键点管控，包括对里程碑完成情况的审批及不定期抽检；对质量部门进行管控，检查质量不合格项，并监督项目经理对项目成果进行质量整改；对成本点进行管控，检查成本点记录情况、偏差分析及纠偏措施等； 2. 审批项目重大变更，并监督变更的实施； 3. 进行重大突发事件的决策与指挥； 4. 在 PD 权限范围内，进行多项目之间的资源配置，无法满足多项目资源协调需求时，向 PMO 申请资源调配
5	项目验收阶段	1. 根据项目验收标准，检核项目是否符合验收标准； 2. 对于验收不合格项目，需给出返工意见，监督项目经理完成项目返工，并再次组织项目验收； 3. 监督 PM 完成外部合同收尾，接收并保存 PM 整理后的文档资料
6	项目运营转化阶段	1. 监督项目运营转化的实施； 2. 进行项目运营转化的跟踪与评价，对项目经理提交的项目管理后评价报告、项目管理手册等内容进行评价

3. PM（项目经理）职责描述（见表 5-18）

表 5-18　PM 职责描述

序号	阶段	职责描述
1	项目孵化阶段	1. 通过"创新工作项目化"的方式，依据日常运营中的创新工作需求，孵化项目，形成项目清单，并根据 PD 意见，调整项目清单； 2. 编制项目建议书，并提交审批，根据 PD 意见，修改项目建议书
2	项目立项阶段	1. 完成项目可行性研究，编制形成项目可行性研究报告； 2. 填写项目描述表以及项目立项申请表，并完成项目立项申请材料的汇总整理与提交； 3. 参与项目立项评审，并根据项目立项审批意见进行项目立项申请材料的修改； 4. 组建项目核心团队
3	项目规划阶段	1. 组织团队成员编制项目管理基准计划并提交 PD 审批，并根据审批意见，修改项目管理基准计划； 2. 组织召开项目启动会，并于启动会后组织团队成员编制《项目启动会会议纪要》，完成审核，发布
4	项目实施阶段	1. 根据项目管理基准计划，组织团队成员开展项目实施工作； 2. 对项目的关键点进行自查，包括对里程碑完成情况的自查及不定期内部抽检；对质量部门进行自查，自查质量不合格项，并指导项目成员对项目成果进行质量整改；对成本点进行自查，自查成本点记录情况、偏差分析及纠偏措施等； 3. 向 PD 提出项目变更申请，审批通过后，组织项目团队成员实施项目变更； 4. 组织项目成员定期对项目实施阶段的风险进行识别，并对识别出的风险进行应对措施的制定，指导项目成员应对各项风险； 5. 进行项目团队内部建设，包括适时组织开展项目有关培训，同时为打造高水平项目管理人才，PM 需制定相应的项目人才培养方案，明确项目成员晋升路径等
5	项目验收阶段	1. 组织项目成员进行项目验收自查，并根据验收标准调整项目成果，形成项目总结报告、项目运营转化报告、项目文档资料清单等； 2. 向 PD 提交验收申请，并参加项目验收评审； 3. 对于验收合格的项目，PM 组织项目成员开展项目收尾工作；

序号	阶段	职责描述
5	项目验收阶段	4. 对于调整后验收合格的项目，由 PM 组织项目成员，在规定的时间内，按验收评审要求对项目成果进行修改，PD 审核通过后，完成项目验收； 5. 对于验收不合格的项目，在验收评审会上，由 PD 提出项目返工指导意见，PM 在规定的时间内，按指导意见完成项目，并重新申请项目验收； 6. 组织项目团队完成项目内外收尾，包括与外部供应商就合同内容进行项目外部合同收尾；对项目全过程文档资料进行检查，检查无误后，对文档进行归类整理及备份、组卷、归档工作
6	项目运营转化阶段	1. 依据项目运营转化方案，实施项目运营转化； 2. 编写项目管理后评价报告、项目管理手册等内容； 3. 参与项目运营转化评价； 4. 提交项目运营转化评奖相关资料； 5. 按需举办或参加项目运营转化经验交流会

4. 项目团队成员职责描述（见表 5-19）

表 5-19 项目团队成员职责描述

序号	阶段	职责描述
1	项目规划阶段	1. 根据项目经理指导，编制项目管理基准计划并提交 PD 审批，并根据审批意见，修改项目管理基准计划； 2. 参与项目启动会，并于会后编制《项目启动会会议纪要》提交 PM 审批、PD 备案
2	项目实施阶段	1. 根据项目管理基准计划，在 PM 指导下，开展项目实施工作； 2. 在项目经理指导下，对项目的关键点进行自查，包括对里程碑完成情况的自查及不定期内部抽检；对质量部门进行自查，自查质量不合格项，并对项目成果进行质量整改；对成本点进行自查，自查成本点记录情况、偏差分析及纠偏措施等； 3. 项目变更审批通过后，在 PM 指导下实施项目变更； 4. 在 PM 指导下，定期对项目实施阶段的风险进行识别，并对识别出的风险进行应对措施的制定，然后提交 PM 审核； 5. 参与 PM 组织的项目团队内部建设活动

续表

序号	阶段	职责描述
3	项目验收阶段	1. 在 PM 指导下进行项目验收自查，根据验收标准调整项目成果，形成项目总结报告、项目运营转化报告、项目文档资料清单等，并根据 PM 要求参加项目验收评审； 2. 对于验收合格的项目，在 PM 指导下开展项目收尾工作； 3. 对于调整后验收合格的项目，在 PM 指导下的规定时间内，按验收评审要求对项目成果进行修改，PD 审核通过后，完成项目验收； 4. 对于验收不合格的项目，在验收评审会上，由 PD 提出项目返工指导意见，在 PM 指导下在规定的时间内，按指导意见完成项目，并重新申请项目验收； 5. 在 PM 指导下完成项目内外收尾，包括与外部供应商就合同内容进行项目外部合同收尾；对项目全过程文档资料进行检查，检查无误后，对文档进行归类整理、备份、组卷及归档工作
4	项目运营转化阶段	1. 在 PM 指导下，依据项目运营转化方案，实施项目运营转化； 2. 在 PM 指导下，编写项目管理后评价报告、项目管理手册等内容； 3. 在 PM 指导下，整理并提交项目运营转化评奖相关资料； 4. 按需参加项目运营转化经验交流会

5.2.3.2 项目管理突破流程

项目管理突破流程共包括六大阶段，32 项工作。项目管理突破流程涉及三类管理主体，具体如下：

① 项目经理及其项目团队，是项目实施的主体，由项目经理负责项目管理；

② 项目总监，是项目管控主体，负责项目实施过程中的重大决策；

③ 项目管理办公室，为项目经理及项目总监提供项目管理服务及决策支撑。

企业项目管理流程如图 5-25 所示。

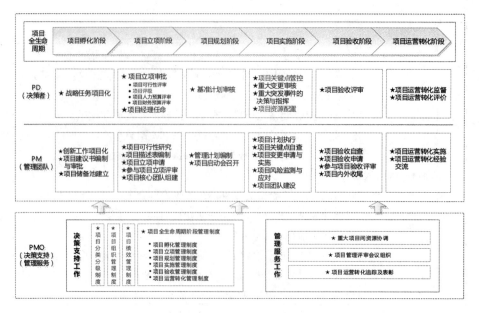

图 5-25　企业项目管理流程图

5.2.3.3 企业项目管理管控流程与工具

1. 项目孵化阶段流程与工具（见图 5-26）

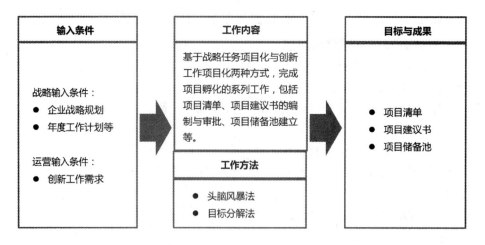

图 5-26　项目孵化管理模块导图

（1）战略任务项目化流程与工具（见表 5-20）

表 5-20　战略任务项目化任务描述表

工作名称		战略任务项目化
工作代码		FH01
输入条件		企业/部门的战略规划、年度工作计划等
输出成果		项目清单
职责范围	PMT	1. 基于战略规划/工作计划，孵化项目，形成项目清单； 2. 根据 PD 意见，调整项目清单
	PD	审批项目清单，并给出审批意见
工作要求		1. 通过战略任务项目化方式孵化项目时，必须依据企业/部门的战略规划、年度工作计划等文件，从而使项目目标能够支撑企业/部门战略规划或工作计划的实现； 2. 通过战略任务项目化方式孵化项目的时间为每年度末（10～12 月）

（2）创新工作项目化流程与工具（见表 5-21）

表 5-21　创新工作项目化任务描述表

工作名称		创新工作项目化
工作代码		FH02
输入条件		各项创新工作需求
输出成果		项目清单
职责范围	PMT	1. 基于创新工作需求，孵化项目，形成项目清单； 2. 根据 PD 意见，调整项目清单
	PD	1. 基于部门/企业整体发展创新需求，发起项目，并编制项目清单； 2. 审批项目发起人提交的项目清单，并给出审批意见
工作要求		企业员工/部门负责人/企业决策者通过该种方式发起项目时，需要基于自身或相关工作的创新需求、或跨部门资源协调（例如人力资源、财务资源）、或提高复杂工作效率等有关需要，从而使项目目标能够支撑运营工作的高效运转

（3）项目建议书编制、审批流程与工具（见表 5-22）

表 5-22　项目建议书编制与审批任务描述表

工作名称	项目建议书编制与审批	
工作代码	FH03	
输入条件	1. 企业/部门的战略规划、年度工作计划等； 2. 各项创新工作需求； 3. 项目清单	
输出成果	项目建议书	
职责范围	PMT	1. 编制项目建议书，并提交审批； 2. 根据 PD 意见，修改项目建议书
	PD	审批项目建议书，并给出审批意见。
工作要求	1. 项目发起人编制项目建议书，必要时需要结合对市场的充分调研； 2. 部门负责人/企业决策者需在收到项目建议书的 5 个工作日内完成审批	

（4）建立项目储备池流程与工具（见表 5-23）

表 5-23　建立项目储备池任务描述表

工作名称	建立项目储备池	
工作代码	FH04	
输入条件	1. 企业/部门的战略规划、年度工作计划等； 2. 各项创新工作需求； 3. 项目清单； 4. 项目建议书	
输出成果	企业/部门年度"项目储备池"	
职责范围	PMT	—
	PD	建立企业/部门年度"项目储备池"。
工作要求	各部门完成各自的年度"项目储备池"建立后，需要统一汇总，形成企业整体的年度"项目储备池"	

2. 项目立项阶段流程与工具（见图 5-27）

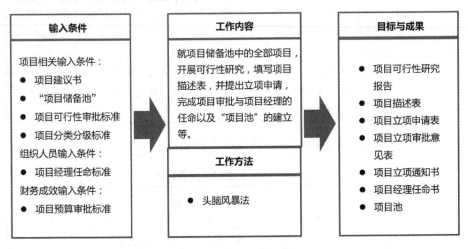

输入条件	工作内容	目标与成果
项目相关输入条件： ● 项目建议书 ● "项目储备池" ● 项目可行性审批标准 ● 项目分类分级标准 组织人员输入条件： ● 项目经理任命标准 财务成效输入条件： ● 项目预算审批标准	就项目储备池中的全部项目，开展可行性研究，填写项目描述表，并提出立项申请，完成项目审批与项目经理的任命以及"项目池"的建立等。 **工作方法** ● 头脑风暴法	● 项目可行性研究报告 ● 项目描述表 ● 项目立项申请表 ● 项目立项审批意见表 ● 项目立项通知书 ● 项目经理任命书 ● 项目池

图 5-27　项目立项管理模块导图

（1）项目可行性研究流程与工具（见表 5-24）

表 5-24　项目可行性研究任务描述表

工作名称	项目可行性研究	
工作代码	LX01	
输入条件	项目建议书、"项目储备池"	
输出成果	项目可行性研究报告	
职责范围	PMT	编制项目可行性研究报告
	PD	—
工作要求	在项目可行性研究报告编制过程中，需要充分注重项目对战略的支撑性、对业务的提升性以及对运营效率的提升性、项目实施计划（包括里程碑、进度计划等）的可行性、项目实施及条件可行性等	

（2）项目描述表填写流程与工具（见表 5-25）

表 5-25　项目描述表填写任务描述表

工作名称	项目描述表填写	
工作代码	LX02	
输入条件	项目可行性研究报告	
输出成果	项目描述表	
职责范围	PMT	填写项目描述表
	PD	—

续表

工作要求	1. 在项目描述表填写过程中，关键要明确项目目标（包括项目进度、资源费用以及交付成果目标）、制定项目里程碑计划以及明确项目团队成员三大方面的内容； 2. 对于项目里程碑的制定，一般6个月以下的项目里程碑不得少于2个，6个月以上的项目里程碑不得少于3个，1年以上的项目里程碑不得少于5个，3年以上的里程碑事件不得少于15个

（3）项目立项申请流程与工具（见表5-26）

表5-26 项目立项申请任务描述表

工作名称	项目立项申请	
工作代码	LX03	
输入条件	项目可行性研究报告、项目描述表	
输出成果	项目立项申请表	
职责范围	PMT	1. 填写项目立项申请表； 2. 完成项目立项申请材料的汇总整理并提交
	PD	—
工作要求	项目立项申请材料包括项目可行性研究报告、项目描述表、项目立项申请表及其他相关证明材料，PMT提交立项申请时应将上述材料一并提交PD审批	

（4）项目立项审批流程与工具（见表5-27）

表5-27 项目立项审批任务描述表

工作名称	项目立项审批	
工作代码	LX04	
输入条件	项目可行性研究报告、项目描述表、项目立项申请表	
输出成果	项目立项审批意见表	
职责范围	PMT	根据项目立项审批意见进行项目立项申请材料的修改
	PD	1. 完成项目立项审批； 2. 将审批意见填入项目立项审批意见表中； 3. 建立企业/部门年度"项目池"
工作要求	PD进行项目立项审批时，需要依据项目可行性的审批标准、分类分级标准、项目预算评审标准等，分别进行项目可行性审批、项目层级确定以及项目预算审批，均通过后，则通过项目立项	

（5）任命项目经理流程与工具（见表 5-28）

表 5-28　任命项目经理任务描述表

工作名称	任命项目经理	
工作代码	LX05	
输入条件	项目组织架构图、项目经理任命标准	
输出成果	项目经理任命书	
职责范围	PMT	接收项目经理任命书
	PD	确定项目经理人选，发布项目经理任命书
工作要求	项目总监进行项目经理任命时,必须根据项目特点,并结合项目经理任职资格相关规定,确定项目经理,并以发布的项目经理任命书为正式通知文件	

（6）组建项目团队流程与工具（见表 5-29）

表 5-29　组建项目团队任务描述表

工作名称	组建项目团队	
工作代码	LX06	
输入条件	项目组织架构图、项目岗位说明书、项目WBS（工作分解结构）	
输出成果	项目团队任命通知书、项目OBS（组织分解结构）	
职责范围	PMT	1. 确定项目团队主要成员以及各自负责的项目工作，形成项目团队任命通知书； 2. 根据项目WBS以及项目团队成员构成，确定项目OBS
	PD	备案项目团队任命通知书及项目OBS
工作要求	项目经理根据项目特点及项目各岗位说明书，在企业内部挑选项目成员，并组建项目团队。同时，项目经理根据WBS，填写完成项目OBS，以确保项目工作到人	

3. 项目规划阶段流程与工具（见图 5-28）

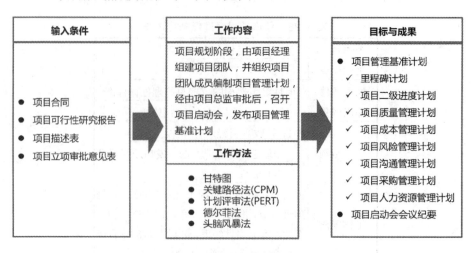

图 5-28　项目规划管理模块导图

（1）项目管理计划编制、审批流程与工具（见表 5-30）

表 5-30　项目管理基准计划编制与审批任务描述表

工作名称		项目管理基准计划编制与审批
工作代码		GH01
输入条件		项目可行性研究报告、项目描述表、项目立项审批意见表
输出成果		项目管理基准计划
职责范围	PMT	1. 项目经理组织团队成员编制项目管理计划； 2. 根据审批意见，修改项目管理计划
	PD	审批项目管理计划，并提出审批意见
工作要求		项目管理计划主要包括里程碑计划、项目二级进度计划、项目质量管理计划、项目成本管理计划、项目风险管理计划、项目沟通管理计划、项目采购管理计划、项目人力资源管理计划

（2）召开项目启动会流程与工具（见表 5-31）

表 5-31　召开项目启动会任务描述表

工作名称		召开项目启动会
工作代码		GH02
输入条件		项目管理基准计划
输出成果		《项目启动会会议纪要》
职责范围	PMT	1. 项目经理组织召开项目启动会； 2. 启动会后，团队成员编制《项目启动会会议纪要》； 3. 审核并发布《项目启动会会议纪要》
	PD	1. 参与项目启动会； 2. 接收《项目启动会会议纪要》
工作要求		在项目启动会上，项目经理向项目成员介绍项目背景、项目目标、项目里程碑计划等内容，促进项目成员对项目目标达成共识

4. 项目实施阶段流程与工具（见图 5-29）

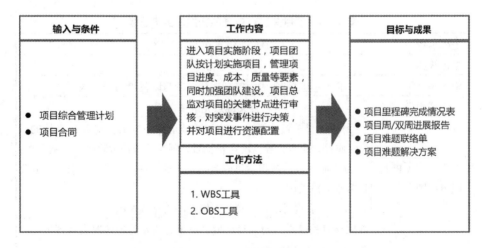

图 5-29　项目实施管理模块导图

（1）项目计划执行流程与工具（见表 5-32）

表 5-32 项目计划执行任务描述表

工作名称		项目计划执行
工作代码		SS01
输入条件		项目管理计划
输出成果		项目进度计划（调整后）
职责范围	PMT	1. 定期召开项目周/双周例会，对项目进度、质量、成本、风险等管理情况进行总结； 2. 组织项目成员进行进度监控，分析进度偏差，并调整进度计划； 3. 审批项目变更，并将重大项目变更（项目经理/主责部门变动、项目中止）上报项目总监； 4. 组织项目成员进行项目风险监测，风险发生时，组织成员进行风险应对； 5. 配合项目总监制定团队建设方案并组织实施
	PD	1. 管控项目关键点，进行里程碑评审，对项目进度、质量、成本管理情况进行评审； 2. 项目发生重大变更时，对重大突发事件进行决策、指挥。 3. 调配项目资源，进行团队资源配置

（2）项目关键点自查和管控流程与工具（见表 5-33）

表 5-33 项目关键点自查和管控任务描述表

工作名称		项目关键点自查和管控
工作代码		SS02
输入条件		项目进度/质量/成本管理现状、项目阶段性检查要求
输出成果		项目关键点完成情况表
职责范围	PMT	1. 到达项目关键点前，由项目经理组织项目成员对关键点处的进度、质量、成本管理情况进行检查，判断是否符合阶段性进展要求； 2. 自查通过后，组织项目成员完成项目关键点完成情况表，并向项目总监提出关键点检查； 3. 按项目总监要求进行项目关键点不合格项整改
	PD	管控项目关键点，对项目进度、质量、成本管理情况进行评审，并对不合格项给出整改意见

（3）项目变更申请、实施流程与工具（见表 5-34）

表 5-34　项目变更申请与实施任务描述表

工作名称		项目变更申请与实施
工作代码		SS03
输入条件		项目变更申请书
输出成果		调整后的 WBS、OBS、项目计划
职责范围	PMT	1. 向 PD 提出项目变更申请，审批通过后，实施项目变更； 2. 组织项目成员修改由变更引起的 WBS、OBS、项目计划等内容
	PD	审批项目重大变更申请（进度目标、项目经理、主责部门变更，项目中断）
工作要求		1. 项目变更原因包括外部环境变化、内部团队调整、技术制约等原因，项目经理需判断上述因素对项目范围影响的严重程度，并适时提出变更申请； 2. 项目变更类型包括目标变更（进度目标、质量目标、成本目标）、项目经理/主责部门变更、项目中断/重启

（4）项目风险监测、应对流程与工具（见表 5-35）

表 5-35　项目风险监测与应对任务描述表

工作名称		项目风险监测与应对
工作代码		SS04
输入条件		项目管理计划
输出成果		项目周/双周进展报告
职责范围	PMT	1. 以项目周/双周为周期，对项目实施阶段性风险进行识别，制定应对措施，并填入项目周/双周进展报告中； 2. 于周/双周例会上汇报风险监控信息； 3. 风险发生时，组织项目成员进行风险应对，当重大风险发生时，及时上报项目总监
	PD	监督项目经理进行风险监控，并组织应对重大风险
工作要求		1. 风险识别包括针对已识别风险进行信息收集及状态跟踪，密切关注已识别风险的动态，及时识别新的可能发生的风险。风险识别的维度可包括目标维（如项目三大目标）、时间维（项目不同实施阶段）、因素维（如政治、经济、社会）等； 2. 风险应对包括：对于项目在实施过程中已发生的风险，对风险造成的损失进行评估并制定风险应对措施，确认制定的应对措施是否可以控制相关风险

（5）项目团队建设流程与工具（见表 5-36）

表 5-36　项目团队建设任务描述表

工作名称	项目团队建设	
工作代码	SS05	
输入条件	培训资料、项目人才培养方案	
输出成果	具有 IPMP（国际项目经理资质认证）项目成员	
职责范围	项目经理	配合项目管控人制定人才培养方案并组织实施
	PD	明确项目人才培养目标，制定人才培养方案
工作要求	—	

5. 项目验收流程与工具（见图 5-30）

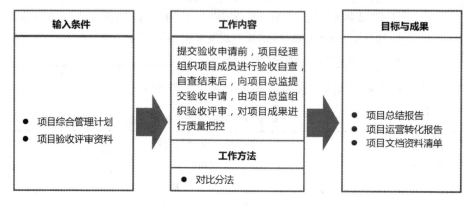

输入条件	工作内容	目标与成果
● 项目综合管理计划 ● 项目验收评审资料	提交验收申请前，项目经理组织项目成员进行验收自查，自查结束后，向项目总监提交验收申请，由项目总监组织验收评审，对项目成果进行质量把控 **工作方法** ● 对比分法	● 项目总结报告 ● 项目运营转化报告 ● 项目文档资料清单

图 5-30　项目验收管理模块导图

（1）项目验收自查流程与工具（见表 5-37）

表 5-37　项目验收自查任务描述表

工作名称	项目验收自查	
工作代码	YS01	
输入条件	项目验收标准	
输出成果	项目总结报告、项目运营转化报告、项目文档资料清单	
职责范围	PMT	进行项目验收自查，并根据验收标准调整项目成果
	PD	—
工作要求	1. 项目经理对照验收标准，检查项目完成情况是否符合验收标准； 2. 自查完成且符合项目验收标准后，由项目经理编写项目总结报告、项目运营转化报告、项目文档资料清单及其他项目验收相关资料，准备提出验收申请	

（2）项目验收申请、评审流程与工具（见表5-38）

表 5-38　项目验收评审任务描述表

工作名称	提交验收申请并参与项目验收评审	
工作代码	YS02	
输入条件	项目验收各项资料	
输出成果	项目验收结果、项目验收评审意见	
职责范围	PMT	1. 提交验收申请； 2. 对于验收合格的项目：项目经理开展项目收尾工作； 　对于调整后验收合格的项目：由项目经理组织项目成员，在规定的时间内，按验收评审要求对项目成果进行修改，PD 审核通过后，完成项目验收； 　对于验收不合格的项目：在验收评审会上，由 PD 提出项目返工指导意见，项目经理在规定的时间内，按指导意见完成项目，并重新申请项目验收
	PD	1. 根据项目验收标准，检核项目是否符合验收标准； 2. 对于验收不合格项目，需给出返工意见，监督项目经理完成项目返工，然后再次组织项目验收
工作要求	1. 项目验收评审小组与项目立项评审小组成员最好保持一致，以确保项目评审的连贯性，且便于评估项目是否按立项时的要求完成； 2. 项目验收必要时，可邀请外部第三方专家参与	

6. 项目成果运营转化流程与工具（见图5-31）

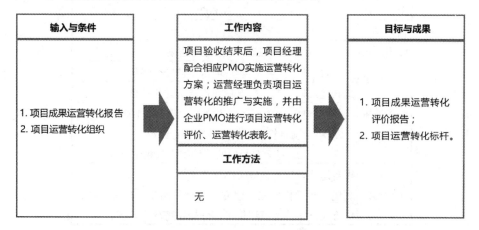

图 5-31　项目成果运营转化管理模块导图

（1）运营转化方案实施流程与工具（见表 5-39）

表 5-39 运营转化方案实施任务描述表

工作名称		运营转化方案实施
工作代码		YY01
输入条件		运营转化方案
输出成果		运营转化效果跟踪反馈
职责范围	PMT	1. 配合相应 PD 实施运营转化方案； 2. 编写项目管理后评价报告、项目管理手册等内容
	运营经理	1. 负责项目运营转化的推广与实施； 2. 负责跟踪项目运营转化开展情况
	PD	1. 协调项目成果运营转化、项目管理成果运营转化的全过程； 2. 负责项目管理知识库的运营与持续优化； 3. 审批项目管理后评价报告、项目管理手册等内容
工作要求		运营经理应定期向 PD 上报项目运营转化实施效果

（2）运营转化评价流程与工具（见表 5-40）

表 5-40 运营转化评价任务描述表

工作名称		运营转化评价
工作代码		YY02
输入条件		运营转化评价流程
输出成果		运营转化评价结果
职责范围	PMT	参与项目运营转化评价
	运营经理	参与项目运营转化评价
	PD	1. 对项目经理提交的项目管理后评价报告、项目管理手册等内容进行评价； 2. 对运营经理的运营推广效果进行评价
工作要求		项目运营转化考核评价的程序： 制定考核评价办法→建立考核评价组织→确定考核评价方案→实施考核评价工作→提出考核评价报告

（3）运营转化表彰及经验交流流程与工具（见表 5-41）

表 5-41　运营转化表彰及经验交流任务描述表

工作名称	运营转化表彰及经验交流	
工作代码	YY03	
输入条件	运营转化案例资料	
输出成果	运营转化标杆项目	
职责范围	运营经理	提交项目运营转化评奖相关资料
	PD	1. 建立表彰评选规则； 2. 筛选优秀运营转化案例并选出运营转化标杆； 3. 按需举办运营转化经验交流会
工作要求	1. 运营经理可向 PD 提出召开运营转化交流会需求； 2. 对于运营转化标杆，PD 可给予项目团队必要的物质奖励，并积极在企业上下宣传推广	

7. 企业项目决策支持、管理服务流程与工具

（1）企业项目决策流程与工具（见图 5-32）

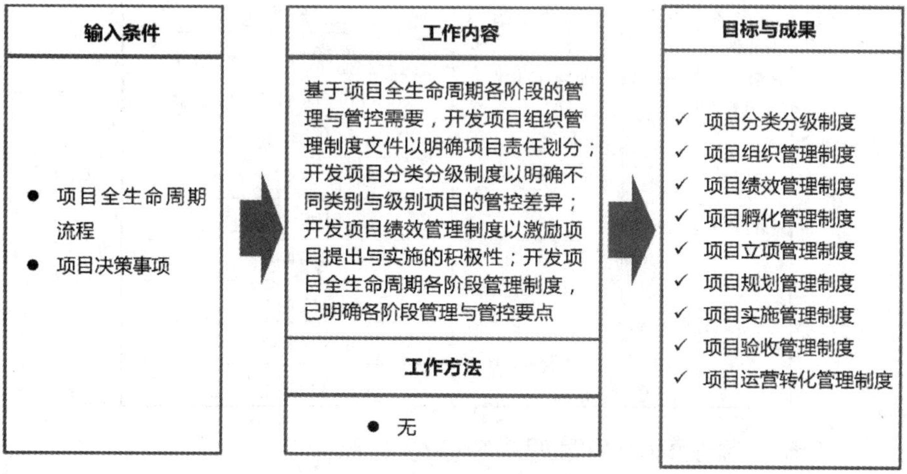

输入条件	工作内容	目标与成果
● 项目全生命周期流程 ● 项目决策事项	基于项目全生命周期各阶段的管理与管控需要，开发项目组织管理制度文件以明确项目责任划分；开发项目分类分级制度以明确不同类别与级别项目的管控差异；开发项目绩效管理制度以激励项目提出与实施的积极性；开发项目全生命周期各阶段管理制度，已明确各阶段管理与管控要点 **工作方法** ● 无	✓ 项目分类分级制度 ✓ 项目组织管理制度 ✓ 项目绩效管理制度 ✓ 项目孵化管理制度 ✓ 项目立项管理制度 ✓ 项目规划管理制度 ✓ 项目实施管理制度 ✓ 项目验收管理制度 ✓ 项目运营转化管理制度

图 5-32　项目决策模块导图

（2）企业项目管理服务流程与工具（见图 5-33）

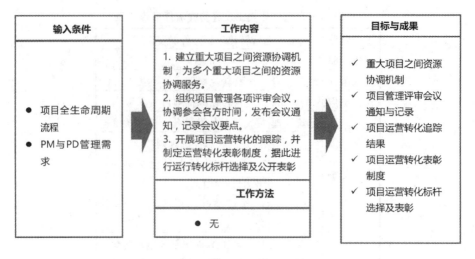

输入条件	工作内容	目标与成果
● 项目全生命周期流程 ● PM与PD管理需求	1. 建立重大项目之间资源协调机制，为多个重大项目之间的资源协调服务。 2. 组织项目管理各项评审会议，协调参会各方时间，发布会议通知，记录会议要点。 3. 开展项目运营转化的跟踪，并制定运营转化表彰制度，据此进行运行转化标杆选择及公开表彰 **工作方法** ● 无	✓ 重大项目之间资源协调机制 ✓ 项目管理评审会议通知与记录 ✓ 项目运营转化追踪结果 ✓ 项目运营转化表彰制度 ✓ 项目运营转化标杆选择及表彰

图 5-33　项目管理服务模块流程与工具

5.2.4 一流企业项目成果指标

一流企业项目成果指标包含 4 个一级成果指标，9 个二级成果指标（见表 5-42）。

表 5-42　一流企业项目成果指标

系统名称	一级成果指标	二级成果指标
项目成果指标	项目孵化率	每年新项目产生的数量
		新项目占所有项目的比例
	项目成功率	项目一次成功率
		项目修正成功率
		项目成果转化率
	核心技术	专利数量
		行业内核心技术占比
	技术创新	创新研发中心
		R&D 费用占比

5.2.5 一流企业项目管理系统核心要素

一流企业项目管理系统共包含 3 个核心要素，21 个评价要点（见表 5-43）。

表 5-43　一流企业项目管理系统核心要素

核心要素	评价要点
项目孵化	项目孵化流程及工具模板　项目分类分级管理办法
单项目管理	项目绩效管理办法（激励制度）　项目进度管理办法 项目质量管理办法　项目成本管理办法 项目风险管理办法　项目沟通管理办法 项目文档管理办法　项目采购管理办法 项目 HSE（健康、安全、环境三位一体）管理办法　项目全生命周期模型 项目立项流程及工具模板　项目规划流程及工具模板 项目实施流程及工具模板　项目验收流程及工具模板 项目组织管理办法
项目集群管控	PMO 管理办法　项目管理组织架构图 项目管理各部门职责　项目管理岗位职责

5.3 运营管理系统

5.3.1 运营管理的定位与内涵

企业项目化运营管理是创新管理体系操作层级五大领域之一，是企业针对运营活动的管理。对于运营活动的管理，追求的是做对、做精，也就是追求工作效率的提升，其管理方法就是标准化管理、流程化管理、精益化管理，其责任主体可以选择原有的组织部门和架构形式。成熟的企业中，其价值链中有很多活动是以运营的方式来进行管理的。具备运营管理，说明了一个企业对某类活动的管理达到了成熟的层级。运营管理是创新管理体系的核心基础，其本质反映了对重复性活动资源优化配置的能力，其管理要点是专业化的职能管理和结果导向的目标管理。运营管理领域主要包括运营管理和创新提案两个模块。

运营工作的核心是"转化"，运营管理是运用资源对转化活动加以管理的价值创造过程。企业的运营管理，是对企业中具有明确流程、标准的活动进行的管理，其特征与项目管理有明显的差别，主要体现在以下几个方面：目标静态化、内容明确化、流程规范化、行为标准化、组织专业化及工具信息化。

5.3.2 运营管理的价值与痛点

5.3.2.1 运营管理的价值

在企业的经营发展过程中，运营管理作为企业较为经济的管理方式，对企业的稳定性具有重要的作用与价值，主要体现在以下两个方面。

1. 提升管理效率

运营活动与活动过程：企业在经营活动中，活动本身并不是孤立存在的，运营管理除了对活动本身进行管理外，还需要对活动的过程进行管理。

阶段成果集结成最终运营成果：就运营活动本身而言，其过程被分成不同的阶段，各阶段由各专业化人员进行分工，以阶段目标为任务，各阶段的成果共同形成了运营活动的最终成果。

专业分工：运营活动的专业化分工，能够加强各专业人员对于提升工作效率、改进工作绩效的专业化研讨，改进现有的工作流程，使活动更高效，进一步提升了管理的效率。

2. 加强组织稳定

运营过程管理：不同的企业，运营过程不同，其管理的方法手段均不相同。同行业中的不同企业，由于其资源配置、人力资源、管理方法等，普遍存在差异性，这种运营过程的差异，是造成竞争各方盈利能力差异的重要原因。

运营效益高且组织稳定：20世纪80年代日本企业向西方企业发起挑战，其核心就是运营效益方面的差异，当时日本企业在运营效益上远远领先于竞争对手，因此他们提供的产品不仅价格更低而且品质更高，这样就促使组织更加稳定，实现企业的持续发展。

5.3.2.2 运营管理的痛点

痛点一：作业流程和工序不规范、不标准，导致各方面成本居高不下，更谈不上运营高效。

痛点二：跨部门协作。

对企业来说，为了让自身能够长期稳定运转，必须配置各种管理及运营流程。而传统企业中的管理工作以职能为划分依据，这就造成了企业业务流程容易因职能分工而变得离散、混乱，部门之间的沟通、协作存在阻力，而且还会出现各种无效率或低效率的工作状态，最终造成企业丧失主动性与灵活性，在市场竞争中逐渐失去优势。

一家企业要想在激烈的市场竞争中存活下来，必须建立起合适的企业流程，通过对流程的重塑及不断优化来提升企业的整体运营效率，最终有效提升企业的内部凝聚力与外部竞争力。

痛点三：标准制定完备，但执行力不足，"说写做"不一致。

强执行是建立在责任心的基础上，愿意对产品和用户负责，才能把事情做好。在执行的过程之中，很多细节都是没人能监督的，最后能否做好，关键看执行人。分析与总结是一种习惯，坚持下去就是自然而然的事。只要能坚持一次、两次，长期下去就很容易。

痛点四：运营效率持续提升困难，对于运营核心要点的交期、质量、成本、服务难以持续改善。

詹姆斯·P.沃麦克曾说：如果某个企业不能将开发时间缩短 50%，将订单交付时间缩短 75%，将生产时间缩短 90%，一定是某些环节出现了错误。这些环节的错误一般是指过量生产，不合理加工、搬运，产品缺陷，库存积压等。

5.3.3　运营管理的组织、流程与核心方法

5.3.3.1　运营管理的组织

从活动的不同角度出发，企业中主要包括"项目活动""运营活动"以及"首次项目转运营活动"三类；依据下列特征进行识别：

（1）执行部门

➢　执行：各部门。

➢　汇报：上级领导。

➢　规划：上级领导。

➢　考核：上级领导。

➢　决策支持：人力资源部门。

➢　管理服务：人力资源部门。

（2）职责

①　运营执行职责。

➢　执行组织开展运营活动；

➢　向上级汇报运营效果。

②　管理服务决策支持职责。

➢　运营管理的规范支持；

➢　协助梳理部门间协作关系；

➢　定期审核运营活动流程；

➢　确认缺失点整改到位。

（3）权利

① 管理服务决策支持机构权利。

➤ 运营流程完整性建议权。

② 运营执行机构主管权利。

➤ 流程协作审核权；

➤ 运营 KPI（关键绩效指标）目标考核权；

➤ 运营 KPI 绩效考核权。

（4）项目与运营工作量与人力资源协助力度不同（见图5-34）

项目与运营都存在分类分级的议题，不同的组织层级项目与运营工作量的比重各不相同，人力资源提供支持协助的角色各自不同。

随着不同组织层级岗位的提升，依次按照经理或课长-总监-事业部主管-副总裁-总裁的职位，运营工作投入的时间和精力逐级递减，即运营工作量会逐渐减少。比如最底层的课长，会负责运营的车间协调操作等，投入全部的时间，但是上一级别的总监则更倾向于管理指令的下达。

随着不同组织层级岗位的提升，依次按照经理或课长-总监-事业部主管-副总裁-总裁的职位，项目工作量会逐渐增多，比如最底层的课长，往往仅负责项目的表单填写、进度跟踪等，但是上一级别的总监则会考虑WBS、组织架构设计、项目里程碑设计、进度成本质量控制等，项目工作量增多。

随着不同组织层级岗位的提升，依次按照经理或课长-总监-事业部主管-副总裁-总裁的职位，伴随着运营工作量的减少，岗位职责和 KPI 的约束人数不断减少，人力资源提供支持协助的角色也逐渐减少。

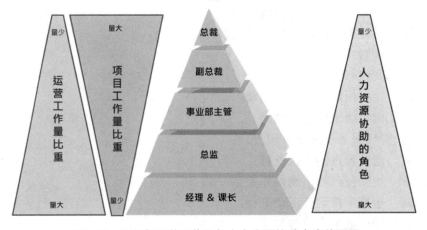

图 5-34　项目与运营工作量与人力资源协助力度的不同

5.3.3.2 运营管理系统构建的核心流程

1. 运营管理流程与要点（见图 5-35）

图 5-35　运营管理流程与要点

（1）运营管理的内容

企业的运营管理，是对企业中具有明确流程、标准等的活动进行的管理。基于此，运营管理流程分为检核文件合规性、执行运营活动、评估执行状态和缺失整改到位四步。

第一步：检核文件合规性（Checking）。

执行的第一步骤是检核是否具备标准作业说明书（SOP）。

第二步：执行运营活动（Do it）。

① 依规范执行日常运营活动。

② 运营活动规范文件：

➢ 部门 KPI 要求；

➢ 部门职责；

➢ 岗位职责；

➢ 流程图；

➢ 标准作业程序。

第三步：评估执行状态（Evaluation）。

评估作业：

➢ 周期：每年两次成果评估，效果每月评估；

➢ 单位：HR 及上级。

➤ 产出：诊断报告；评估报告

➤ 评估内容：检视 KPI 达标率；支持文件随运营状况更新（新增或修改、删除）。

第四步：缺失整改到位（Improvement）。

依评估缺失进行整改。

➤ 期限：限期整改完成；

➤ 未达目标 KPI，各部门自行研拟方案，确保完成年度目标。

2. 创新提案流程与要点（见图 5-36）

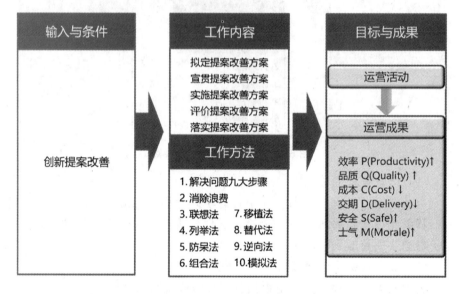

图 5-36 创新提案流程与要点

（1）创新提案管理的基本流程（见图 5-37）

在操作流程上，要构建完成提案改善四个标准化工作，即提案格式标准化，提案等级评定方法标准化，奖励办法、奖励金额标准化，提案受理、处理流程标准化。

第一步：提出改善提案。

公司员工欲提案时，应考虑提案是否符合"提案范围"与"非提案范围"的规定（见上文提案改善内涵部分），再将具体提案内容填入"提案表"中（参见表 5-44），并送交审查。

第二步：采用审核。

在收到提案表进行初审后予以编号，送提案改善委员会或提案单位负责人、公司相关部门负责人进行采用审核，判定是否采用。若不采用，应说明理由。若判定采用，需填写预定结案日期，进入执行流程并在公司内进行公告。

第三步：提案执行。

指定专人或小组于预定结案时间内实施完成。提案执行过程中，若执行单位对提案内容有异议，应与提案人沟通，以确实达到提案改善的目的。

第四步：成效审核。

确定某一周期内，由提案改善委员会、提案审查小组负责机构或人员，参照提案效果审查表进行评分，核定提案成效（见表 5-45）。

第五步：提案奖励。

按照公司提案改善奖励办法根据提案情况与效果进行奖励。建立提案改善评价基准及奖励基准。奖励的方式主要有：对提案改善情况每月进行公布、展览，对优秀提案改善进行固化和推广；每月或定期召开优秀提案改善成果发表会；定期对优秀个人和单位进行绩效奖励；开设提案改善公开栏，动态显示各单位提案改善的完成情况；提案改善管理部门每月统计各单位指标完成情况，进行分类汇总。

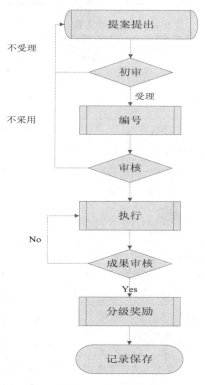

图 5-37　提案改善管理流程图

表5-44 提案表（示例）

提案表（示例）					
提案编号		提案单位		提案人	提案 日期	年　月　日
提案类别	1.P 生产力 2.Q 质量 3.C 成本 4.D 交期 5.S 安全 6.M 士气 7.E 环保 8.O 其他				
提案名称					
	问题叙述（现状）		改善意见（构想）		
效益评估	、				
不受理		原因：			
不采用		原因：			
采用		原因：			
审核意见	执行单位：			预定结案日期：　年　月　日	

表5-45 提案效果审查表（示例）

提案效果审查表（示例）					
提案编号		提案单位		提案人	审查 日期	年　月　日
提案名称					
项目	评分标准		分数	审查得分	
问题说明	对问题之现况分析明确、有系统且具体完善		16～20		
	问题解析尚明确		11～15		
	问题解析不明确		5～10		
改善 与创意	创新、优秀		16～20		
	创意可用		11～15		
	创意不高，但具体可行		6～10		
	已有类似案例或完全模仿		0～5		
提案 可行性	无须修正即可实施		16～20		
	部分修正即可实施		11～15		
	大幅修正		6～10		
	无法实施		0～5		

续表

改善效益	具有非常大的实质与无形效益	31～40	
	有显著效果	21～30	
	有效果	11～20	
	效果不显著	5～10	
审查委员签名		总分	
备注：得分与奖励办法			
1. 得分 90 分　　　奖金**元　　　3. 得分 70～79 分　　奖金**元			
2. 得分 80～89 分　　奖金**元　　　4. 得分 60～69 分　　奖金**元			

奖励可做如下分级：

勉励奖：提案内容不可行或无经济效益者，经判定为不采用，酌情勉励。

提案奖：提案经判定采用、实施、判级后，颁给提案奖。

效果奖：提案改善完成经过特定期间后（如 3 个月、半年、1 年）进行效果确认，效益达一定金额以上，给予效果奖。

个人积分/团体优良奖：按等级区分采用积分制，于年度结束时，统计个人/单位采用提案积分数，按名次颁给积分优良奖。

奖励方式可分为如下几种：

定额奖金：依不同等级给予不同奖金，一般用于提案奖。

比例奖金：依年净效益的百分比奖励，一般用于效果奖。

奖品：给予一定金额内的奖品，一般用于勉励奖。

奖状：于公开场合或通过公告颁予奖状，一般用于年度个人积分优良奖、团体积分优良奖。

第六步：记录保存。

承办人员应根据公司相关提案改善规定，妥善保存各项记录。

（2）创新提案内容

第一，制定创新提案方案、制度。

提案改善制度具体是指员工对自己的工作进行降低成本、提高效率、增强安全等对公司有利的改善，并用固定的表格将改善后的内容记录下来接受评审，根据评审的结果获得相应奖励的制度。

首先，提案要结合公司策略及其他制度。许多公司的改善提案制度没有设定重点，也没有引导机制，结果员工平日忙于工作，到了交差前夕，就匆匆忙忙地赶出几个提案应付，虽然看似有"量"，"质"却不佳。久而久之，大家都看不出制度的实际效益，最后让这个原本立意良好的制度束之高阁。

公司的改善提案制度最好能支持公司的策略规划及年度方针，配合公司每年的重点工作来调整主题。比如，因应节能趋势及政策，公司今年将进军电动车市场，公司就可鼓励员工，尽量提出有助于公司在电动车市场发展的相关提案，并提供高于一般提案的奖金。如此一来，员工的改善创意才会聚焦到这件事情上，公司高层也会觉得改善提案能符合他的期望和经营重点。

其次，选取适合的审查方式与奖励机制。目前提案审核可分为两种：第一种是直线审查，由直属主管审核下属的提案。如果提案效益够大，直属主管可再把提案往上级呈核；另外一种方式是委员审查，员工的提案直接通过某个单位发送给审查委员审核。然而，这两种方式各有其限制。

在设计提案奖金的级距时，须注意每一等级的奖金差距要有鉴别性，在审核提案时更易鉴别提案的价值，给予合理的奖金。例如，如果各级距的奖金只相差五十或一百元，鉴别度就不够高。有些贡献度较高的提案，也可以另设奖励。例如，针对累计一年降低成本超过特定金额的提案，公司给予特定百分比的奖金。

最后，关注制度的周期性。制度如同一个产品，是有生命周期的，提案制度也是。当提案制度还不够成熟，推广宣传的活动安排就要密集，让大家知道公司随时都有员工产出好提案。方法上，可以举办团体和个人的提案竞赛，每月或每季颁发奖金。或者也可举办分享会，让一些获得高额奖金的同仁现身说法，分享经验，目的就是让其他员工有机会看到，产生见贤思齐的效果。

当提案制度推广到后期有点"冷掉"时，公司应定期更换主题来活化制度，让大家对提案制度保持新鲜感。切忌只推行了几个月，看不到显著效果就放弃；或者推行了几个月，看到有一定量的提案，就误以为已经成功，而忽视了持续耕耘的重要性。

此外，公司推动改善提案制度，不能只是从数字上来看成效，因为效果也会显现在人员素质的提升上。例如，有些公司在推动改善提案制度后，发现员工的质量意识提升了，也更有追根究底的精神了。这些都是制度带来的无形价值。

既然制度犹如产品，在宣传上，也要从"顾客"的角度来思考。比如，不要在工作忙碌的季节劳师动众，根据公司情况发挥多种沟通媒介的作用等。

第二，宣导培训。

在提案制度推动前，公司应进行教育训练，向员工说明提案的流程与技巧，可以把改善提案的相关知识和诀窍做成指导手册，发给每位员工参考。

同样，在新进员工的教育培训中，也应包含改善提案的教学课程，除了教导他们提案的技巧和方法，也能让新进员工知道公司对于提案的重视程度。否则，可能新进员工所属单位的资深同事未积极提案，他也效仿不提。这样一来，改善提案制度便难以在公司里生根。

根据观察，公司推动提案制度时，经常面临的问题与瓶颈主要有下列几项：主管不重视或疏于改善提案活动；核奖标准不一致；员工表示想不出提案；员工表示工作很忙，没时间提案；提案单位与执行单位见解冲突；重复提案、类似提案层出不穷；承办单位或负责单位推诿、打官腔或压件；提案佐证资料不足，效益换算不清。

其实，上述公司推动改善提案制度共通问题的原因，归纳起来主要有以下六项：制度不符合公司、行业或人员特性；认为改善提案道理很简单，不需要教育培训；提案活动未成为公司的重点工作；奖励配置未能导引出更高的提案效益；缺乏简单明了的绩效指标，主管无从支持；提案成果未与目标管理或考绩结合。

第三，提案改善的组织保障。

在创新提案的企业管理实践中，一般会成立提案改善委员会或提案审查小组来进行统筹管理，负责规划、决策、监督、指导公司的提案改善活动，审核确定优秀提案，指导并推动公司改善文化建设。

为了保障提案改善管理效果，会设立相应管理部门，并对推进实施组织进行职能要求。

对应管理部门负责宣传和促进公司改善文化，制定提案改善管理制度，制定和宣传评价标准，收集、整理提案改善信息，组织提案改善的评价和确认，建立台账及发布提案改善成果，实现成果共享，核算、领取、发放奖金。结合实际情况有针对性地指导开展各种专题改善活动；对提案改善实施过程进行监督、协调；审查提案、提案改善内容及评分情况，监督提案的实施效果；每月组织召开优秀提案改善发布会；组织召开提案改善委员会议，做好会议各项准备工作。

各车间、部门负责本单位提案改善的组织、管理、实施与跟进工作，按照要求落实提案人员的相应奖励。各车间、部门成立提案改善推进小组，并确定一名推进干事。提案改善推进小组积极推动本单位员工参与提案改善活动，对实施过程进行指导和帮助，提供必要资源，协调内外部关系，按要求对本单位实施或受益提案进行评分。各单位应在适当位置设立"提案改善箱"，由推进干事负责管理。

5.3.4 一流企业运营成果指标（见表5-46）

表5-46 一流企业运营成果指标

系统名称	一级成果指标	二级成果指标
运营成果指标	主流程运营达成率	主流程运营指标达成率

5.3.5 一流企业运营管理系统核心要素

一流企业运营管理系统共包含两个核心要素，设置 3 个评价要点，具体如表 5-47 所示。

表5-47 一流企业运营管理系统核心要素

核心要素	评价要点
运营转化	项目运营转化流程及工具模板
运营管理	制度文件（含流程图）
	跨部门协作

5.4 组织人员管理系统

5.4.1 组织人员管理的定位与内涵

组织人员管理，是为保障创新管理体系实现战略目标指引、项目管理卓越和运营高效畅通，而进行的有效协调、配置企业内部权力、责任和资源，实施创新管理体系组织架构设计、部门职责描述、定岗定编设计、人员聘用管理、日常管理、薪酬管理和绩效考核管理工作，最终实现组织目标的管理活动。

5.4.2 组织人员管理的价值与难点

5.4.2.1 组织人员管理的价值

1. 有效配置企业内部有限资源

企业组织管理价值主要体现在如何有效地配置企业内部的有限资源以

实现组织目标，体现创新管理体系的组织能力建设水平，即企业项目化组织架构设计能力和项目化的组织运营机制建设能力。

2. 提高企业组织管理能力

企业组织人员管理的价值体现在提升企业组织管理能力上，组织管理的静态稳定性和动态调整性的完美结合及组织的柔性化对企业的稳定发展具有非常重要的作用与价值。

3. 提升企业核心竞争力

企业组织人员管理是企业核心竞争力的关键所在，企业组织人员管理是企业发展战略的有力支撑，是企业谋求发展壮大的核心因素，也是企业在市场竞争中立于不败之地的至关重要的因素。

5.4.2.2 组织人员管理的难点

组织人员管理实践过程中有以下难点，需要管理者格外注意：

（1）责权利划分模糊，互相推诿责任

企业在经营和管理过程中，会出现组织部门设置不合理，组织边界划分不清晰，岗位划分不明确等现象，进而使得部门、人员责权利划分不清晰，部门间、人员间互相推诿责任，最终导致企业无法形成科学化的管理。

（2）机构臃肿，决策链长，运营效率低

企业组织架构设置合理与否对于企业的发展具有重要影响。企业定位不清，企业管理者未充分认清管理幅度、管理权限及层级设置内涵，导致企业组织机构臃肿，决策链长，信息不能及时上传下达，企业运营效率低下。

（3）组织柔性化、动态化能力弱

外部环境具有动态性，在环境发生变化的情况下，由于企业的组织柔性化、动态化能力弱，企业不能随着环境的变化而及时调整或改变现有组织模式来应对环境的变化，可能会给企业带来严重的管理危机。

5.4.3 组织人员管理的组织、流程与核心方法

5.4.3.1 组织人员管理的组织

1. 组织人员管理的主责部门（见图 5-38）

企业项目化组织人员管理的主责部门是人力资源管理部。人力资源管理部的职能划分主要为人力资源专家中心（HR COE）、人力资源共享服务平台（HR SSC）和人力资源业务伙伴（HR BP），三个板块有效地分工与协作，确保了组织人员管理工作的顺利开展，这不仅体现了客户价值导向，有效地满足了内部客户对组织人员管理的需求，同时也提升了组织人员管理的价值。

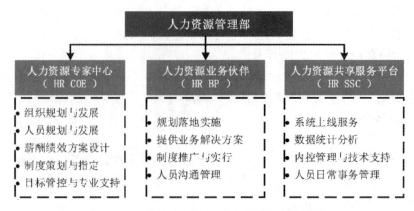

图 5-38　企业项目化组织人员管理主责部门

（1）人力资源管理部部门职责

➢　负责组织结构设计和各部门职责权限划分，编写部门职责说明书。

➢　拟定企业人员编制，制定人力资源规划，编制人力资源支出预算，进行成本控制。

➢　进行人员招聘与录用、员工升调和辞退管理。

➢　建立员工绩效考核机制，实施绩效考核评价。

➢　拟定薪酬制度，研究、改进薪酬管理制度，进行薪酬调整。

➢　员工职业生涯规划管理。

➢　人事问题的解决处理和人事关系协调。

➢　人事档案的汇集整理、存档保管、统计分析，劳动合同的签订，劳动关系管理。

➢　拟定、修订、废止、发放、解释组织人员管理相关制度。

（2）各子模块职责（见图 5-39）

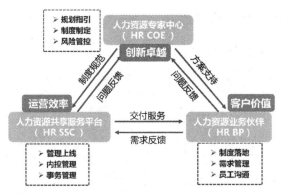

图 5-39　企业项目化组织人员管理职责划分

① 人力资源专家中心（HR COE）。

人力资源专家中心（HR COE）担任着规划、决策与管控职能，目标是创新卓越。

具体的职责包括以下几个方面：

➢ 目标管理：识别、设定和协调分解集团战略目标与绩效目标。

➢ 规划先行：制定企业组织人员管理总体规划及年度计划，规划组织和人员的需求与配备计划、薪酬绩效计划等。

➢ 制度指导：制定人员聘升离休制度、薪酬制度、绩效考核制度等。

➢ 系统设计：人员招聘系统、绩效考核系统、员工测评系统、员工职业发展系统等的设计导向。

➢ 管控保障：制度的合规性把控、实施过程管控及风险管控。

➢ 技术支持：对 HR BP、HR SSC 提供专业技术支持。

② 人力资源业务伙伴（HR BP）。

人力资源业务伙伴（HR BP）担任着管理与反馈职能，目标是实现客户价值。

具体的职责包括以下几个方面：

➢ 规划的协作者：配合 HR COE 共同完成总体规划和年度计划，优化各部门组织设计。

➢ 目标实现的推动者：推动战略目标、绩效目标的落实。

➢ 解决方案的集成者：集成 COE 的设计，形成业务导向的解决方案。

➢ 方案的提供者：挖掘客户需求，贴近业务需求，提供解决方案。

➢ 制度的推广者：在业务单元层面推广方案、制度实施。

➢ 关系管理者：人员沟通管理。

③ 人力资源共享服务平台（HR SSC）。

人力资源共享服务平台（HR SSC）担任着系统上线与服务职能，目标是提高运营效率，为员工和管理者提供高效、高质量和成本最佳的共享服务。

具体的职责包括以下几个方面：

➢ 系统上线：开发/上线人员招聘管理系统、绩效考核系统、员工测评系统、员工职业发展系统等。

➢ 数据分析：为 HR COE 提供各项统计数据分析报告。

➢ 服务至上：支持员工和管理者发起的服务需求。例如，支持由 HR COE 发起的主流程行政事务（如发薪、招聘等）；提供质量、内控、数据、技术和供应商管理支持。

➢ 日常事务管理：人员日常事务管理。

5.4.3.2 组织人员管理系统构建的核心流程（见图5-40）

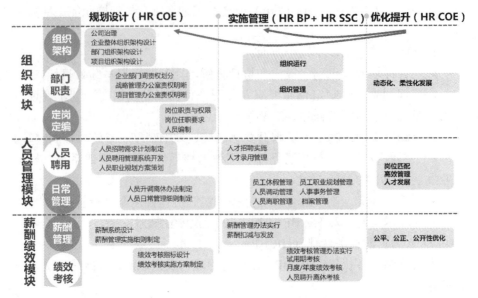

图5-40　企业项目化组织人员管理系统核心流程

1. 企业项目化组织人员管理模块导图（见图5-41、图5-42）

输入与条件	工作内容	目标与成果
外部环境 企业内部环境 企业战略规划 企业管理模式 HR BP 提出的需求	总体规划 年度计划 制度制定 **工作方法** 麦肯锡 7S 模型 组织机构有效性诊断分析模型 组织发展阶段模型 人力资源管理三支柱模型	总体规划书 年度计划报告 薪酬管理办法 绩效考核办法 聘用升离管理制度 人员日常管理制度

图 5-41　企业项目化组织人员管理模块导图——规划设计

输入与条件	工作内容	目标与成果
公司员工 制度办法 总体规划 年度计划	组织运行与管理 人才招聘实施与录用管理 聘用/薪酬/绩效管理系统开发与运行 人员沟通与事务管理 **工作方法** 目标管理法 量表法	组织高效运行 人员管理高效

图 5-42　企业项目化组织人员管理模块导图——实施管理

2. 企业项目化组织人员管理的组织模块内容

1）组织架构（见表 5-48）

表 5-48　企业项目化组织人员管理组织结构设计表

工作名称	组织架构设计
输入条件	企业战略目标；企业组织目标；企业组织定位；项目活动与数量；运营活动与数量
工作内容	公司治理；企业整体组织架构设计；部门组织架构设计；项目组织架构设计
输出成果	公司治理结构；企业组织架构图；部门组织架构图；项目组织架构图
主责部门	HR COE

创新管理体系的组织架构设计，既包括重点对项目组织的架构设计，也要系统规划好企业整体组织架构设计。

（1）企业组织架构设计

① 企业类型划分。

在企业项目化趋势越来越明显的当下，企业的组织形式也根据企业运营管理活动与项目管理活动的比重，分成了基于运营的企业、项目导向型企业、运营导向型企业、项目运营平衡型企业以及基于项目的企业五大类型。

第一类：基于运营的企业。

基于运营的企业（EP Operation Based Firm，简称 EP-OBF），是指企业内的活动类型基本为运营活动，项目活动的数量非常有限。基于运营的企业一般以具有相同或相似分工的职能部门为组织单位，以日常重复性的运营为企业主要活动类型，以劳动工作效率为主要工作目标，企业较为稳定。比较典型的基于运营的企业代表为卷烟厂、印钞厂等企业。

第二类：项目导向型企业。

项目导向型企业（EP Project Oriented Firm，简称 EP-POF），是指将项目作为企业活动的主导方向，运营活动数量非常有限，企业通过项目导向不断提升自己的竞争能力和实现生存与发展的组织。项目导向型企业中，项目活动与运营活动同时具备，但以项目活动为主，或者项目活动的数量占据企业管理活动的主要部分。随着项目导向型社会概念的提出与普及，项目导向型企业也已经成为企业组织形态发展的大趋势。房地产、飞机制造等企业都属于比较典型的项目导向型企业。

第三类：项目运营平衡型企业。

项目运营平衡型企业（EP Project Operation Blanace Firm，简称

EP-POBF），即企业中项目活动与运营活动同时存在，且较为均衡，企业通过项目活动提升竞争力的同时也通过运营活动增强组织的稳定性。项目运营平衡型企业多以矩阵式的组织架构为基础。酒店、旅馆等大多属于典型的项目运营平衡型企业。

第四类：运营导向型企业。

运营导向型企业（EP Operation Oriented Firm，简称EP-OOF），是与项目导向型企业相对应的一个专业术语。不同于项目导向型企业，运营导向型企业是指以日常重复进行的运营活动为主要推动力，按照标准化职能分工的思想，实现企业的稳定发展。运营导向型企业的特点是企业多以大型流水线式生产或制造类的运营活动为主，以生产线的改造与提升等项目活动为辅。印刷厂、汽车厂等制造型企业多为运营导向型企业的典型代表。

第五类：基于项目的企业。

基于项目的企业（EP Project Based Firm，简称EP-PBF），是指因独有且唯一的项目而成立，因该项目的结束而解散的企业。基于项目的企业，是在传统组织模式的基础上，将组织结构和管理流程朝着有利于对企业中独有而唯一的项目进行有效管理的方向改进的企业。目前，最具代表性的基于项目的企业为奥组委、电视与电影剧组等。

② 企业整体组织架构设计类型。

企业组织架构的选择基本包括职能型组织架构、项目型组织架构及项目职能平衡型组织架构。对于运营导向型企业（项目比例 10%～40%）和项目导向型企业（项目比例 60%～90%），也可以看作项目运营平衡型企业的另一种形式，在项目职能平衡型组织架构的基础上进行增减。基于运营的企业对应职能型组织架构，运营导向型企业对应职能导向型组织架构、项目运营平衡型企业对应项目职能平衡型组织架构，项目导向型企业对应项目导向型组织架构，基于项目的企业对应项目型组织架构。基于项目活动比例，每个类别所适用的组织架构类型总结为表 5-49。

表 5-49　不同类别企业应该建立的组织架构

企业类型	项目活动比重	企业举例	组织架构类型
基于运营的企业	10%以下	卷烟厂、印钞厂等	职能型组织架构
运营导向型企业	10%～40%	汽车厂、印刷厂等	职能导向型组织架构
项目运营平衡型企业	40%～60%	饭店、旅馆等	项目职能平衡型组织架构
项目导向型企业	60%～90%	房地产、飞机制造等	项目导向型组织架构
基于项目的企业	90%以上	电影制作、奥组委等	项目型组织架构

由表 5-49 可知，五种不同类型的企业，分别对应五种不同的组织架构。就职能导向型组织架构与项目导向型组织架构而言，其组织架构的设计方案需要根据运营与项目所占的比重在职能型组织架构、项目职能平衡型组织架构以及项目型组织架构之间进行侧重偏移。换言之，职能型组织架构、项目职能平衡型组织架构与项目型组织架构可以解决五种类型的企业组织设计难题，但需要根据企业中项目与运营数量的比例进行不同程度的调整。下面将对职能型组织架构、项目型组织架构和项目职能平衡型组织架构进行详细阐述。

第一种：职能型组织架构。

职能型组织架构是一种横向的部门化组织架构表现形式，是按专业化的原则设置的一系列职能部门的组合，如图 5-43 所示。

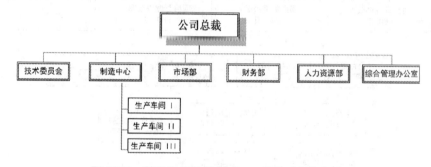

图 5-43　整体组织架构范式——职能式组织架构

职能型组织架构适用于基于运营的企业，项目性活动比例在 10% 以内，不需要设置企业项目化专有组织，少量的项目活动仅需企业高层或部门负责人即可实现有效的管理。

第二种：项目型组织架构。

项目型组织架构是一种纵向的项目化组织架构表现形式，按项目的类别设置一系列项目集合（项目集或多项目），每个项目集实行项目集群或多项目管理，设置相应的项目化管理组织，详见图 5-44。

项目型组织架构适用于基于项目的企业，项目性活动比例在 90% 以上，需要设置企业项目化专有组织才能实现有效的管理。在项目型组织架构中，企业几乎不再存在职能部门。在项目型组织里，每个项目集群或多项目组织就如同一个微型公司那样运营，完成每个项目集群目标所需的所有资源完全分配给这个项目集群并专门为这个项目集群服务，专职的项目集群经理对项目组拥有完全的业务权力和行政权力。由于项目数量和种类很多，企业项目化专有组织一般要设置三个层次：项目化管理中心（Projectification

Management Center，PMC）、项目管理办公室（Project Management Office，PMO）、项目部（Project Management Department，PMD）。

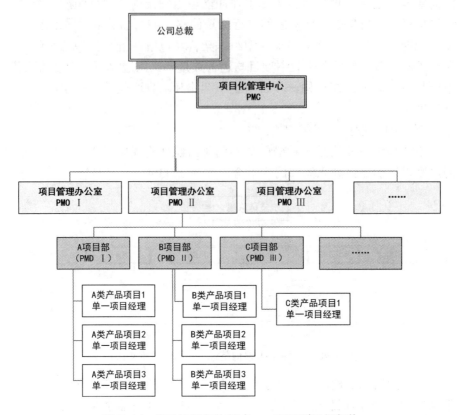

图 5-44　整体组织架构范式——项目型组织架构

第三种：项目职能平衡型组织架构。

项目职能平衡型组织架构，是一种职能和项目部门相对比较平衡的组织架构表现形式，详见图 5-45。

这种组织架构适用于项目运营平衡式企业，项目比例在 40%～60%，项目和运营的数量相对比较平衡。因此，这类企业的组织架构中既有职能式组织部分，又有项目式组织部分。这类企业的活动类型复杂，不仅需要设置企业项目化专有组织，而且要加大管理力度，区别对待不同性质的活动——项目活动和运营活动。由于项目与运营有时不容易区分，需要根据不同目的去定义活动性质，实行不同的管理方式，确定不同的组织方式；同时，由于项目与运营活动可以动态转化，组织架构应随企业项目化战略的校正或调整而调整。

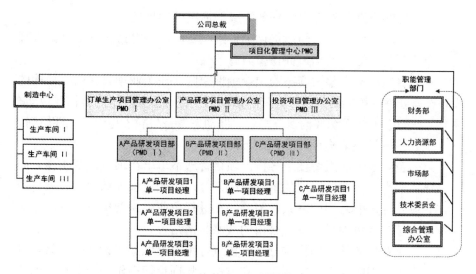

图 5-45 整体组织架构范式——项目职能平衡型组织架构

③ 企业整体组织架构设计与选择。

企业整体组织架构设计参考因素。创新管理体系组织架构形式多样，在设计组织架构以支撑企业项目化活动管理时，需要充分地考虑以下因素：

➤ 组织规模：需要考虑管理的幅度或者说跨度。管理幅度过大，会使管理者难以应付；管理幅度过小，会造成资源浪费。

➤ 战略定位：战略定位决定着组织规模、灵活度等。如领先型战略，需要企业更灵活的组织应变能力，因此项目化专有组织的设立必须加强，以配合项目活动的挑战。

➤ 活动形式：企业的活动按性质分为运营活动和项目活动。项目比例的大小，决定着企业项目化的程度。企业项目化程度不同，企业项目化组织中专有组织设置就有所不同。

➤ 活动数量：活动数量的多少，决定着管理的层次和幅度。横向层次活动增加，则需要横向组织有所增加；战略任务活动进一步细化分解的活动层次较多，或者战略任务比较复杂和庞大时，则需要适当增加组织层次和加强管控机制。

企业整体组织架构设计原则。确定了企业的具体特点后，在设计企业项目化组织架构、设计及检验组织架构的有效性时，需遵循以下原则：

➤ 战略支撑性原则。企业项目化组织架构的设计及有效性的检验，要遵循一定的战略原则，并且以企业的战略发展目标为支撑。

➤ 任务保障性原则。企业项目化组织架构的设计及有效性的检验是在遵循一定的原则并保障组织任务完成的情况下实现的。

➤ 资源优化配置原则。优化配置组织资源，遵循最优化原则，合理设计企业项目化组织架构，并检验其有效性。

➤ 组织动态调整与静态稳定兼顾性原则。在企业项目化组织架构的设计及有效性的检验的过程中，随着活动的变化，企业的组织架构要做动态调整，在静态中使组织架构保持稳定，即动态调整与静态稳定兼顾性原则。

企业整体组织架构设计流程如下：

➤ 企业战略的组织要求分析。项目管理不单单在项目内部实施，而逐步演化成为公司整体管理的重要组成部分，企业正逐渐意识到了项目成败与企业生存发展之间的联系，因此，在进行企业组织架构设计时，很多企业越来越重视将项目开发与公司的战略紧密结合。

➤ 企业任务的组织要求分析。在进行企业组织架构设计时，将项目实施作为企业战略实现的重要手段和方法，将项目管理作为企业员工的工作模式和思维方式，建立适于项目的组织结构和管理流程，从项目的管理出发来实施企业管理和项目管理。

➤ 企业级工作的专业（职能）划分与企业级职能（专业）部门设计。在进行企业组织架构设计时，对企业职能及职能部门的划分是十分关键的，要创建为项目服务的部门和流程，设置专门的部门或者组织单元来处理绝大多数项目需要共同面对的事项和项目管理过程中的关键环节，而不只是职能部门向项目部安排人员。

➤ 企业级项目部门设计与企业级组织架构完善。从项目出发，在传统的组织模式的基础上，将组织结构和管理流程朝着有利于对项目进行有效管理的方向改进，使企业级项目部门设计与企业级组织架构逐步完善。

➤ 企业再下一级的组织架构设计，直至达到组织设计要求。为了提高项目管理的效率，基于项目的管理组织结构设立企业再下一级的组织架构，强调建立一条纵向的项目管理链条，直到达到组织设计要求。

➤ 企业整体组织架构完善与规范描述。通过选择组织架构的基础模式、分析确定完成各子系统目标的工作量、确定职能部门、平衡工作量、确定下级对口单位、部门或岗位的设置及绘制组织架构图等流程，逐步完善企业组织架构与规范性描述。将项目管理作为企业员工的工作模式和思维方式，建立适用于项目的组织结构和管理流程。

（2）项目组织架构设计

① 项目组织架构设计类型。

第一种：职能式组织架构。

职能式组织架构是一种层次型的组织架构，即按专业化原则设置一系列职能部门。职能式组织在实施项目时，项目的组织是按照职能部门组成的，将项目按职能分为不同的子项目。如当进行新产品开发项目时，项目前期论证工作作为"论证项目"由计划部门负责，产品设计工作作为"设计项目"由设计或技术部门完成，生产产品工作作为"生产项目"由生产部门完成，销售产品工作作为"销售项目"由销售部门完成。职能式组织架构如图 5-46 所示。

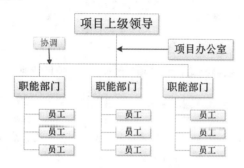

图 5-46　职能式组织架构

第二种：矩阵式组织架构。

矩阵式组织架构中，项目组织与职能部门同时存在，既可以发挥职能部门的纵向优势，又可以发挥项目组织的横向优势。专业职能部门是永久性的，而项目组织是临时性的。职能部门负责人对参与项目组织的人员，有组织调配和业务指导的责任。项目经理将参与项目组织的职能人员，在横向上有效地组织在一起。项目经理对项目的结果负责，而职能经理则负责为项目的成功提供所需资源。矩阵式组织可分为强矩阵式、弱矩阵式和平衡矩阵式组织三种，视项目经理与职能经理的权责大小而定。矩阵式组织架构如图 5-47 所示。

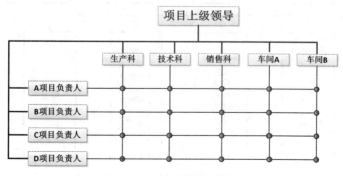

图 5-47　矩阵式组织架构

第三种：项目式组织架构。

项目式组织架构中，企业所有人都是按项目划分，几乎不再存在职能部门。在项目式组织架构里，每个项目就如同一个微型公司那样运营，完成每个项目目标所需的所有资源完全分配给这个项目，专门为这个项目服务，专职的项目经理对项目组拥有完全的项目权力和行政权力。项目式组织架构如图 5-48 所示。

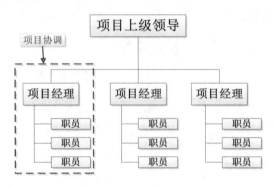

图 5-48　项目式组织架构

第四种：混合式组织架构。

过于复杂的项目，其组织架构往往是以上两种或三种项目组织架构的组合，我们称之为混合式组织架构。

某公司某一项目的组织内部结构如图 5-49 所示。

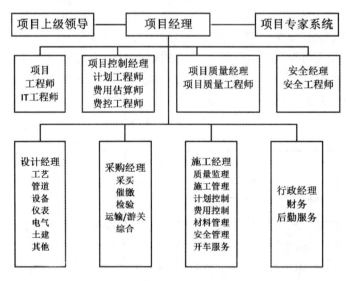

图 5-49　某公司某一项目的组织内部结构

② 项目组织架构设计类型特点与优劣势分析。

对于企业实施项目化，各种组织架构的优缺点及适用范围详见表 5-50。

表 5-50　各种组织架构的优缺点及适用范围

组织架构	优点	缺点	适用范围
职能式	（1）人事关系容易协调；（2）从接受任务到组织运转，启动时间短；（3）职能专一，关系简单	对于周期长、涉及人员多的大型项目，各部门协调困难	适用于项目规模小、专业面窄、以技术为重点的企业
矩阵式	（1）将职能与任务很好地结合在一起，既可满足对专业技术的要求，又可满足对每一项目任务快速反应的要求；（2）充分利用人力及物力资源；（3）促进学习、知识交流	（1）项目组成员受职能管理者与项目经理双重领导，不易管理；（2）各项目间、项目与职能部门间容易发生矛盾	适用于项目数量多，且项目内容差别较大、技术复杂、要求利用多个职能部门资源的企业
项目式	能迅速、有效地对项目目标和客户的需要做出反应	资源不能共享，成本高，项目组织之间缺乏信息交流	适用于同时进行多个类似的、大型的、重要的、复杂的项目的企业，尤其是项目交付成果是非标准产品的企业，如建筑业、航空航天企业等
混合式	—	—	项目庞大、复杂的企业

③ 项目组织架构设计与选择。

项目组织是项目执行过程的机构载体。组织架构选择，往往需依据组织战略、项目性质、项目阶段、项目复杂程度等进行选择，简单的也可以依据企业中项目的数量、项目的难度和复杂性来确定，如图 5-50 所示。

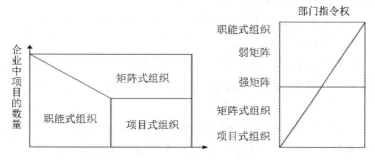

图 5-50　项目组织架构选择

实际中，企业在组织架构的选择上，还应充分考虑到企业的其他实际情况。

➤ 组织规模。组织规模比较小时，项目管理组织可以相对比较简单；组织规模比较大时，项目管理组织需要相对比较复杂。企业不同类型的项目，可能需要选择不同的项目组织架构。

➤ 企业不同发展阶段与项目特点。发展阶段与项目特点不同，企业需要采用不同的组织架构形式。组织架构形式要契合企业当时的业务战略与项目特点。例如，IBM 在 1990 年以前，以生产分散而且独立的产品为主，组织架构以传统职能式组织架构为主。20 世纪 90 年代，IBM 为客户提供整合的产品和服务，采用矩阵型组织架构。现在，IBM 致力于全球范围内的资源整合利用，根据需要灵活采用组织架构形式：对于维护服务项目，以职能式组织架构为主；对于非运营与维护服务项目，以矩阵式组织架构为主；对于战略外包类项目，以项目式组织架构为主。

➤ 平衡项目与母体组织需要的组织架构。无论选择什么样的组织架构，首先要考虑能平衡项目与母体组织需要，避免引发母体组织与项目团队成员之间的嫉妒心，妨碍项目成员返回母公司后的融合，要最终使权威性、资源分配及项目成果能与主流运营业务完全融合。

➤ 大型复杂企业往往不会只采用一种组织形式，很可能是多种组织形式并存的，不同的业务模式采用不同的组织形式。这种混合型组织架构，使企业在建立项目组织时具有较大的灵活性，但也有一定的风险。同一企业的若干项目若采取不同的组织形式，由于利益分配上的不一致性，容易产生矛盾。

➤ 组织架构形式本身的优劣势。项目组织架构有多种形式，每种组织架构形式有不同的优劣势，其会对组织的运营效率产生非常大的影响。

➤ 职责与权力。在规划和设计组织架构时，要充分考虑如何划分职责和权力、如何有效授权与控制等。

➤ 工作效率。规划和设计组织架构时，要界定好工作关系，要充分考虑组织整体工作的效率。

➤ 决策响应速度。规划和设计的项目组织架构，不能有太多的层次和汇报关系，要考虑到组织需要具有一定的决策速度，以适应快速多变的组织外部环境。

➤ 组织纵向层级关系与横向层级关系。从组织纵向层级关系来看，规划和设计组织架构，要考虑组织的层级数量、人员管理幅度、相互之间的汇报关系、"组织-部门-个人"的组成与隶属关系等；从组织横向层级关系来看，要考虑如何系统地保证跨部门之间的有效沟通、合作与整合，如何有效地鼓励人员在必要的时候提供横向信息、进行横向沟通等。

项目组织架构选择程序如下（见图 5-51）：

➤　由项目负责人根据项目特征提出架构设计初步方案，上报项目决策层；

➤　项目决策层根据项目以及优先等级等因素，在综合平衡企业组织资源的情况下，确定项目组织架构方案，并批复传达；

➤　项目负责人根据批复项目组织架构，进一步明确和细化，形成正式的项目组织架构，并备案执行。

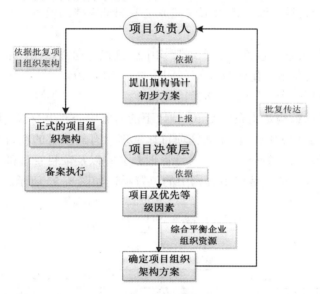

图 5-51　选择程序

2）部门职责（见表 5-51）

表 5-51　组织人员管理部门职责

工作名称	部门职责描述
输入条件	企业组织架构图，项目组织架构图，企业人员基本情况，企业基本情况
工作内容	企业部门间责权划分，战略管理办公室责权明晰，项目管理办公室责权明晰
输出成果	部门职责描述书
主责部门	HR COE

（1）企业部门职责描述内容设计

部门职责描述是组织管理的基础性文件，是将本部门在公司中所承担的主要职责和权限用规范的语言界定并编制成文本。部门职责的明晰度是企业运转是否高效、内部效能是否充分发挥的重要衡量标准。

部门职责描述包含六大要素，即基本信息、部门职责、部门关键绩效指标、部门权限、部门资源和工作关系。各要素的主要内容如下：

① 基本信息：该部门名称、编号、版本、部门负责人、直接上级、岗位数量、编制人数等基本信息。

② 部门职责：部门的关键责任和产出成果。

③ 部门关键绩效指标：公司用什么指标衡量该部门相应的工作权限。

④ 部门权限：根据部门应负的责任所赋予的相应工作权限。

⑤ 部门资源：通常指该部门完成主要职责需要的设备、资产和相关工作环境要求。

⑥ 工作关系：该部门在组织架构中的位置，通常以图、表形式表现。

（2）项目化专有组织机构部门职责描述内容设计

① 项目化专有组织机构部门类别。

企业组织结构是由企业 CEO 领导下的财务中心、事业部、研发中心及营销中心等部门构成。企业实施项目化管理，有其独有的项目化专有组织机构，包括项目化管理中心、项目管理办公室以及项目管理部。项目化专有组织机构在企业整体组织架构中的位置描述如图 5-52 所示。

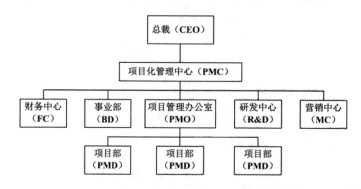

图 5-52　企业组织结构图

组织结构的建立是由对项目化管理中心负责的项目管理办公室负责，由其指导下的项目部进行具体的项目实施。下面对项目化专有组织机构的各部门进行详细描述。

a. 项目部（PMD）

项目部对某一次级别的项目或对单一项目进行管理。通常某一次级类别的项目，同质化程度越高，协同效应更大。项目部上级领导为项目总监，而项目部经理是项目集群或单一项目的直接管理者，负责项目的组织、计划及实施全过程，以保证项目目标的实现。成功的项目管理，无一不反映了项目管理者的卓越管理才能。

PMD 部门职能主要包括制订部门项目管理规划，细化部门所管辖项目的管理体系，监督项目的运行，直接管理个别重大项目，为项目提供各类管理支持。具体来讲，PMD 部门职能包括部门工作职责和部门主要绩效考核指标两个方面。

b. 项目管理办公室（PMO）

各业务领域成立 PMO，主要负责项目集群的计划、组织和协调，对项目运营复合性工作和纯项目式工作进行项目集成管理。

对于不同类型的项目，其所具备的项目特点、涉及的管理部门、应用的管理模式会存在一定的差异。因此在项目化系统下，PMO 主要负责成组项目，即同类型项目的管理。而同类型多项目的管理，必然需要项目管理人员投入一定的精力进行跨部门的协调与组织。

PMO 上级领导为 PMC 主任，部门负责人为项目总监，职能主要是制订部门项目管理规划，细化部门所管辖项目类型的管理体系，监督项目的运行，直接管理个别重大项目，为项目提供各类管理支持。具体的部门职能可以通过编制部门职能说明书体现。PMO 部门职能说明书包括部门工作职责和部门主要绩效考核指标两部分。

c. 项目化管理中心（PMC）

创新管理体系是组织级别的行为。建立 PMC 的意义在于推动企业这一管理系统变革的有效执行。PMC 是企业项目化的直接管理部门，追求组织中所有活动的战略协同作用，确保组织战略目标的实现，让组织有限的资源发挥最大的价值，提高组织项目化管理能力。

PMC 负责对企业项目的整体管理。PMC 的职能主要是在全公司层面搭平台、建立体系，负责开发、推广和监控创新管理体系系统，确定项目管理范围、提炼项目管理思想、总结项目管理知识、完善项目管理实操，实行项目分类、分级和多项目集约化管理，实施企业项目化管控等工作。PMC 向企业总裁负责，部门负责人为首席项目执行官（Chief Projectification Officer，CPO）。具体的 PMC 部门职责在部门工作职责和部门主要绩效考核指标中体现。

② 部门工作职责。

a. 项目部（PMD）

PMD 部门工作职责包括项目计划管理、项目组织与人员管理、项目过程管控、向上级汇报四个模块。每个模块的职责说明如下：

➤ 项目计划管理

确定项目总体目标与阶段控制目标；

制订总体控制计划；

监督计划的执行，定期调整项目计划。

➤ 项目组织与人员管理

组织项目团队；

在项目实施过程中管理人力资源，并对项目人员进行培养、绩效考核。

➤ 项目过程管控

在实施过程中及时决策，包括资源调配、计划安排、项目变更等；

监督项目的运行，使项目的进展与项目目标、计划及主要相关利益者的要求相一致。

➤ 向上级汇报

定期向项目总监汇报项目进展情况，如项目进度、项目当前成本、项目资源使用状况、项目可能或已经面临的风险等；

遇到项目经理无法决策的重大事项，及时向上级汇报。

b. 项目管理办公室（PMO）

PMO 部门工作职责主要包括部门管理规划、细化某类型项目的管理体系、对某类型项目的管理以及对某类型项目的管理服务四个模块。每个模块的职责说明如下：

➤ 部门管理规划

根据 PMC 制订的企业项目化实施规划，制订部门管理规划，确定管理目标。

➤ 细化某类型项目的管理体系

制定部门管理制度；

根据 PMC 建立的创新管理体系，结合本类型项目特点，细化本类型项目的管理体系；

根据部门管理规划，细化项目各级管理人员的考核原则。

➤ 对某类型项目的管理

监控某类型项目群与项目的计划、状态；

定期向 PMC 汇报 PMO 所辖项目的整体运行状况；

考核项目集群、项目目标的完成情况，考核项目集群经理与项目经理。

➤ 对某类型项目的管理服务

提供针对某类型项目的职能服务支持，如统一采购某些类型材料；

为各类项目提供统一的技术培训与指导支持。

c. 项目化管理中心（PMC）

部门工作职责包括企业项目化战略管理、创新管理体系与方法开发、企业项目化管控、创新管理体系服务四个模块。每个模块的职责说明如下：

➤ 企业项目化战略管理

协助公司总裁制定企业业务发展战略与企业项目化实施规划；

将战略规划落实到本部门的目标制定中。

➤ 创新管理体系与方法开发

建立、完善 PMC 的项目化管理制度、项目化管理工作方法；

界定并逐步统一企业项目化的各管理阶段的主要工作内容和主要交付物，并统一工作模式、工作流程和文档模板，最终形成组织统一的项目化管理方法；

根据企业项目化规划，结合组织内项目管理人员的实际情况，建立 PMO 主任、项目集群经理、项目经理的素质能力模型、分级体系、考核体系与职业发展规划，确定各级项目管理人员的考核原则。

➤ 企业项目化管控

根据 PMC 制定的管理制度与方法，监控各个 PMO 项目管理的计划与状态；

考核各个 PMO。

➤ 创新管理体系服务

为 PMO 提供统一的职能服务支持，如统一采购某些类型材料。

为 PMO 提供统一的管理培训、咨询、管理指导支持。

3）定岗定编（见表 5-52）

表 5-52　定岗定编任务描述表

工作名称	定岗定编设计
输入条件	企业组织架构图，项目组织架构图，企业人员基本情况，企业基本情况，部门职责描述
工作内容	岗位职责与权限，岗位任职要求，人员编制需求
输出成果	岗位职责说明书，总体规划书，年度计划报告
主责部门	HR COE

（1）企业岗位职责描述内容设计

① 基本信息。包括该岗位名称、隶属部门、直接上级、直接下级等基本信息。

② 岗位职责。包括岗位概述、主要工作职责和工作权限。

③ 任职资格要求。包括教育水平、专业要求、资质要求、培训经历、相关经验、岗位技能、思想素质等。

（2）企业岗位编制设计

包括岗位需求和岗位人员数量需求。

3. 企业项目化组织人员管理的人员管理模块内容

1）人员聘用管理（见表 5-53）

表 5-53　人员聘用管理任务描述表

工作名称	人员聘用管理
输入条件	岗位职责说明书，人员编制需求计划，人员成本规划，人员招聘计划，意向人员
工作内容	人员招聘需求计划制定，人员职业规划方案策划，人员聘用管理办法制定
输出成果	岗位职责说明书，总体规划书，年度计划报告，人员聘用管理办法
主责部门	HR COE

（1）人员规划设计

制订人力资源规划方案，包括岗位需求及各岗位需求人数、何时供给、获取渠道（内生或外聘）、培养方案、储备计划等。

企业项目化人员的需求以企业使命和战略为导向，供给以活动的开展为导向，既要关注人员与活动的匹配度，又要关注人员的开发与储备，既要关注组织的持续性，又要关注人员管理的动态性。

企业项目化的人员规划非常必要，它为后续的项目化人员配置及人才的可持续发展工作提供参考依据，详见图 5-53。

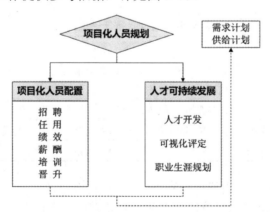

图 5-53　企业项目化人员管理工作内在联系

（2）人员招聘渠道设计

员工招聘是指根据企业战略任务的需要，为实际或潜在的职位空缺找寻合适的候选人。企业可采取多种招聘方式，详见表 5-54。

表 5-54　人员招聘方式比较

招聘方式	内部招聘	外部招聘
渠道	查询组织档案 主管推荐 工作张榜 其他	员工推荐 毛遂自荐 招聘广告 校园招聘 就业代理机构 猎头公司
优点	雇主很清楚内部候选人的资格 内部招聘花费较少 内部招聘能更快地填补工作空缺 内部候选人更熟悉组织的政策和实践，因此仅需要较少的培训	外部人员可以给组织带来新的理念和创新
缺点	当一个职位空缺时，很多员工都会考虑补充那个职位，当然大部分人会被否决，一些被否决的候选人可能会产生怨恨心理 候选人必须在他们过去的同事面前扮演一个新的角色，并且在过去的朋友成为下属情况下，扮演角色的难度更大	存在不同程度的招聘成本 周期长 风险大 能力可视化程度低

为了满足项目的职位空缺，需要考虑两个问题：用核心人员还是用应急人员去填补？如果是用核心人员，是从内部选拔还是从外部招聘？

企业项目化人员招聘方式的选择，可视创新管理体系能力的高低及企业项目管理能力提升需求的迫切性等原因而定。如果创新管理体系能力比较低，相关经验比较少，还处于摸索阶段，这时企业需要适当考虑采用外部招聘来促进企业项目化能力的提升；如创新管理体系有一定基础、有一定经验，采用内部选拔的方式会比较有效。

一方面，企业可对急需的人才按小、中、大型或专业型、特殊型等类别进行引进，可以公开招聘或通过猎头公司招纳各方面人才。另一方面，项目化人员选拔应重在内部挖掘。企业尤其应建立具有相关专业知识人员的业绩档案，对其在每一个岗位上的德、能、勤、绩、廉进行综合评定，以此作为后备队伍资源库。同时，对大学毕业生进行有针对性的培养，并让其在多个工种、多个岗位摔打磨炼，不断提高其专业技能和综合素质。

（3）人员招聘程序设计

人员招聘是一个精细、烦琐的过程，要选择出能"为我所用"的人才，必须做好前期的调研摸底和总体规划，选拔依据要专业。

① 资历的初步评价：对项目化管理人才在知识、经验和综合素质方面的要求都非常高，因此对其工作经历，特别是项目经验的考察非常关键；同时对其专业知识及项目管理理论知识的学习或培训经历也要全面了解，确定其是否通过相关专业及项目管理方面的认证等。外部受聘人员如果通过国际或者国内一些专业项目管理认证，有资格证书，这样就增加了项目化人才能力的可视程度，可以弥补企业在项目化人才选拔工作经验上的不足。

② 面试：对其过往资历的真实性进行验证，对其项目管理经验和知识掌握程度深入探查，通过结构化及非结构化面试，了解其综合素质。

③ 测试：测试包括项目管理及任职岗位相关专业知识考查、素质测评等，可采用问卷式测试、情景测试等方法。

④ 第三方测评：近年来，企业项目化的趋势越来越明显，企业项目化人才需求骤然加大，很多企业的人力资源管理人员对职能化管理人才的选拔工作非常精通，但对项目化管理人才的选拔工作还存在着困惑，甚至存在误区。专业的第三方人才测评外包服务提供了一种人才甄选方式，往往这种服务可以完成简历初筛、面试初筛、测评等工作，最后出具专业的复试候选人员项目管理能力报告，供企业参考。这种方式有特定的适用范围，它适用于企业每批次需要甄选大量人员或者关键岗位人才选拔等情况。

企业项目化人才的选拔与任用，需要遵循以下的原则，以保证招聘的人员能够发挥其最大的能动性。

第一，给有想法的人以工作机会。企业应该鼓励创新性思维与想法，为具有创新性改革的人员提供实现创新想法的机会，并尽企业的能力给予支持。

第二，给有能力的人以工作平台。企业应该善于发掘具有较强工作能力的人员，并给这些人员更多的机会，使其有机会参与或主持更多项目，以更好地发挥自身的能力。

第三，给完成工作的人以企业职位。企业应该根据员工的工作成果对其进行奖惩，对于那些完成工作任务且成果良好的人员给予更高的职位，以便其更好地为企业服务。

2）人员日常管理（见表 5-55）

表 5-55　人员日常管理任务描述表

工作名称	人员日常管理
输入条件	企业员工，总体规划，年度计划报告
工作内容	人员升调离休办法制定，人员日常管理细则制定
输出成果	人员调动/离职/休假管理办法，人事档案、合同、日常事务管理制度
主责部门	HR COE

（1）管理制度、办法制定原则

① 服从组织架构和规模原则：制度设计应以企业的发展战略为指导思想，同时结合目前企业的组织架构和规模来确定设计制度的基本思想，在此基础上再进行调研，明确制度建设的现状与需求。

② 系统化原则：各职能部门、项目化部门、职能部门与项目化部门之间的制度，应可以相互衔接，形成一个全面的、相互支撑的管理制度体系。

③ 简明化原则：制度中的文字及流程应简洁明了。制度应以规范工作流程为切入点，来抓管理工作。制度并不是越细越好，应根据企业的实际情况来制定，重要的是要把握"度"。

④ 一般和特殊相结合原则：制度设计既要遵循管理的共性原理，也要结合企业的特殊个性。制度分为通用制度与特殊制度两类。通用制度多为企业级管控制度及职能支持制度，特殊制度多指特定的业务制度或项目制度等。

⑤ 刚柔相济原则：制度的刚性是维持其严肃性、有效性的基础。设计制度应力求严谨，保证足够的刚性，这是管理科学化的重要体现。但是，为了保证在内外因素不断变化的情况下保持制度的有效性，设计的制度要有一定的弹性。保持适当的弹性（灵活性），是制度生命力的体现。

⑥ 激励与约束相结合原则：企业制度既要能够对工作各方面、各环节进行有效的控制，提升管理效益，又要以人为本，充分发挥员工的积极性与创造性，实现个人与企业的共同成长。

（2）管理制度、办法制定流程

① 梳理既有管理制度。企业管理制度在施行过程中往往会出现各种各样的问题，但制度是企业优秀工作经验的固化，不能简单地全部否定。良好的制度应进行保留或提升，不完善的制度应进行调整，不适合企业发展现状的制度应予以搁置或剔除等。下面提供一个原有制度检核清单，供企业参考（见图 5-54）。

原有制度检核清单

□制度是否过于复杂或简单？

□原有制度是否过时或标准过低？

□制度是否涵盖全过程管理？

□制度的分类是否统一？是否便于查找？

□制度是否适用？

□制度编码是否科学？是否考虑到组织发展等问题？

□是否制定了进行制度管理的相关制度？是否设立了
　专门的制度管理对应部门？

□其他问题。

图 5-54　原有制度检核清单

② 制定制度建设目标。企业管理制度建设的整体目标是构建科学、完整、先进的管理制度体系，使企业的业务运行机制与文件化的管理体系有机结合，以实现企业规范化管理。具体目标如下：

➤ 形成系统、完整的制度体系，包括企业章程、企业战略、经营政策、组织结构、部门职责、岗位说明、规章制度、业务流程以及应用表单等，并从企业整体角度对各部门的各种规章制度、行为规范按业务流程进行统筹修订或制定；

➤ 从制度上明确企业各部门的职责、权限，力求达到各部门职责清晰、权责对等；

➤ 使企业各类业务流程制度化，并通过行为规范和文件规范以及岗位说明，明晰流程中的每个环节和细节；

➤ 建立科学合理的管理制度，完善统一各种应用表单，实现规范运行；

➤ 采用科学的编码体系，实现文件的信息化管理。

③ 规划管理制度框架。在确定创新管理体系制度目的、原则和梳理企业现有管理制度的基础上，企业就可以系统规划创新管理体系制度的总体框架结构，并细化制度目录，明确废止哪些制度、修改哪些制度、增设哪些制度，从而形成一套系统、完整并能够有效支撑创新管理体系的制度。

④ 管理制度、办法开发。

第一，明确制度制定的依据、时机选择和制度制定的目的，确定合理的制度制定预期。

第二，自下而上设计管理制度草案，反复修改后由专项小组及高层管理者审定。

第三，制度编写。制度的编写要符合一定的规范，包含必要的制度内容。一般而言，管理制度的编写需要包含以下内容：制度名称；制度编码；编制目的；编制依据；相关职责；运用范围；实施程序；考核流程；修改程序。

⑤ 管理制度、办法发布。所有制度均统一进行编号、发布；公示管理制度的相关信息；发布管理制度文件名称、版次和发布时间等信息。

4. 企业项目化组织人员管理的薪酬绩效管理模块内容

1）薪酬管理（见表 5-56）

表 5-56　薪酬管理任务描述表

工作名称	薪酬管理
输入条件	企业员工，总体规划，年度计划报告
工作内容	薪酬体系设计方案制定，薪酬管理实施细则制定
输出成果	薪酬管理制度
主责部门	HR COE

（1）薪酬体系设计

薪酬体系设计主要包括薪酬水平设计、薪酬结构设计和薪酬构成设计。薪酬设计是薪酬管理最基础的工作，如果薪酬水平、薪酬结构、薪酬构成等方面有问题，企业薪酬管理不可能完成预定目标。

（2）薪酬管理设计需遵循的原则

① 补偿性原则：要求补偿员工恢复工作精力所必要的衣、食、住、行费用，补偿员工为获得工作能力以及身体发育所先行付出的费用。

② 公平性原则：要求薪酬分配全面考虑员工的绩效、能力及劳动强度、责任等因素，考虑外部竞争性、内部一致性要求，实现薪酬的内部公平、外部公平和个人公平。

③ 透明性原则：薪酬方案公开。

④ 激励性原则：要求薪酬与员工的贡献挂钩。

⑤ 竞争性原则：要求薪酬有利于吸引和留住人才。

⑥ 经济性原则：要求比较投入与产出效益。

⑦ 合法性原则：要求薪酬制度不违反国家法律法规。

⑧ 方便性原则：要求内容结构简明、计算方法简单和管理手续简便。

（3）薪酬管理的方法

在企业薪酬管理实践中，根据薪酬支付依据的不同，有岗位工资、职务工资、技能工资、能力工资、绩效工资等薪酬构成元素。通常企业选择一个或两个为主要形式，其他为辅助形式。选择并确定工资制度形式是很关键的，这体现着公司的价值导向。

① 岗位工资制：岗位工资制是依据任职者在组织中的岗位确定工资等级和工资标准的一种工资制度。岗位工资制基于这样两个假设：第一，岗位任职要求刚好与任职者能力素质相匹配，如果员工能力超过岗位要求，意味着人才的浪费，如果员工能力不能完全满足岗位要求，则意味着任职者不能胜任岗位工作，无法及时、保质保量地完成岗位工作。岗位工资制的理念是：不同的岗位将创造不同的价值，因此不同的岗位将给予不同的工资报酬；同时企业应该将合适的人放在合适的岗位上，使人的能力素质与岗位要求相匹配，对于超过岗位任职要求的不给予额外报酬；岗位工资制鼓励员工通过岗位晋升来获得更多的报酬。

② 职务工资制：职务工资制是简化版的岗位工资制，职务和岗位的区别在于，岗位不仅表达出层级还表达出工作性质，比如人力资源主管、财务部部长等就是岗位，而职务仅仅表达出来层级，比如主管、经理，以及科长、处长等。职务工资制在国有企业、事业单位以及政府机构得到广泛的应用。职务工资制只区分等级，事实上和岗位工资具有本质的不同，岗位工资体现不同岗位的差别，岗位价值综合反映了岗位层级、岗位工作性质等多方面因素，是市场导向的工资制度，而职务工资仅仅体现层级，是典型的等级制工资制度。

职务工资制与岗位工资制的优缺点近似，但相对于岗位工资制，职务工资制有个最大的特点，即根据职务级别定酬，某些人可能没有从事某方面岗位工作，但只要到了那个级别就可以享受相应的工资待遇，这是对内部公平的最大挑战。

③ 技能工资制：技能工资制根据员工所具备的技能而向员工支付工资，技能等级不同，薪酬支付标准不同。技能工资制和能力工资制与岗位工资制、职务工资制不同，技能工资制和能力工资制是基于员工的能力，其不是根据岗位价值的大小来确定员工的报酬，而是根据员工具备的与工

作有关的技能和能力的高低来确定其报酬水平。技能通常包括三类，深度技能、广度技能和垂直技能。深度技能指从事岗位工作有关的知识和技能，深度技能表现在能力的纵向结构上，其强调员工在某项能力上不断提高，鼓励员工成为专家；广度技能指从事相关岗位工作有关的知识和技能，广度技能表现在能力的横向结构上，其提倡员工掌握更多的技能，鼓励员工成为通才；垂直技能指的是员工进行自我管理，掌握与工作有关的计划、领导、团队合作等技能，垂直技能鼓励员工成为更高层次的管理者。

④ 能力工资制：能力工资制根据员工所具备的能力向员工支付工资，员工能力不同，薪酬支付标准不同。在人力资源开发与管理中，能力多指一种胜任力和胜任特征，是员工具备的能够达成某种特定绩效或者是表现出某种有利于绩效达成的行为能力。

技能工资制和能力工资制的理念是"你有多大能力，就有多大的舞台"。技能工资制和能力工资制真正体现"以人为本"的理念，给予员工足够的发展空间和舞台，如果员工技能或能力大大超过目前岗位工作要求，将为员工提供更高岗位的工作机会，如果没有更高层次岗位空缺，也将对于超出岗位要求的技能和能力给予额外报酬。

⑤ 绩效工资制：绩效工资制是以个人业绩为付酬依据的薪酬制度，绩效工资制的核心在于建立公平合理的绩效评估系统。绩效工资制可以应用在任何领域，适用范围很广，在销售、生产等领域更是得到大家认可，计件工资制、提成工资制也都是绩效工资制。

2）绩效考核管理（见表 5-57）

表 5-57　绩效考核管理任务描述表

工作名称	绩效考核管理
输入条件	企业员工，总体规划，年度计划报告
工作内容	绩效考核指标制定，薪酬管理实施细则制定
输出成果	绩效管理制度
主责部门	HR COE

（1）绩效考核体系设计

为促进企业跨越式提升，根据创新管理体系模式的特点和内涵，在绩效管理内容方面，我们创造性地提出一种全新、实效的绩效管理内容方案：运营绩效和项目绩效。

运营绩效和项目绩效的联系、区别如表 5-58 所示。

表 5-58 运营绩效和项目绩效的比较

比较项目	运营绩效	项目绩效
应用对象	常规性运营活动	一次性项目活动
绩效指标来源	部门与岗位职责描述	部门与岗位创新工作
绩效指标	部门与岗位关键绩效指标	技术创新和管理创新指标

① 项目绩效。

项目绩效考核的是项目孵化、项目管理和项目成果转化的水平。考核指标主要为当年项目已完成合同额占比、项目提案数、项目验收数量和质量、项目成果数量和质量等。

被考核部门：项目化专业部门［如项目部（PMD）、项目管理办公室（PMO）、项目化管理中心（PMC）］及各职能和业务部门。

PMD 部门主要绩效考核指标共两个：在质量、成本、进度等方面，项目目标是否实现；是否做到了 PMO 要求的过程规范管理。

PMO 部门主要绩效考核指标共四个：部门规划是否反映了企业项目化实施规划的主旨；PMO 当年项目是否完成合同金额达到 PMC 的要求；PMO 多项目的过程管理规范，是否符合该 PMO 做出的管理制度与体系要求；该 PMO 的项目管理人才培养是否达到了部门规划的要求。

PMC 部门主要绩效考核指标共四个：PMC 的项目化实施规划是否反映了企业业务战略的主旨；企业当年项目是否已完成合同金额。实现了企业业务战略布局；企业多项目的过程管理规范是否达到了部门的管理要求；企业的项目管理人才培养，是否达到了企业项目化规划的要求。

各职能和业务部门主要绩效考核指标包括：a. 项目创新绩效：鼓励全员参与，对项目孵化阶段通过立项的项目给予所有的项目参与人相应的绩效分；b. 项目管理绩效：考察项目团队对项目的管理能力与实施能力，对通过验收的项目给予所有的项目参与人分配相应比例的绩效分；c. 项目成果转化绩效：项目通过验收试运营六个月后，对项目技术成果转化与项目知识成果转化能力进行评审，评审通过后给予项目参与人分配相应比例的绩效分。

② 运营绩效。

项目运营绩效考核的是常规性的运营活动的效率。考核指标主要为日常绩效考核指标。

5.4.4 一流企业组织人员成果指标（见表 5-59）

表 5-59　一流企业组织人员成果指标

系统名称	一级成果指标	二级成果指标
组织人员成果指标	人员规模	人员规模
		人员流动率
		员工满意度
	核心人才	核心人才数量
		核心人才占比
	人员能力	战略管理人员能力水平
		项目管理人员能力水平
		运营管理人员能力水平
		组织管理人员能力水平
		财务管理人员能力水平

5.4.5 一流企业组织人员管理系统核心要素

一流企业组织人员管理系统共包含 4 个核心要素，设置 33 个评价要点，具体如表 5-60 所示。

表 5-60　一流企业组织人员管理系统核心要素

核心要素	评价要点
组织架构与职责	组织人员管理总体规划；公司治理结构图；企业组织架构图；部门组织架构图；部门职责描述书；岗位职责说明书
人员聘、用、育、留	人员编制需求说明；人员聘用年度计划；人事任免管理规定；人事授权管理规定；人才推荐管理制度；人员招聘管理系统；员工测评系统；员工职业发展系统
组织薪酬管理	绩效管理制度；绩效整改实施细则；绩效管理委员会章程；绩效考核评价系统；薪酬管理系统
制度与标准	组织管理规定；组织内控手册；员工入职管理规定；员工离职管理规定；员工休假管理规定；人员调动管理规定；劳动合同管理规定；工作交接管理规定；员工档案管理规定；员工带薪休假管理规定；考勤及工资发放制度；员工社会保险和住房公积金管理规定；员工防暑降温费发放管理规定；员工冬季取暖补贴和集中供热采暖补助费发放管理规定

5.5 财务成效管理系统

5.5.1 财务成效管理的定位与内涵

成效（Effectiveness）一般指所获得的预期好效果和功效。

管理成效（Management Effectiveness，简称 ME），是指通过使用项目化管理工具，在思想层级、知识层级、操作层级形成的管理成果与管理效果。其中，管理成果是指管理过程中形成的各类管理文档，如管理手册、规章制度等；管理效果是指管理目标的达成程度，如年度战略目标达成率、项目一次性成功率等。

财务管理（Financial Management，简称 FM），是在一定的整体目标下，关于资产的购置（投资）、资本的融通（筹资）和经营中现金流量（营运资金）以及利润分配的管理。财务管理是企业管理的一个组成部分，它是根据财经法规制度，按照财务管理的原则，组织企业财务活动，处理财务关系的一项经济管理工作。简单地说，财务管理是组织企业财务活动、处理财务关系的一项经济管理工作。

财务成效（Financial Effectiveness，简称 FE），是以财务管理为核心手段，对企业实施项目化管理获得的财务成果和财务效果的管理。建立以企业战略目标为导向的财务管理体系，通过财务语言规划、沟通、协调、管控功能约束并保证企业的经济资源配置和运行效率，能够实现企业要素全覆盖，衔接各个工作中心运营，化解冲突，减少内耗，保证经济资源充分发挥效能。

5.5.2 财务成效管理的价值与难点

卓越的财务成效管理在实践过程中的难点如下：

财务预算方面：财务预算方法落后，科学性、系统性较差；财务预算流于形式，对决策指导意义不大；财务预算体系如何搭建。

绩效预算、核算标准化方面：企业绩效考核与激励政策如何落实。

5.5.3 财务成效管理的组织、流程与核心方法

5.5.3.1 财务成效管理的组织

1. 财务管理部

（1）建立企业预算绩效管理体系

➢　建立全面预算管理制度，各部门预算编制、分析及调整机制，推动预算管理形成良性循环。

➢　建立预算考评机制，强化预算执行。

➢　建立绩效报表编制政策，协同各部门，根据企业战略规划、经营计划以及发展阶段等分别设置各项考核指标，与预算管理形成有效闭环。

➢　深挖经营绩效分析，建立经营分析报告机制，切实为战略发展与业务活动提供财务信息支持。

➢　预算、绩效编制等信息系统建设与优化。

（2）建立财务运营机制

➢　根据业务与财务活动，建立财务制度、财务授权、流程管理以及风险管理等各项财务管控制度，建立与维护企业财务制度平台。

➢　检查、审核部门财务制度执行以及风险评估情况，协调并解决问题，推动财务管控体系的不断完善。

➢　建立与内部审计部门的沟通机制，根据内审部门需求协助解决、整改审计问题。

2. 税务管理部

（1）规划及实施公司税务管理工作

➢　根据公司实际情况，制定中长期税务管理规划和年度税务管理工作计划，建立健全税务管理制度及流程。

➢　根据税收新政策，制定年度所得税汇缴工作计划，指导、审核税务申报工作，防范税务风险。

➢　加强税务培训和辅导，提高相关岗位人员的业务素质，以提高企业税务管理工作的水平。

（2）对企业重大经济事项进行税务筹划并对领导决策提供税务支持

➢　研究分析国内税收政策及发展动态，为企业决策提供税务支持。

➢　对国内公司的重大经济事项进行税务筹划，降低税务成本，提高税收效益。

➢　以结果为导向，监督检查筹划方案的实施过程，提高公司的税务筹划能力。

（3）建立和完善集团公司税务风险防控体系

➤ 制定公司税务风险管理制度和流程，识别、评估、防范、利用税务风险，实施税务风险预警。

➤ 组织实施税务复核，提高税务遵从度，筛查潜在的税务风险，并及时提出建议，化解税务风险。

➤ 及时应对税务风险，对已经发生的税务风险及时应对，化解或降低税务风险，减少公司的损失。

3. 资金管理部

（1）公司融资管理

➤ 根据公司经营战略及外部融资环境，制定融资策略，根据融资策略及年度预算制订长短期融资计划，并进行融资分析与研究、融资渠道与市场开发。

（2）公司理财管理

➤ 实时跟踪企业资金周转情况，对闲余资金安排合理的理财方式，提升企业资金收益率。

➤ 根据企业项目需求与相关金融机构洽谈理财方式、理财工具、收益及风险评估。

（3）完善资金管理体系

➤ 制定并完善公司资金管理制度、流程、SOP（标准作业程序）等。

➤ 资金管理信息系统、银企互联系统的搭建策划及项目实施。

➤ 与银行建立并保持良好的合作关系，确保集团各项银行业务的顺利、高效开展。

（4）资金监管

➤ 对公司银行账户的开立、变更、撤销进行管理。

4. 财务共享服务部

（1）财务报告管理

➤ 完成并审核以下工作：公司财务报表制度、流程的修订完善，搭建公司各部门合并报表体系，制定公司报表合并规则、合并范围。

（2）费用核算管理

➤ 共享系统公司费用报账单审核。

➤ 合同付款审核及录入。

➤ 月末结账后银行日记账与第三方流水核对、编制银行余额调节表。

（3）运营管理

➤ 负责财务共享流程、制度体系的搭建及梳理优化。

➢　财务共享人员的绩效考核及培训管理。

➢　财务共享系统及相关核算系统的日常维护及管理。

➢　实物票据的接收和保管及本地票据箱的管理。

（4）资金结算

➢　按照国家有关财经法律规定，结合公司的特点，制定与资金结算相关的管理办法及相关规定，并组织实施。

5.5.3.2 财务成效管理系统构建的核心流程

企业财务成效包括全面预算与全面决算两个部分，通过全面预算、决算的实施，企业建立起财务成效体系，对各板块指标进行全过程跟踪、考核。但对于企业而言，实施项目化管理而带来的财务成效需要一定的时间才能显现，因此，还需要对各板块形成的项目化成效进行管理。故本小节将分为财务成效与管理成效两部分进行阐述。

1　财务成效

1）全面预算管理

（1）全面预算管理的概念及作用

全面预算是对企业未来一定期间内全部经营活动各项具体目标的计划与相应措施的数量说明。预算的作用主要表现在以下几个方面：

① 通过引导和控制经济活动，使企业经营达到预期目标。通过预算指标可以控制实际活动过程，随时发现问题，采取必要的措施，纠正不良偏差，避免经营活动漫无目的、随心所欲地进行，通过有效的方式实现预期目标。

② 预算可以实现企业内部各个部门之间的协调。为了使各个职能部门向着共同的战略目标前进，它们的经济活动必须密切配合、相互协调、统筹兼顾、全面安排，搞好综合平衡。通过各部门预算的综合平衡，能促使各部门管理人员清楚地了解本部门在全局中的地位和作用，尽可能地做好部门之间的协调工作。全面预算经过综合平衡后可以提供解决各级各部门冲突的最佳办法，代表企业的最优方案，可以使各级各部门的工作在此基础上协调进行。

③ 预算可以作为业绩考核的标准。预算作为企业财务活动的行为标准，使各项活动的实际执行有章可循。预算标准可以作为各部门责任考核的依据。经过分解落实的预算规划目标可与部门、责任人的业绩考评结合起来，成为奖勤罚懒、评估优劣的准绳。

（2）全面预算管理的流程（见图 5-55）

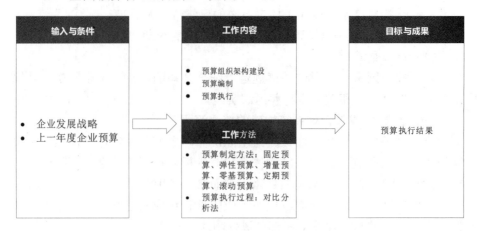

图 5-55　全面预算管理流程图

① 预算组织机构设计。

为在公司上下更好地推行全面预算，企业可根据自身规模及人员配置，设计搭建相应的全面预算管理组织，一般包括预算管理委员会、预算管理领导小组和预算执行主体三个层次，具体见图 5-56。

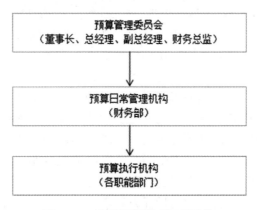

图 5-56　全面预算管理组织机构

预算管理委员会是全面预算管理的最高权力机构，主要职责是确定预算目标、协调预算的编制和执行、定期检查和分析预算执行情况、审定决算报告以及提出奖惩意见。

预算日常管理机构由公司财务总监领导，公司财务部具体实施，负责全面预算的编制、指导、审查和协调工作。下设预算管理科，隶属财务部，执行具体的预算管理工作。各职能部门设预算管理员，协助部门负责人编制、上报预算，进行预算分析和考核。

预算责任执行主体是预算执行机构，负责各自职能部门预算编制和上报工作，组织实施预算执行以及预算考核和奖惩工作。

② 预算编制流程。

企业编制预算，一般应按照"上下结合、分级编制、逐级汇总"的程序进行。

第一，下达目标。

企业董事会或经理办公会根据企业发展战略和预算期经济形势的初步预测，在决策的基础上，提出下一年度企业预算目标，包括销售或营业目标、成本费用目标、利润目标和现金流量目标，并确定预算编制的政策，由财务管理部门下达至各预算执行部门。

第二，编制上报。

各预算执行部门按照财务管理部门下达的预算目标和政策，结合自身特点以及预测的执行条件，提出详细的本部门预算方案，上报企业财务管理部门。

第三，审查平衡。

企业财务管理部门对各预算执行部门上报的财务预算方案进行审查、汇总，提出综合平衡的建议。在审查、平衡过程中，财务管理部门应当进行充分协调，对发现的问题提出初步调整意见，并反馈给有关预算执行部门予以修正。

第四，审议批准。

企业财务管理部门在有关预算执行部门修正调整的基础上，编制出企业预算方案并予以讨论。对于不符合企业发展战略或者预算目标的事项，财务管理部门应当责成有关预算执行部门进一步修订、调整。在讨论、调整的基础上，企业财务管理部门正式编制企业年度预算方案，提交董事会或经理办公会审议批准。

第五，下达执行。

企业财务管理部门将董事会或经理办公会审议批准的年度总预算（一般在次年 3 月底以前），分解成一系列的指标体系，由财务管理部门逐级下达各预算执行部门执行。

③ 预算执行流程。

第一，预算的执行。

企业预算一经批复下达，各预算执行部门就必须认真组织实施，将预算指标层层分解，从横向到纵向落实到内部各部门、各单位、各环节和各岗位，形成全方位的预算执行责任体系。

在预算执行过程中，需注意以下要点：

➢　企业应当将预算作为预期内组织、协调各项经营活动的基本依据，将年度预算细分为月份和季度预算，通过分期预算控制，确保年度预算目标的实现。

➢　企业应当强化现金流量的预算管理，按时组织预算资金的收入，严格控制预算资金的支付，调节资金收付平衡，控制支付风险。对于预算内的资金拨付，按照授权审批程序执行；对于预算外的项目支出，应当按预算管理制度规范支付程序执行。对于无合同、无凭证、无手续的项目支出，不予支付。

➢　企业应当严格执行销售、生产和成本费用预算，努力完成利润指标。在日常控制中，企业应当健全凭证记录，完善各项管理规章制度，严格执行生产经营月度计划和成本费用的定额、定率标准，加强适时监控。对预算执行中出现的异常情况，企业有关部门应及时查明原因，提出解决办法。

➢　企业应当建立预算报告制度，要求各预算执行部门定期报告预算的执行情况。对于在预算执行中发现的新情况、新问题及出现偏差较大的重大项目，企业财务管理部门以至预算委员会应当责成有关预算执行单位查找原因，提出改进经营管理的措施和建议。

➢　企业财务管理部门应当利用财务报表监控预算的执行情况，及时向预算执行单位、企业预算委员会、董事会或经理办公会汇报财务预算的执行进度，促进企业完成预算目标。

第二，预算的调整。

企业正式下达执行的预算，一般不予调整。预算执行单位在执行中由于市场环境、经营条件、政策法规等因素发生重大变化，致使预算的编制基础不成立，或者将导致预算执行结果产生重大偏差时，可以调整预算。这就需要企业建立内部弹性预算机制，对于不影响预算目标的业务预算、资本预算、筹资预算之间进行调整，企业可以按照内部授权批准制度执行，鼓励预算执行单位及时采取有效的经营管理对策，保证预算目标的实现。

企业调整预算，应当由预算执行单位逐级向企业财务管理部门提出书面报告，阐述预算执行的具体情况、客观因素变化情况及其对预算执行造成的影响程度提出预算指标的调整幅度。

企业财务管理部门应当对预算执行单位的预算调整报告进行审核分析，集中编制企业年度预算调整方案，提交企业董事会或经理办公会审议批准，然后下达执行。

对于预算执行单位提出的预算调整事项，企业进行决策时，一般应当遵循以下要求：

➢ 预算调整事项不能偏离企业发展战略；

➢ 预算调整方案应当在经济上能够实现最优化；

➢ 预算调整重点应当放在预算执行中出现的重要的、非正常的、不符合常规的关键性差异方面。

第三，预算的分析。

企业应当建立预算分析制度，由财务管理部门定期召开预算执行分析会议，全面掌握预算的执行情况，研究、解决预算执行中存在的问题，纠正预算的执行偏差。

开展预算执行分析，企业管理部门及各预算执行部门应当充分收集有关财务、业务、市场、技术、政策、法规等方面的信息资料，根据不同情况分别采用比率分析、比较分析、因素分析、平衡分析等方法，从定量与定性两个层面充分分析预算执行单位的现状、发展趋势及其存在的潜力。

针对预算的执行偏差，企业财务管理部门及各预算执行部门应当充分、客观地分析其产生的原因，提出相应的解决措施或建议，提交董事会或经理办公会研究决定。

第四，预算的考核。

预算年度终了，财务管理部门应当向董事会或者经理办公会报告预算执行情况，并依据预算完成情况和预算审计情况对预算执行单位进行考核。

企业预算执行考核是企业绩效评价的主要内容，应当结合年度内部经济责任制进行考核，与预算执行单位负责人的奖惩挂钩，并作为企业内部人力资源管理的参考。

2）全面决算管理

（1）全面决算管理的概念及作用

全面决算是根据年度预算执行结果而编制的年度会计报告，它是预算执行的总结。决算编制的作用在于以下几方面：

① 综合反映企业财务状况、经营成果和现金流量情况。全面决算需要编制财务决算报表。财务决算报表中的资产负债表反映财务状况；利润表反映经营成果；现金流量表反映现金流量情况；会计报表附注，可以对报表中不能反映的内容和不能详细披露的内容做出进一步的解释说明。

② 有利于总结经验，改善企业经营管理。年终决算是对企业全年预算执行结果的书面总结，考核经营效益，对出现的经营亏损、呆账等问题，

进行原因分析、经验总结，促进企业改善经营管理水平，同时为企业下一年度财务预算的编制提供依据。

（2）全面决算管理的流程（见图 5-57）

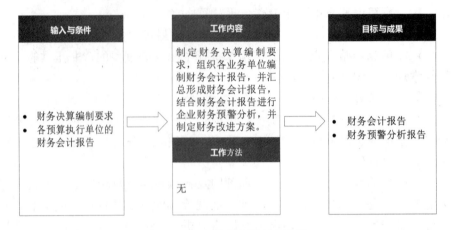

图 5-57　全面决算管理流程图

① 下发决算要求：企业董事会或经理办公会根据年度财务预算执行情况，制定年度财务决算的编制要求，并由财务管理部门向各业务部门下发预算布置等文件。

② 各业务部门编制财务会计报告，提交财务管理部门审核。各业务部门编制财务会计报告，并汇总至财务管理部门，财务管理部门对财务会计报告的真实性、完整性等方面进行审查，提出具体修改意见并反馈至各业务部门，各业务部门根据修改意见进行修正。

③ 财务管理部门编制公司合并报表。各业务部门提交的财务会计报告审核无误后，财务管理部门汇总编制公司合并报表，并编制财务情况说明书、会计报表附注，形成完整的财务会计报告，提交企业董事会或经理办公会进行审核，审核无误后，在内部发布。

④ 财务管理部门组织财务预警分析。结合财务会计报告，财务管理部门组织财务预警分析，对潜在的风险提出改进建议及措施，并监督各业务单位实施改进方案。

2. 管理成效

1）管理成效的范围与管理重点

（1）管理成效的范围

创新管理体系模式包括三大层级、五大领域、二十二模块，对每一层级、每一领域、每个模块进行管理，都将产生一定的管理效应。因此，管理成效全面覆盖创新管理体系，是对企业实施项目化管理所形成的管理成果与管理效果进行的集约管理，是企业实现协同效应、跨越式提升的管理抓手。

然而，任一板块的成效外显，都需要先内化积累，在内部形成良好的长效运营机制，才能为企业带来实质的财务成效。因此在管理过程中，企业需要对三大层级、五大领域二十二个模块，进行持续不断的更新完善，以促进企业实现卓越管理。

（2）管理成效的重点

对于处于项目化不同发展阶段的企业，其管理重点会有所不同：

① 创业阶段。企业处于创业时期，此时的企业还没有固定的规模，企业中各人员的角色也并不明确，所有人以完成企业的创业项目为共同目标。此时项目管理系统建设是企业关注的重点，而企业的成效管理重点应放在项目管理成效上，通过对创新性项目的管理，解决企业做对事、做成事的难题。

② 持续阶段。持续阶段是指企业渡过创业发展阶段之后，形成一定的规模，岗位职责较为明确，人员分工合作较为顺利，企业的业务来源较为稳定，服务达到一定规范的阶段。此时的企业，已经解决了生存的难题，以发展为自身的首要目标。

此阶段企业在持续完善项目管理系统的基础上，规划建设战略管理系统、运营管理系统、组织人员管理系统、财务成效管理系统，相应的，企业管理成效关注重点为战略管理成效、运营管理成效、组织人员管理成效和财务成效管理成效，通过对以上四方面的管理，解决企业做强、做大的难题。

③ 永续阶段。企业的永续发展阶段是企业较为理想的发展阶段。此时的企业，不仅解决了生存的难题，同时在一定程度上积累了发展的经验。为突破企业做优、做久的难题，需要构建专业知识系统、思想文化系统，需要关注专业知识管理成效、思想文化管理成效，固化企业发展专业知识，沉淀企业思想文化。

处于不同发展阶段的企业，其管理成效关注重点虽然不同，但每个阶段对其他板块的管理成效也并不能完全忽视，需要结合企业发展的实际情况，有主次地进行建设（见图5-58）。

图 5-58　不同阶段的管理成效重点

2）管理成效流程

创新管理体系成效共包括四大阶段、七项工作，管理成效流程见图 5-59。

图 5-59　管理成效流程图

（1）成效设计

企业在实施项目化管理前，需要通过问卷调研、访谈研讨等方式识别企业管理现状，在诊断现状的基础上，精准定位企业管理成效需求，确定企业管理成效建设的范围与重点工作，并在此基础上设计成效指标。此阶段共有成效需求定位、成效指标设计两项重点工作（见图 5-60）。

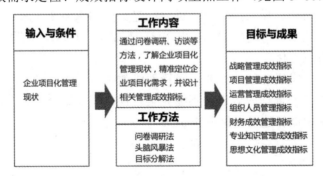

图 5-60　管理成效设计流程图

① 成效需求定位。

为精准定位成效管理需求，需要率先对企业所处的项目化管理阶段及其项目化能力进行诊断。

企业项目化能力是企业在其项目化的过程中，通过学习和实践逐渐积累起来的，能够系统、高效地完成企业项目化任务，包含理念、知识和管理在内的一种企业综合素质。创新管理体系能力和任何能力一样都有高低之分，现将创新管理体系能力划分为五个等级：初始级、规范级、优秀级、卓越级和持续改进级，如图 5-61 所示。

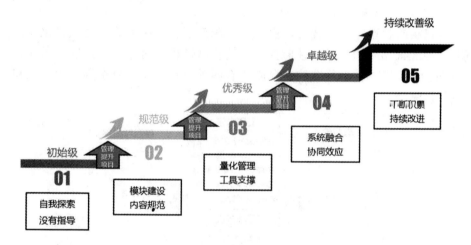

图 5-61　创新管理体系能力等级划分

处于不同等级的企业，其管理成效重点如表 5-61 所示。

表 5-61　企业等级划分与管理成效重点

等级	管理成效重点领域
初始级	项目管理成效
规范级	项目管理成效、战略管理成效、运营管理成效
优秀级	项目管理成效、战略管理成效、运营管理成效、组织人员管理成效、财务管理成效
卓越级	项目管理成效、战略管理成效、运营管理成效、组织人员管理成效、财务管理成效、专业知识管理成效、思想文化管理成效
持续改进级	持续改进，不断优化完善

② 成效指标设计。

在精准定位成效需求的基础上，"以始为终"，贴合成效需求，设计成效指标，各板块成效指标分为两大部分，分别为成果和效果。其中，管理成果是指管理过程中形成的各类管理文档，如管理手册、规章制度等；管理效果是指管理目标的达成程度，如年度战略目标达成率、项目一次性成功率等。

设计成效指标时，需要充分识别某一层级、某一领域、某一模块的核心任务，在此基础上，设计成果指标和成效指标。需要注意的是，成果指标是能够支撑某一层级、某一领域、某一模块的通畅运行的制度类文档，成效指标是能够反映核心任务完成情况的指标。

（2）成效监控（见图5-62）

在实施管理成效方案前，由人力资源部配合企业决策层对项目化管理的实施配置相应的资源，并监控方案的实施过程，对方案的进度、质量、成本、风险等方面进行监控。此阶段有两项重点工作，分别为资源调配和执行监测。

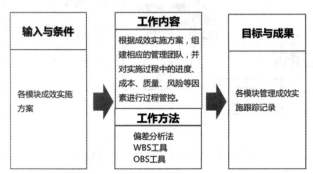

图 5-62　管理成效监控工作流程

① 资源调配。

企业在建设项目化管理体系过程中，会涉及战略制定、项目创新、运营积淀、知识沉淀、思想文化提炼与传承等工作内容，这些工作需要跨部门协作、沟通以及多方资源的调用与配置。

为确保创新管理体系的顺利实施，企业需提供坚实的人力资源保障，如根据建设需要，选聘具有管理思维、系统思维、创新思维的员工组建形成管理团队，负责创新管理体系的策划与建设进度的把控，核查各板块建设成效，同时根据建设内容清晰划分建设过程中的管理、管控界面，以提高团队决策效率。

此外，需要注意的一点是，企业在资源有限的情况下，要想达到项目化管理的最佳成效，需要管理团队宏观调配资源，明确资源调配优先级，同时关注瓶颈资源，确保错峰使用瓶颈资源，实现资源配置最优化。

② 执行监测。

在项目化管理体系建设过程中，管理团队需要以完成项目目标为原则，监督各板块负责人严格执行计划，对计划的进度、质量、成本、风险等多方面进行执行监测，定期检测实际进度与计划进度的差距，若进度滞后，及时制定进度纠正措施，调整进度计划。同时，需要对项目化管理体系建设过程中的关键点进行管控，如判断关键点所处的进度、成本、质量等方面是否符合阶段性进展要求，对于检查出的关键点不合格项，需监督相关负责人完成不合格项的整改。

（3）成效考核

管理成效方案实施完毕后，需要参照方案设定各类指标，对其完成情况进行考核，考核方式有以下两种类型：

① 自评。即在考评时间内，项目化管理体系建设的各板块负责人，根据成效设计时提出的成果指标、效果指标，对照当前完成情况，进行打分自评。

② 第三方评价。第三方可从以下四个角度对各板块完成情况进行评价，即成效完成情况考核、投入考核、过程考核和结果考核（见表 5-62）。

表 5-62　成效考核内容

考核类别	考核内容
成效完成情况考核	·成果指标达成率　·效果指标达成率
投入考核	·实际投入资源与目标投入量的差距　·实际投入资源使用情况
过程考核	·实际操作过程与计划过程的偏离度　·过程与产出之间的关系
结果考核	·预期成果与实际成果之间的差距 ·预期成效与实际成效之间的差距

（4）成效改进（见图 5-63）

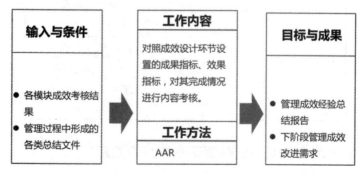

图 5-63　成效改进流程图

完成自评与第三方评价后，由管理团队组织各板块进行差距分析，找出实际完成情况与计划完成之间的差距，并制定相应的偏差整改方案。

同时，总结建设过程中获得的经验教训，可采用"行动后反思（After Action Review，AAR）"方法进行，即检讨和总结以下内容：

① 目标达成情况；

② 过程中发生了什么；

③ 做得好的部分；

④ 有待改善的部分。

通过上述经验总结，帮助管理团队与各板块负责人找到企业下一阶段项目化管理体系建设和改善的空间，明确下一阶段管理成效需求。

通过成效设计、成效监控、成效考核、成效改进四个步骤，在企业内部形成了良好的项目化建设提升机制，有利于企业形成管理成效，在管理成效不断内化巩固的基础上，逐渐实现企业财务成效的外显化。

5.5.4 一流企业财务成效成果指标（见表 5-63）

表 5-63　一流企业财务成效成果指标

系统名称	一级成果指标	二级成果指标
财务成效成果指标	总体业绩	净资产收益率
		总资产报酬率
		资产负债率
		已获利息倍数
		销售（营业）增长率
		资本积累率
	盈利能力	资金利润率
		销售利润率
		成本费用利润率
	资产质量	总资产周转率
		应收账款周转率
		不良资产比率
		资产现金回收率
		流动资产周转率

5.5.5 一流企业财务成效管理系统核心要素

一流企业财务成效管理系统共包含三个核心要素，设置七个评价要点，具体如表 5-64 所示。

表 5-64 一流企业财务成效管理系统核心要素

核心要素	评价要点
全面预算管理	预算管理体系成果
全面决算管理	决算管理体系成果
业绩成效管理	责任绩效考核体系成果、现金流管理体系成果、财务流程管理成果、财务战略决策成果、战略决策支持成果

5.6 知识能力管理系统

5.6.1 知识能力管理的定位与内涵

知识管理能力，是企业中的个体和群体在知识活动系统的各个子系统中围绕知识管理领域所具备的条件和作用力，这些能力主要包括知识的生产能力、知识的传播能力和知识的应用能力等。

能力复制，就是企业组织通过知识的传播与学习，让企业在实践操作层面，不再像以往那样经过长期的实践努力，才能够快速掌握组织或社会曾有的能力，从而让企业比竞争对手具备更优特性和竞争力。

5.6.2 知识能力管理的价值与难点

知识能力管理的价值在于：第一，持企业稳定发展之本，融创新系统应变之法，修创新管理体系之知。第二，依自身企业发展之实，借普适知识指导之能，得创新管理体系之识。

知识能力管理的痛点包括以下几点：

痛点一：重视不够，缺乏行动。

虽然知识的重要性被很多企业的领导人经常提起，我们也能听到很多"员工是我们最宝贵的资产""知识无价""知识就是力量"等醒世警句，但知识的价值却从来没有体现在企业的资产负债表中，也没有像其他有形资产一样得到真正的重视。

应对措施：引起重视，引导行动。第一层使管理者从意识上重视，第二层使知识管理落实到行动中，第三层将知识管理推广到公司每个角落和每个层次。

痛点二：知识碎片，缺乏管理。

一些重要知识、信息散落在公司内部员工的案头，得不到有效管理，更谈不上有效利用，企业自身不具备知识库建设的理论与方法。

应对措施：专业提升，知识固化。通过专业知识管理体系的确立，建立全企业的学习氛围和经验固化、知识提升的高效机制。

痛点三：缺乏提升，能力搁浅。

新员工入职对工作无从下手，一段时间内效率低下，工作久的员工对于新的工作挑战无所适从，压力颇大。

应对措施：能力复制，快速提升。通过企业内训和外训，结合认证，使外部知识内部化、个人知识企业化，使得不同层次不同需求的员工可以快速提升能力。

5.6.3 知识能力管理的组织、流程与核心方法

5.6.3.1 知识管理的组织与职责（见图 5-64）

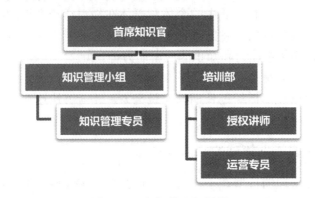

图 5-64　知识管理组织图

1. 组织与职责

（1）知识管理办公室总监（CKO）岗位职责

➤　负责知识管理平台的规划、建设及知识管理体系的构建等工作；

➤　促进内部组织的知识分享及知识创新，提升整体和个体的知识管理水平；

➤　负责知识管理相关项目的建设与资源协调。

（2）知识管理小组组长岗位职责

➤　优化知识管理流程，通过知识管理协助业务提升服务能力与效率；

➤　负责为公司的发展提供支持、评估及预测的知识内容；

➤　完成上级赋予的其他工作任务，促进知识管理工作的不断提升。

（3）培训部组长岗位职责

➤ 负责项目化管理知识的内训和外训组织协调。

（4）授权讲师

➤ 负责面向授证学员讲授项目化管理知识、一般管理知识等。

2. 学习型组织

知识能力复制的最高形式是形成学习型组织，使知识在企业内部进行全面传播。

学习型组织（EP Learning Organization，简称 EP-LO），指为应对剧烈变化的外在环境，力求精简、扁平化、弹性适应、终生学习、不断自我组织再造，以维持竞争力的组织。学习型组织是通过培训带动整个组织的学习气氛，充分发挥员工的创造性思维能力而建立起来的一种有机的、高度柔性的、扁平的、符合人性的、能持续发展的组织。这种组织具有持续学习的能力，具有高于个人绩效之和的综合绩效。

根据企业项目能力复制的工作范围和程度，企业项目化能力复制组织包括：

（1）企业培训中心

企业培训中心是企业进行知识传播与学习的媒介，是企业内部形成的、对内部职工进行职业教育、专业技能培训等的知识型组织。企业培训中心综合管理企业职工培训的规划、计划、资源及主要培训实施工作，使企业职员培训按照统一管理、分级实施的模式开展。

（2）企业研究学院

企业研究学院兼具企业培训中心的职能，是企业知识管理更高层级的体现，在承担企业培训中心的职能之外，同时负责能力的研究与工作的提升。

（3）企业内部大学

企业内部大学，又称公司大学，是指由企业出资，以企业高级管理人员、一流的商学院教授及专业培训师为师资，通过实战模拟、案例研讨、互动教学等实效性教育手段，以培养企业内部中、高级管理人才和企业供销合作者为目的，满足人们终身学习需要的一种新型教育、培训体系。

企业内部大学是企业进行知识管理更高层次的体现，同时承担着企业培训中心的能力传播与学习的职责、企业研究学院的研究与提升工作，同时还需要对企业中的知识管理与学习者进行考核与认定。

5.6.3.2 知识能力管理系统构建的流程方法

知识能力管理系统的构建分为三大步骤，分别为知识开发、专业展现和能力复制（见图 5-65）。

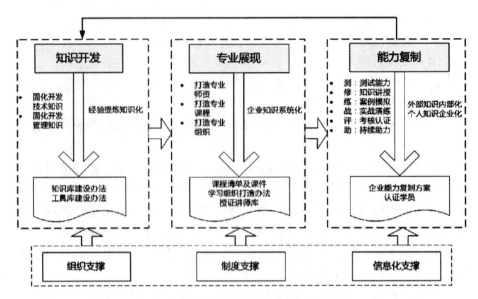

图 5-65　专业知识指导层级管理流程图

1. 构建项目化知识层级管理体系的第一步：知识开发（见图 5-66）

图 5-66　知识开发流程图

1）知识层级管理内容体系

（1）知识、经验、素质和能力的概念及关系（见表 5-65 和图 5-67）

表 5-65　核心概念辨析

名词	概念
知识	知识是人脑对客观事实的主观表征，活动的自我调节机制中一个不可缺少的构成因素，也是能力结构的一个不可或缺的组成部分。知识分为技术知识和管理知识，此篇着重讲述管理知识。
经验	经验是指人们通过练习而获得的动作方式和动作系统，也是能力结构的基本组成部分，本篇倾向于企业运营过程中的经验教训。
素质	本篇指 IQ（智商）+EQ（情商）+AQ（挫商）
能力	能力则是学习者对学到的知识和技能经过内化的产物，是使活动顺利完成的个性心理特征。

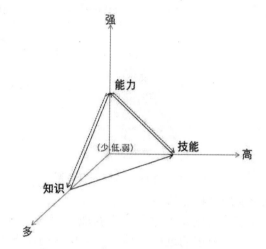

图 5-67　知识、技能和能力的关系图

（2）企业项目化知识的概念

企业项目化知识，是依托于现代企业管理知识和项目管理知识，对创新管理体系实践的总结和提升，是在创新管理体系实践过程中被企业公认的良好做法，是描述创新管理体系专业知识和术语的总和。

企业项目化知识是企业从长期性、稳定性的组织特性出发，将一般企业管理知识与项目管理知识进行有效融合从而发展得来的。企业项目化知识主要包括：创新管理体系所特有的知识，一般企业管理的知识以及项目管理知识。创新管理体系所特有的知识是指在一般企业管理和项目管理基础上拓展和丰富，并为创新管理体系所独有的知识，诸如创新管理体系能力与概念模型、企业项目化战略分解（EPS）、企业项目化战略管控等。一般企业管理的知识，是指在一般性的企业管理学科中重点阐述的知识，如战略管理、组织管理、人力资源管理等。项目管理知识，是指在项目管理学科研究中所阐述的知识，如项目生命周期、项目分解结构、里程碑等。

需要说明的是，这三方面的知识在内容上会有所交叉，又都有自身独特的部分；既不是其他知识的翻版，也不是其他知识内容的简单组合。企业只有在综合运用这些知识的基础上，才能为创新管理体系实践提供更为系统、全面和实效的指导。

2）知识和技能内容体系构建

（1）知识和技能内容体系（见图 5-68）

知识和技能内容体系是知识管理实施的重要组成部分，内容体系如果无法满足用户需求，便有可能使企业的知识库和技能库成为"垃圾库"，所以内容体系的建立是企业知识管理成功的关键点，企业应构建健康的知识内容生态。

图 5-68 知识、技能内容体系

（2）知识层级管理过程流体系

企业知识和技能流动的基本过程分为获取、存储、分享、学习、创新和应用，应是一个循环渐进的过程，具体含义与示例如表 5-66 所示。

表 5-66 知识管理过程流

名称	含义	示例
获取	企业将外部环境中的知识和技能转换到企业内部，能够为企业所用的管理过程	聘请外部专家顾问、收集市场信息、引进技术等
存储	将企业内外部知识和技能储存在管理软件中或者由专人负责知识和技能档案的整理保存	项目化管理软件中最终稿的上传、明晰企业知识和技能部分文件保存等
分享	企业通过各种交流方式，能够在最佳时机、最佳地点、以最合适的形式，将最合适的知识和技能传递给企业中最合适的成员的过程	内部技术论坛、知识库、工具库、知识黄页、知识地图、标杆管理、跨部门人员交流沙龙、人员流动等
学习	公司内部不同部门专业知识和技能的内外部学习	企业内部培训及外部培训
创新	企业在已有知识和技能资源基础上开发、创造出新知识和新技能的过程	新工艺设计、产品技术开发、营销创新等
应用	将知识和技能作用于企业经营管理实践，增强企业核心能力的过程	技术成果商业化、根据客户数据库提供个性化服务

（3）知识库工具库建设

① 强大的技术支持。知识库一般建立在企业的内部网络上，由安装在服务器上的一组软件构成。它能提供所需要的服务以及一些基本的安全措施和网络权限控制。员工可以在知识库中阅读公告和查找历史事件，寻找自己所需的知识资源。

② 专门的组织导入。为了获得完整的组织知识，在创建知识库时，组建专门的项目小组非常必要。专门的项目小组通过对知识的鉴定、编选和组合，增添知识的价值，并使知识变得容易获得和使用。

③ 内容翔实丰富。知识管理是要把各种各样的知识源囊括进来，包括从各种数据库、从互联网上的各个站点、从雇员们那里以及从合作伙伴们那里去得到知识的来源。

④ 持续更新和维护。建立一个知识库和一个垃圾库往往只有一步之遥。处于瞬息万变的当代社会，如果没有不断创新、不断回顾和不断更新，那么曾经的"知识"很快就会变成"垃圾"。

2. 构建项目化知识层级管理体系的第二步：专业展现（见图 5-69）

图 5-69 专业展现流程图

（1）打造专业课程（见表 5-67）

表 5-67 专业课程梳理示意表

知识模块	知识编号	课程名称
项目化整体设计模块	W1	企业项目化整体框架设计
管理思想引导传承系统	T1	企业思想文化凝练
管理能力快速复制系统	K1	知识库建设
	K2	知识库宣贯
	K3	专业认证
战略主导管控系统	S1	战略规划
	S2	战略实施管控
项目突破管理系统	P1	项目管理/管控体系建设
	P2	项目管理等级评定
	P3	项目管理/管控手册开发
组织人员保障管理系统	O1	组织架构设计
	O2	组织变革设计
	O3	人员聘用体系设计
	O4	全员培训体系设计
	O5	绩效薪酬体系设计

续表

知识模块	知识编号	课程名称
运营积淀管理系统	OP1	各业务系统设计
	OP2	职能管理系统设计
财务成效支撑管理系统	F1	全面预算系统建设
	F2	全面核算系统建设

（2）打造专业组织（见图5-70）

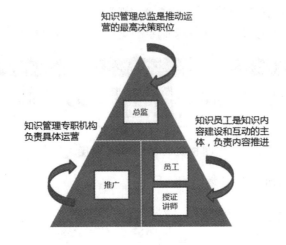

图 5-70　知识管理专业组织

知识管理的落实推进和未来知识管理体系的运营与发展，是面向企业级的整体应用，需要各部门、各岗位的参与和配合，需要一个知识管理专门机构进行整体协调，确保知识管理工作落到实处，权责分明，因此需建立合理的知识管理组织架构。

3. 构建专业知识指导层级管理体系的第三步：能力复制（见图5-71）

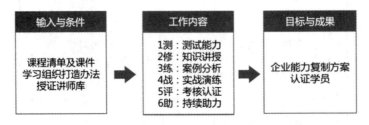

图 5-71　能力复制流程图

（1）测试能力

在启动专业知识管理进行指导前，组织必须理解自己的知识基础（Knowledge Base）和知识需求（Knowledge Requirement），才能有效地开发并选择对应的专业知识进行指导。

组织需进行知识审计或知识盘点，导入现状的诊断性评价，使管理者掌握第一手资料，更加准确、合理地进行战略规划，把握和控制未来知识管理实施的过程；对组织知识内容进行梳理，找到组织需要的知识，为现存的知识点和潜在的知识提供一幅更清楚的图画，并选择知识点和重点领域，这样组织所有的知识管理活动才能聚焦此处，使今后组织知识管理各项基础投资不出现偏差，也能为实施知识管理前后的绩效比较提供参考。最终形成如表 5-68 的企业知识清单和诊断性评价。

表 5-68　组织知识清单模板

组织知识清单								
序号	知识类别	知识来源	主要知识内容	应用场所	适用性评估	内部沟通与应用方式	责任人	更新状态

（2）知识讲授

应面向不同层级进行不同课程的知识讲授，形式应多样化，如采用研讨会、特训营、内训或岗位培训等，以达到不同的培训效果（见图 5-72）。

图 5-72　管理模式能力提升课程开发框架

（3）案例分析

案例分析（Case Analysis）是向学员提供一段背景资料，然后提出问题，在问题中要求学员阅读分析给定的资料，依据一定的理论知识，或做出决策，或做出评价，或提出具体的解决问题的方法或意见等，最后授证讲师进行分析总结（见图 5-73 和图 5-74）。

图 5-73　卓越项目经理培训

图 5-74　"新形势下企业安全降税的黄金法则"培训

案例分析属于综合性较强的题目类型，考察的是高层次的认知目标。它不仅能提高学员了解知识的程度，而且能提高学员理解、运用知识的能力，更重要的是它能提高学员综合分析和评价方面的能力。

（4）实战演练

情景模拟是指根据被试者可能担任的职务，编制一套与该职务实际情况相似的测试项目，将被试者安排在模拟、逼真的工作环境中，要求被试者处理可能出现的各种问题，用多种方法来测评其心理素质、潜在能力的一系列方法。规则如下：

① 被测者每 4～7 人一组，若是一个微型企业，组员可自愿组合或指派。

② 每人在自己的"企业"中分工承担的责任或职务，由每人自报或者推举，小组协商确定，不予指派。

③ 各组按照竞赛组织所提供的文件材料，在规定的工作周期内，完成题目要求完成的各个题项，组织者进行评价打分。

④ 请优秀组进行展示分享，其他组学习。

（5）考核认证（见图 5-75）

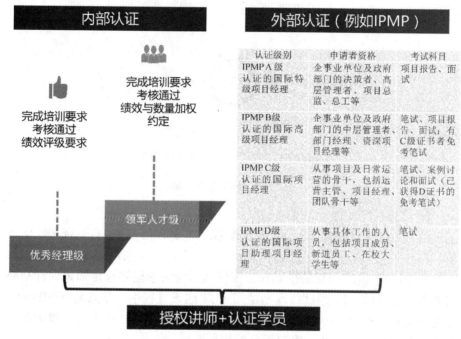

图 5-75 内、外部认证示意图

注：IPMP，即国际项目经理资质认证。

考核认证由 CKO 组织，授权讲师和认证学员参与，不限于任何项目化或者项目管理的知识，另外也包含一般管理知识技能等，要注意以下几点：

① 打破职务、职级界限，以专业能力作为认证标准。

② 内外部认证相结合。

③ 形成内部学习、尊重专业的氛围机制。

④ 逐层认证，培训-演练-考核与项目实操-项目绩效结合评定。

⑤ 物质+荣誉奖励相结合，强激励机制。

5.6.3.3 知识层级管理的支撑

1. 制度支撑

知识管理是一项需要长期坚持、发动全员的管理变革和实践活动，需要组织内每个员工发挥自己的光和热，贡献知识、分享智慧、创造新知。要调动全员的积极性，需要建立行之有效的激励制度。

从管理和控制的角度出发，需要建立知识管理的管控类制度，主要包括知识规范办法、知识安全办法、知识审核办法、知识管理考核办法等（见图 5-76）。

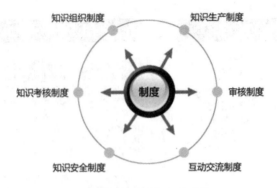

图 5-76 制度文件清单

2. 信息系统支撑

信息系统支撑咨询包括 IT 需求规划、IT 建设监理和 IT 平台初始化三项。

其中，IT 需求规划是指确保知识管理系统需求能够满足知识管理战略需要和发展目标；IT 建设监理则是指在 IT 建设过程中，参与监督和检查，避免偏离知识管理总体战略航线；IT 平台初始化，则是将内容、权限等初始化到系统平台中，以支撑起平台的初步框架。

5.6.4 一流企业知识能力成果指标（见表 5-69）

表 5-69 一流企业知识能力成果指标

系统名称	一级成果指标	二级成果指标
知识能力成果指标	外部认证	外部培训参与率
		外部认证通过数量
		外部认证通过率
	企业内训	企业内训次数
		内部讲师数量
		内部开发课程数量
	人员能力	战略管理人员能力水平
		项目管理人员能力水平
		运营管理人员能力水平
		组织管理人员能力水平
		财务管理人员能力水平

5.6.5　一流企业知识能力管理系统核心要素

一流企业知识能力管理系统共包含三个核心要素，设置六个评价要点，具体如表 5-70 所示。

表 5-70　一流企业知识能力管理系统核心要素

核心要素	评价要点
经验固化	专业学习组织
知识提炼	知识库
	工具库
	专业课程清单及课件
能力复制	专业授证讲师库
	企业能力复制方案

5.7　思想文化管理系统

在企业项目化的大趋势下，项目性活动不同程度的增加，需要人们比以往更注重合作。而企业作为一个法人组织，如何将众多独立的个体绑在一起，共同为企业的使命长久合作、共同奋斗呢？老子的《道德经》中强调无形比有形更加重要，"天下万物生于有，有生于无"。企业思想文化虽然是无形的，但将会在更高层次上为企业管理提供保障。一个企业没有文化，就等于没有灵魂。在杰出的企业里，其主要产品既不是客户所要购买的东西，也不是员工所制造的东西，而是客户和员工全都融于其中的企业文化。

5.7.1　思想文化管理的定位与内涵

思想文化管理系统是创新管理体系的高端层级，是在创新管理体系的操作实践和知识能力复制的基础之上，对企业未来发展的终极目标以及为了达成目标而经历的过程理念、发展路径在思想意识层面的核心思考，对企业项目化整体管理和企业永续发展起引领作用，是企业核心竞争力的本质体现（见图 5-77）。

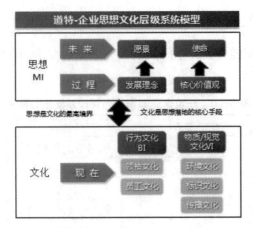

图 5-77　思想文化管理系统模型

在企业创新项目化管理中，企业思想文化管理包含对于企业思想和企业文化等管理方面的内容。

1. 企业思想

企业思想是指对企业终极发展目标以及发展路径的思考与思维。

企业思想是企业文化的核心，是企业意识形态的总和。其是领导者对企业项目化发展最终目标的思考，包括了终极目标（愿景、使命）、发展路径（理念）、价值标准（核心价值观）的思考。

① 愿景：企业长远发展方向及终极目标追求的深入描述。

② 使命：企业长远发展终极目标的意义和价值。

③ 发展理念：企业在追求终极目标的过程中所依赖的核心手段和途径。

④ 核心价值观：企业在事业经营管理活动中处理内外部矛盾所依据的价值评断标准是企业在发展中处理内外部矛盾的一系列准则，如企业对市场、对客户、对员工等的看法或态度，它将影响与表明企业的生存立场。

2. 企业文化

企业文化是指企业在经营管理过程中形成的独具特色的思想意识在行为层与物质层的展现。企业文化是思想落地的核心手段与方式。

行为文化：指企业各层次人员在各自活动中的素养和作风表现及其所产生的活动性文化。企业行为一般包括领袖的行为、榜样/英雄行为和普通员工的行为等。

物质/视觉文化：指以物质形态呈现出来的表层企业文化，是企业精神文化的载体，也是精神文化作用的结果和体现，可分为环境文化、标识文化以及传播文化三部分。主要包括：企业名称、标志、标准字、标准色；

企业外貌；产品的特色、式样、外观和包装；技术工艺设备特性；司徽、司旗、司歌、司服、司花；企业的文化体育生活设施；企业造型和纪念性建筑；企业纪念品；企业的文化传播网络。

5.7.2　思想文化管理的价值与难点

随着市场竞争的加剧，企业思想文化管理在企业竞争中的作用越来越突出。《财富》500 强评选总结提到，最能预测公司各个方面是否最优秀的因素是公司吸引、激励和留住人才的能力。企业思想文化是它们加强这种关键能力的最重要的工具。谁拥有强大的思想文化优势，谁就能在激烈的市场竞争中胜出。21 世纪被称为"文化制胜"的时代，通过加强企业思想文化建设获取竞争优势成为许多企业的迫切需求。而在企业实际管理工作中，对于思想文化管理往往存在理解误区或无从下手之感，具体体现在以下几个方面：

（1）企业思想如何挖掘、梳理、提炼？

通过愿景使命、发展理念、管理法制设计和咨询过程把企业的优势基因凸显出来，在挖掘企业个性文化过程中，帮助企业高层想明白企业要什么、凭什么发展、应该怎么发展这三个问题，形成一套思想引导体系，引导全员上下一心，实现组织的融合与合作，保证企业永续发展。

（2）企业文化的落实如何不流于形式，为企业的发展发挥引领作用？

推动文化落实，是一个系统工程，通过企业文化落实系统的方案设计、组织搭建、实施推动，真正把企业文化落在实处，形成落实方案设计—组织设置—宣贯培训体系建设—文化系统体系建设—宣导传播体系建设—监控改进体系坚实的闭环，为企业文化的长远发展提供坚实的基础。

（3）目前的企业文化建设水平如何？对于企业发展的引领作用是否突出？是否需要构建、优化调整？

通过企业文化诊断找出企业文化存在的问题点。管理咨询可以站在第三方的立场，以中立的外部视角，反过来透视内部、系统梳理；外部企业文化专家和内部经营管理人员共同完成企业文化诊断，运用科学的调查方法与分析方法，对企业文化的整体现状做一个全方位的认知与考量。

5.7.3 思想文化管理的组织、流程与核心方法

5.7.3.1 系统构成（见图5-78）

思想文化层次管理三步走：三大阶段、八大步骤、十七大工作

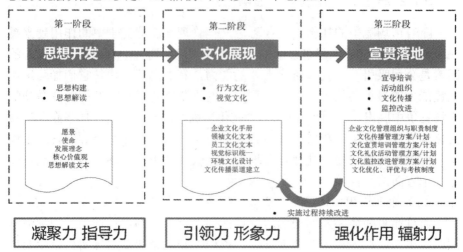

图5-78　企业思想文化管理系统构成图

5.7.3..2 思想开发阶段工作内容（见图5-79）

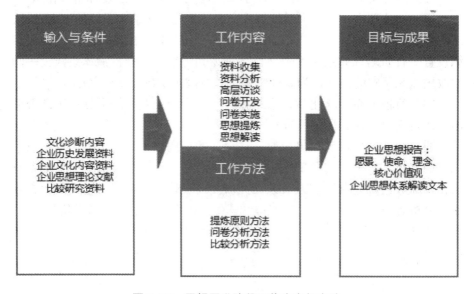

图5-79　思想开发阶段工作内容与方法

5.7.3.3 文化展现阶段工作内容（见图 5-80）

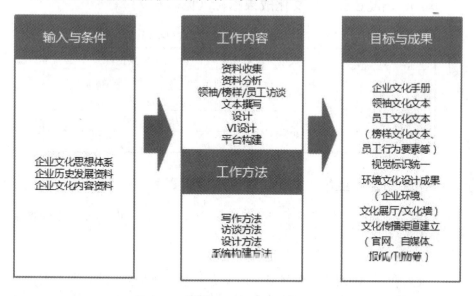

图 5-80　文化展现阶段工作内容与方法

5.7.3.4 宣贯落地阶段工作内容（见图 5-81）

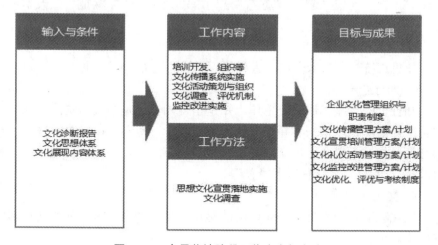

图 5-81　宣贯落地阶段工作内容与方法

5.7.4 一流企业思想文化成果指标（见表 5-71）

表 5-71　一流企业思想文化成果指标

系统名称	一级成果指标	二级成果指标
思想文化成果指标	思想理念	创始人及历任 CEO 专著、传记数
		创始人及高管曝光率
	企业文化	品牌文化传播率
		品牌价值

5.7.5 一流企业思想文化管理系统核心要素

一流企业思想文化管理系统共包含三个核心要素，设置五个评价要点（见图 5-82 和表 5-72）。

1. 天人合一

"天人合一"的思想观念最早是由道家学派代表人庄子发展为天人合一的哲学思想体系。人和自然在本质上是相通的，故一切人、事均应顺乎自然规律，达到人与自然的和谐。老子说："人法地，地法天，天法道，道法自然。""天"代表"道""真理""法则"，"天人合一"就是与先天本性相合，回归大道，归根复命。

2. 思想统一

使思想统一、信念一致，达到同心同德的境界。

3. 知行合一

知行合一，即客体顺应主体。知是指良知，行是指人的实践，知与行的合一，既不是以知来吞并行，认为知便是行，也不是以行来吞并知，认为行便是知。不仅要认识（"知"），更应当实践（"行"），只有把"知"和"行"统一起来，才能称得上"善"。

4. 文化认同

文化认同是一种群体文化认同的感觉，是一种个体被群体的文化影响的感觉。

5. 同创共享

以创新为核心内容的企业文化，鼓励员工发扬创新精神，用创新来保持企业的生命力，既有助于员工个体自我价值的实现与组织整体最大效能的发挥，又有利于营造创新、积极的开拓性企业文化氛围。

团队文化强调现代企业管理理念，应由"命令与控制"转向"人本管理"理念。团队文化中的"人本管理"理念，有助于成员获得一种认同感，有利于提高团队成员的地位，激励他们愿意为团队整体承担更大的责任。

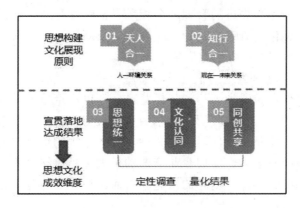

图 5-82　卓越思想文化管理原则

表 5-72　一流企业思想文化管理系统核心要素

核心要素	评价要点
使命愿景	天人合一　思想统一
理念与价值观	知行合一　文化认同
行为法则	同创共享

5.8　信息化管理系统

5.8.1　信息化管理的定位与内涵

"信息化"用作名词，通常指现代信息技术应用，特别是促成应用对象或领域（比如企业或社会）发生转变的过程。例如，"企业信息化"不仅指在企业中应用信息技术，更重要的是深入应用信息技术所促成或能够达成的业务模式、组织架构乃至经营战略转变。"信息化"用作形容词时，常指对象或领域因信息技术的深入应用所达成的新形态或状态。例如，"信息化社会"指信息技术应用到一定程度后达成的社会形态，它包含许多只有在充分应用现代信息技术才能达成的新特征。

中共中央办公厅、国务院办公厅印发《2006—2020 年国家信息化发展战略》中对信息化的定义为：信息化是充分利用信息技术，开发利用信息资源，促进信息交流和知识共享，提高经济增长质量，推动经济社会发展转型的历史进程。

信息化管理是以信息化带动工业化，实现企业管理现代化的过程，它是将现代信息技术与先进的管理理念相融合，转变企业生产方式、经营方式、业务流程、传统管理方式和组织方式，重新整合企业内外部资源，提高企业效率和效益、增强企业竞争力的过程。

1. 信息化管理是为达到企业目标而进行的一个过程

信息化管理是企业为了达到其经营目标、以适量投入获取最佳效益、借助一些重要的工具和手段而有效利用企业人力、物力和财力等资源的过程。其中，信息化是手段，运营是关键，业务流程的优化或重组是核心，增强企业的核心竞争力、实现企业价值的最大化是最终目的。不能为了片面追求信息系统的准确、信息的快速获得而忽视了信息是为企业经营管理服务的这一宗旨。

2. 信息化管理不是 IT 与经营管理简单的结合，而是相互融合和创新

信息化管理不是简单地用 IT 工具来实现已经陈旧的管理逻辑，不要期望将某种解决方案、ERP 等系统套用在传统的管理模式之上就会产生某种神奇的功效。当信息系统与现行的管理制度、组织行为发生剧烈冲击和碰撞的时候，当需要真正的创新发生在现有的管理层面甚至企业治理结构层面的时候，信息系统往往无法提供更多的帮助，而是需要通过信息化带动企业管理的创新，站在企业战略发展的高度，重新审视过去积淀的企业文化、企业理念、管理制度、组织结构，将信息技术融入企业新的管理模式和方法中。

3. 信息化管理是一个动态的系统和一个动态的管理过程

企业的信息化并不是一蹴而就的，而是渐次渐高的。企业内外部环境是一个动态的系统，企业管理的信息化系统软件也要与之相适应，管理信息系统的选型、采购、实施、应用是一个循环的动态过程。这一动态过程是与企业的战略目标和业务流程紧密联系在一起的。

5.8.2 信息化管理的价值与难点

5.8.2.1 企业信息化管理的价值

企业间的竞争应当包括产品竞争、价格竞争、品种竞争、服务竞争、市场竞争和信誉竞争等诸多方面。随着我们一边完成工业化进程，一边步入信息时代，各种方面的竞争也都不可避免地被打上了信息化的烙印。

企业要在日新月异的科技时代里求得生存和发展，就必须参与企业间的科技竞争，把生产和经营牢牢植根于科学技术的沃土之上，使企业在优

胜劣汰的竞争中永远充满活力。一般说来，技术进步会从以下几个方面对企业产生直接影响：

　　① 提升企业管理的效率与质量；

　　② 提高产品和服务的质量；

　　③ 缩短产品的生命周期，加快更新换代；

　　④ 改进生产工艺和生产流程，提高生产效率。

5.8.2.2　企业信息化管理的难点

1. 信息化建设认识不够

信息化在中国发展这二十多年里，一直是应用需求推动它的发展，头疼治头，脚病医脚。而国外信息化建设进程是这样的：配置硬件→组建网络→选购软件运行平台→选购软件；国内则是配置硬件→组建网络→选购软件→遇到困难开始搭建平台。相比之下，不难发现差距：企业对信息化建设缺乏统筹的、高屋建瓴的认识。

2. 信息化建设成本不断增加

企业信息化建设的各种硬件设备、网络建设的生命周期越来越短，更新换代越来越频繁。软件越做越大，对硬件的要求也不断增加，导致硬件设备更新，原有设备闲置浪费。企业在异地不断成立新的工厂或分支机构，而现有的信息系统在低带宽条件下无法应用，假如申请专线来支持企业原应用系统，就会大大增加网络成本。

3. 企业运营和维护成本加大

企业信息化应用系统种类繁多，且分别安装在不同的客户端上，导致部署、维护、升级、培训等工作量巨大，人力成本日益增加，效率也难以提升。

4. 软件架构无法兼容

当前的软件架构主流是基于 C/S 和 B/S 两大类。C/S 功能强大，具备灵活的人机交互界面，但对设备配置要求高，客户端维护量大，不能实现集中部署和维护，远程应用对网络带宽要求很高。B/S 架构可实现集中部署和远程应用，但系统响应速度慢、服务器消耗大、通信带宽要求高、安全性差、速度慢，用户交互界面的友好性差。企业不同阶段购置不同的应用软件，形成信息孤岛，企业内外网用户无法协同工作、共享信息。

5. 信息系统安全性难以保证

网络安全分为传输安全、登陆身份认证安全、边界安全和服务器安全四个方面，传统的方式在这几方面没有系统和彻底得到解决，安全问题使得企业提心吊胆，企业信息化发展顾虑重重，不敢放手去建设和运用。

6. 集中管理难以实现

对于企业的一些核心层来说，要把所有的资源和信息都集中化统一管理，且又通过相应授权给相应级别的人，保证信息保密而又不影响工作的需求难以实现。

7. 远程办公推行困难

当前阿里、腾讯等互联网巨头以及传统的 ERP 软件服务商都可以提供多种的移动远程办公产品，但是这些远程办公产品常常无法与企业的实际管理标准、工作流程相吻合，尤其是它们相互之间不能有效集成，需要企业进行高昂的客制化开发和系统集成投入。

5.8.3 信息化管理的组织、流程与核心方法

企业在信息化建设的同时，应不断深入挖掘适合企业获取最大经济效益的管理模式，将计算机网络应用到企业的经营活动当中，通过计算机网络获取先进有效的数据信息，加强企业在市场竞争体制下的核心竞争力。企业信息化建设流程如图 5-83 所示。

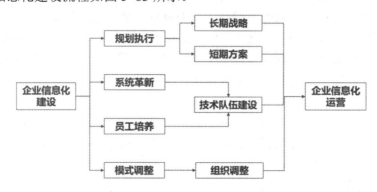

图 5-83　企业信息化建设流程

1. 制定发展战略规划

企业信息化规划是指企业在其长远发展目标的指引下，结合本行业信息与最新科学技术，提出发展企业的一系列战略部署，指导企业发展方向，最大化实现企业战略目标。企业信息化规划应以企业现阶段实际状况以及企业各方面评估结果作为依据，就信息化发展路径进行分析、总结、归纳、制定符合企业信息化发展的阶段目标，结合企业短期战略目标及外部环境，逐渐优化信息化流程，服务于企业信息化建设。

2. 技术队伍建设

信息化建设是一项复杂而又长远的系统工程，企业必须拥有一支既懂

信息技术又懂管理业务的信息化人才队伍作为支撑，并在长期的企业信息化建设过程中注重对其管理知识以及业务技能的培养，为企业信息化建设打下基础。

企业信息化并不是简单的软硬件系统的购买，而是信息化的真正运营。技术队伍是企业信息化建设的首选要素，在软硬件系统搭建的过程中，可以使企业节省大量开支。在信息系统搭建齐全的情况下，技术队伍可以使企业信息化真正运行起来，为企业谋取经济效益。

3. 调整工作模式

企业信息建设的基础是企业内部信息数字化，并在此基础上，将企业经营的工作流程以软件程序的方式固定下来，将此过程不断延伸到企业经营的各个领域。

提高企业在生产经营过程中的自动化，同时利用计算机建立企业管理信息系统，实现无纸化办公，提高企业运营效率，并通过网络采集国家宏观信息，及时抓住商业现代化信息，提高企业对市场的快速反应能力，提升企业的决策能力。

企业通过信息化建设的全局规划，制定符合自身发展的信息化建设方案；通过创建技术队伍，使企业内部员工 IT 实力不断提升，在工作环节中逐渐贯彻信息化工作理念、数字化经营模式、信息系统工作模式，将信息化不断渗透到企业的各个领域。

综上所述，企业实施信息化建设是为满足激烈市场竞争的形势需要，企业信息化有利于实现企业生产经营管理活动的经营智能化，增加企业间的技术流通，提升整个行业的技术水平。然而，企业在实施信息化的过程中要循序渐进，一味追求信息化进度有可能会使企业产生危机。企业信息化建设需要一支技术型队伍作为支撑，对企业信息化建设要进行整体部署、全局规划。在信息化实施过程中要切实将信息化软硬件系统与企业管理方法相结合，以提高企业的竞争力。

4. 企业信息化建设要点

（1）信息技术的集成化是企业信息化基础建设的关键

在引进设备和推进信息化过程中，要考虑企业信息系统能否集成，能否实现体系与外界、系统与系统的兼容，能否实现资源的共享、结构的优化，而不会产生"信息孤岛"系统分散。在软件建设方面，要考虑国产软件功能尚不完备、系统间集成能力较差、产品开发工程化较弱、对企业的普适性不高等问题，力争实现行业软件的统一开发。

为什么有些企业会出现产供销脱节、财务账与实际账面不符等问题？

这是由于生产、销售、采购、物流、财务等各流程单独运营，独立开发，没有按照一定程序集成技术，形成有机的整体统一协作。所以信息系统开发时要实现信息技术的集成化、管理信息化。从生产车间计划开始，各车间各部门应统一协调编制一套集成很高的信息管理系统（MIS）。

数据环境是实现企业信息化的基础。企业数据环境的建设应包括企业生产，经营和管理活动的数据采集、加工和处理以及以"数据为中心"由低级逐步向高级发展综合应用数据库的建设。按照数据传递标准，保证正常的信息传递及其有效的关联，达到系统资源共享，信息不冗余、不分散，这样就能提高信息使用效率，使信息流通方便、快捷，从而保证了物质流、资金流的运转速度，促进价值流迅速提升，实现资金流、物流和工作流的整合，进而达到企业资源的优化配置，不断提高企业管理的效率和水平，最终提高企业经济效益和核心竞争能力。

（2）抓好网络基础设施建设

在及时配置相应的电脑、打印机、扫描仪、摄影机、照相机等系列办公自动化设备的同时，更要抓好网络基础设施。网络基础设施建设主要包括各种信息传输网络建设、信息传输设备研制、信息技术开发等设施建设。在企业信息化工程组织、建设与应用中我们应处理好几个关系：信息主干网络与广域网络建设的关系；网络平台与应用平台建设的关系；软件投资与硬件投资的关系；总体数据规划与应用开发的关系；原有子系统集成与新系统开发的关系；系统建设与提高企业员工信息化意识的关系；近期目标与长远目标的关系；依靠自身力量与选择伙伴合作的关系。

（3）强化协同作业，重视安全认证

网上协同作业体系建设的快慢直接影响着企业信息化建设的进程。因此，为保证电子商务的效率，应充分发挥信息流、资金流、物流的价值，努力达到协调统一。对于开展电子商务的企业应注意解决网上购物、交易和结算中的安全问题，制定一套安全认证体系并逐步完善，在日常系统维护工作中，需防止计算机病毒和"黑客"攻击，确保系统不出故障。

（4）高素质的信息技术队伍建设

人是信息化建设中重要的组成部分，信息化的人才是信息化建设的关键。企业信息化建设需要一支既懂技术，又懂管理，知识结构合理、技术过硬的"复合型"人才队伍。所以，只有加强人才培养，才能造就一批精通专业知识、具有强烈的创新精神和实践能力的高层信息技术队伍。

（5）加大企业信息化建设的投资与投入

有些企业高层对企业信息化的认识不足、重视不够，也就造成这方面的投资不足、经费不够。尤其在企业信息化建设初期，如果对信息管理期望值过高，一旦收效不太明显，投资费用又要增多，就可能会丧失信心，减少投资，甚至会减少建设过程中的人力、物力的投入，这样将影响整个建设进程，不利于信息化建设的继续发展。所以，应积极倡导信息时代新思维管理模式，做好认识工作，让企业决策层意识到企业信息化建设的重要性，从而加大资金与人才的投入。

5.8.4　一流企业信息化成果指标（见表 5-73）

表 5-73　一流企业信息化成果指标

系统名称	一级成果指标	二级成果指标
信息化成果指标	信息化应用	信息化流程占比
		纸质文件会签占比
		线上会议占比

第 6 章　适时变革升级，创造一流奇迹

2000 年的天士力控股集团还是一家处于高速成长过程中的企业。当时的天士力一方面要把市场紧缺的药品保质保量地生产出来，另一方面要不断研发和上市新药品、开拓市场。而原有的运营管理系统不能满足这样高效、及时的业务需求，因此企业寻求变革之法，希望通过引入一种新的管理模式来提升。最终天士力选择引入项目化管理，通过实施全面项目化管理，以任务为中心，深入激发员工的积极性，降低运营成本，实现高效运营，四年的时间将复方丹参滴丸打造成国内现代中药知名品牌。

2005 年随着火电建设井喷期的临近，天津电建承包的工程量大幅跃升。天津电建为加强核心业务的管理竞争力，为火电建设投资高潮的到来进行管理准备和后备项目管理人员的培养，集中力量建设天津电建项目管理模式。短短几年时间，天津电建跻身《工程新闻纪录（ENR）》"全球最大 250 家国际承包商"，是全国电力建设优秀施工企业和社会信用评价 AAA 级企业，成为天津市百强企业和全国建筑业 500 强企业。

2008 年 8 月 1 日，京津城际铁路开通运营，这是我国首条高速铁路，唐车公司研制的 CRH3 型时速 350 公里动车组承担了这条铁路的全部运营任务，数百位国际政商名流乘坐 CRH3 动车组体验了"中国速度"，它被誉为"国家名片"。随着唐车公司在海外、城轨等市场上的突破，加上研制项目的不断增加，产品快速研制与生产成为唐车最重要的需求。基于此，唐车开展实施"激情精益式项目制管理"，借鉴标杆企业项目管理思想和经验，结合企业自身特点，系统总结和开发了唐车公司的项目管理机制，借助"激情精益式项目制管理"，唐车一次又一次地展示了"中国速度"。

以上三个企业在发展过程中取得了巨大的成就，这一切都离不开在关键时刻推行的管理变革。企业通过引入并打造自身的管理体系，既解决了面临的问题，又带来了巨大的收益，那么通过这样的案例是否可以探索一条打造世界一流企业的道路？梦想企业应在什么情况下进行管理体系变革？为什么都以企业项目化管理为核心推进管理体系变革？过程中又遇到了哪些挑战？如何应对？待笔者通过本章的创新管理体系建设为你解答。

阅读导图

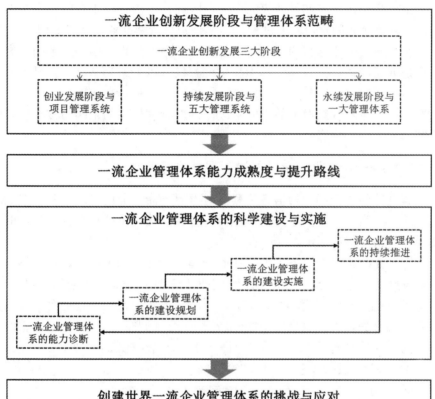

读者感言：

- -

- -

- -

- -

6.1 一流企业创新发展阶段与管理体系范畴

"天下之事，因循则无一事可为；奋然为之，亦未必难。"

——（明）归有光

循规蹈矩，从来都是毁灭的源头。因此，一流企业生存的根本必然是创新，一流企业的建设发展过程，一定是一个持续创新发展的过程。

作为一流企业运转的支柱，它的管理体系必然也是围绕创新的，创新永远是创新管理体系发展的动力和生命源泉。以创新为基础，它又是一个多方面融合的体系，全功能、全方位、多系统、深交融的管理体系。

在一流企业创新发展的不同阶段，创新管理体系的范畴与核心也有所不同。

6.1.1 一流企业创新发展的管理体系范畴

通过前面的介绍，相信各位读者对世界一流企业的管理和各个专业管理系统已经有了初步的认知，但是对创新管理体系可能还是存在一定的认知模糊、整体感观不足。

笔者在总结多年服务大型企业的管理咨询经验的基础上，对世界一流企业发展历史进行分析，结合管理科学理论和国家对企业发展的顶层设计，将世界一流企业管理内容进行萃取，分析第五章中八大系统的关系，结合创新和融合的理念，总结出形成创新管理体系的整体范畴。全面完整的、科学的、先进的创新管理体系（见图6-1）应当包括以下内容。

① 一大体系：体系设计，统揽全局。

② 三条主线：三线梳理，条理清晰。

③ 八大系统：系统建设，各司其职。

④ 八大法则：法则指引，高效运转。

⑤ 二十六个系统模块：模块构成，内聚外联。

⑥ 五十三个管理成果指标：成果验证，快速诊断。

⑦ 一百零三个要素评价指标：要素分析，深度评估。

创新管理体系应当是八大系统依据八大法则运转的体系，八大系统因有不同功能和作用而相互协作、相互支撑。其中，战略、项目、运营系统组成工作条线，实现企业发展提升；组织、财务和项目组成实施条线，保持企业稳固增长；思想、知识、信息化与操作层级组成管理能力传承的时间条线，实现企业持续发展。三个条线相互融合，发展创新，最终形成创新管理体系。

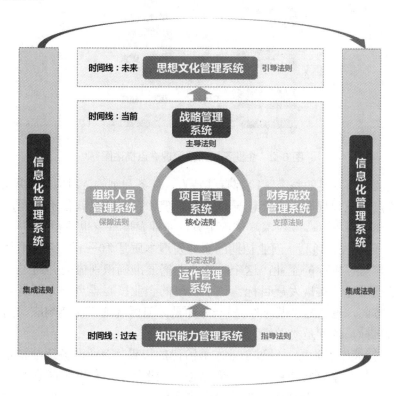

图 6-1　创新管理体系图

6.1.2　一流企业创新发展三大阶段

创新管理体系是企业发展壮大的充分条件，是企业成长为世界一流的必要保障，但创新管理体系的建设是一个逐步发展的过程，这是由于其受企业发展过程的限制。

世界一流企业的建设需要经历一个变化与成长的过程，这个过程对于企业是充分且必要的。企业成长不能忽视发展的客观规律和历程，企图通过硬套创新管理体系就跳跃式成为世界一流企业是不可能的，更有甚者可能会自毁长城。

根据企业发展的成熟度、创新的范围、内容以及不同时期企业的需求和目标，企业的发展过程可依次划分为三大阶段：创业发展阶段、持续发展阶段与永续发展阶段（见图 6-2），这三个阶段也称作"企业创新发展三大阶段"。

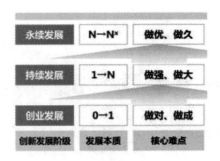

图 6-2　企业不同阶段管理重点描述图

企业创新发展的每个阶段都有其特点、任务和制约，对应的发展本质、核心难点、管理规则、主要领导位置和管理体系范畴也就各不相同，其涉及的管理复杂程度、专业深度依次上升，企业发展重点也不相同。

① 创业发展阶段。创业初期的企业发展本质是"0→1"，突破不稳定，成为一家可以生存的企业，这个时期企业需要准确识别方向并通过一个个项目的精准完成实现发展目标。这个阶段的企业核心难点一方面是如何精准识别方向，也就是"做对"；另一方面是如何围绕项目快速响应、高效完成项目目标，也就是"做成"。

② 持续发展阶段。经过创业发展阶段的积累，企业业务逐渐稳定，规模扩大，开始建设并完善内部管理，这个阶段企业发展的本质是"1→N"，实现规模发展，这个时期企业必须构建规范、功能完善的管理系统为发展奠定强大基础。这个阶段企业遇到的核心难点一方面是扩大企业规模，即"做大"；另一方面是保持规模扩大后的能力与成本，也就是"做强"。

③ 永续发展阶段。当企业进一步发展，企业开始追求长久生存之道，期望实现企业自治，与人互治，赋能企业人员，这个阶段发展本质是"N→N^x"。这个阶段核心难点在于"做优、做久"，即如何让企业赋能人，企业思想如何传承、落地。

6.1.2.1　创业发展阶段与项目管理系统（点）

上面谈到，创业发展阶段的企业，发展本质是"0→1"，核心难点是"做对、做成"，这个阶段的企业应当以项目为核心，追求项目的成功，从而为企业带来业务和经营的突破。

创业时期的企业负责人，更像是以企业创业项目管理为职责的项目经理，此时企业以项目成功为最重要的管理目标。因此，处于创业阶段的企业，最大的难题是靠什么项目活下来、这个项目能否成功，也就是笔者所提的"选对项目、做成项目"，也就是"做对、做成"。

这个阶段企业管理体系还是一个"点"，因为企业运转的规章制度和机制并不完善，企业管理范畴在于做好项目管理系统这个"点"便可实现项目的成功。

创业发展阶段，所有工作围绕项目进行，这个时期企业运行的规章制度等并不完善，明显存在创业人"一言堂"的现象，这就决定了创业发展阶段的企业管理运转规则是"人治"。在此阶段，企业管理的关键是"定事要准、谋事要透、干事要快、了事要清"，因此，企业领导的位置一定在"前台"，企业领导要冲在发展的前方，开拓道路。

注：关于项目管理的概念、起源与发展，有兴趣的读者可参考《世界一流企业管理体系范式理论》一书，本书在此不做赘述。

6.1.2.2 持续发展阶段与五大管理系统（面）

渡过创业发展时期，企业就进入了持续发展时期。持续发展时期又可分为两个阶段：迅速成长阶段和稳定成长阶段。在迅速成长阶段，企业基本形成了自己独特的产品系列，产品市场份额稳步提高，市场竞争能力逐渐增强，业绩增长速度加快。经过快速的增长和积累之后，市场竞争者增多，产品市场份额增长速度减缓，企业进入了稳步成长阶段。在这一阶段，企业已经接近永续发展，是永续发展期的过渡阶段。这时，企业在竞争产业中已经有了比较明确的市场定位，为了保持现有的发展速度，企业会不断寻找新的业务，寻求新的利润增长点。因此，处于持续发展阶段的企业有两大难题，即"做强"与"做大"。

这个阶段，企业管理层的决策管理和风险管理能力较强，分权经营管理模式逐渐完善，具有管理经验的职业经理人不断被吸收到企业中来，企业管理体系逐步完善，已经从"点"发展成"面"，企业管理范畴发展成为五大管理系统，即战略管理、项目管理、运营管理、组织管理、财务管理系统，五大系统的关系是"战略主导、项目核心、运作积淀、组织人员保障、财务成效支撑"。

① 战略管理系统：包括战略分析工作项、战略规划工作项、战略实施工作项、战略管控工作项。

② 项目管理系统：包括项目孵化工作项、单项目管理工作项、项目集群管控工作项。

③ 运作管理系统：包括运作转化工作项、运作管理工作项。

④ 组织人员管理系统：包括组织架构与职责工作项、人员聘用育留工作项、组织薪酬管理工作项、制度与标准工作项。

⑤ 财务成效管理系统：包括全面预算管理工作项、全面决算管理工作项、业绩成效管理工作项。

因为持续发展阶段的企业形成"面"的管理范畴，已经突破了创业发展阶段企业领导"一言堂"的界限，并根据创业项目管理的经验，形成了一套活动管理的制度与准则，使企业的管理有据可循。因此，此阶段管理运转规则是"法治"。

处于持续发展阶段的企业，不再以创业项目的管理成功为最终目标，而是以企业的稳步运转、快速发展为目的，企业领导位置不再是"冲锋陷阵"的"前台"，应当是企业发展的"后台"，即稳控后方，以固化、稳定的管理快速复制，保障企业规模发展。

6.1.2.3 永续发展阶段与一大管理体系（体）

经过持续发展阶段，企业的经营活动相对稳定，除了诸如并购等重大决策的影响外，企业各期间的净收益变化不是很明显，战略目标及竞争优势已显现出来，在行业中的地位也基本稳定。除此之外，此时的企业拥有竞争力很强的产品集群和企业核心竞争力，经过成长期的研究开发与发展，这些技术成果已经转化为企业的产品优势。可以说，此时期的企业已经初步具备了世界一流企业的能力，但这样的企业并不一定会永续发展下去，成熟的操作能力并不能保证企业在大变革下可以渡过难关，企业需要更加明确的思想指导以企业中的知识、经验与能力的传承来引导企业不断突破式发展。因此，处于永续发展阶段的企业，最大的难题是"做优"与"做久"。

进入永续发展阶段的企业，运作与管理基础较为深厚，企业的规章制度成熟、完善，思想、知识、信息化三者的进一步结合让这个时期的企业管理已经形成了体系。

管理体系的具备，让企业的管理方式不仅局限于外界监督，处于此阶段的企业管理运转规则已经突破"人治"和"法治"，进入到"自治"阶段，这是一个企业具备自我生命力的阶段。

永续发展阶段的企业已经建成管理体系，结合"思想引导、知识指导、操作核心、信息化保障"的原则，企业领导不再是企业的"后台"，而是放眼于行业，放眼于社会资源，整合社会资源和供应链，建立一个长效运转的生态圈。

6.2 创新管理体系能力成熟度与提升路线

变幻莫测的时代，变革与创新成为企业界的主题，任何企业要想领先于竞争对手必须将变革与创新融入血脉，而企业管理作为企业发展的必要保障，必须勇担变革与创新的重任，以高水平的管理促进企业发展。

创新管理体系能力便是企业管理水平的体现。掌握创新管理体系能力成熟度与提升路线，是建设与发展企业管理能力的关键。

笔者根据企业构建管理体系的范畴内容、水平能力和成效水平，将创新管理体系能力根据成熟度划分为五个等级：初始级、规范级、优秀级、卓越级和持续改善级（见图 6-3）。五个等级由低依次升高，级别越高，说明企业的管理体系能力越强、管理水平越高，企业发展成为世界一流企业的可能性越大。

创新管理体系能力的提升，对应成熟度来讲，便是企业管理体系能力由一个较低的级别提升到一个更高的级别。这五个级别跨越的提升，需要通过企业自身对管理进行创新与变革而实现，表现为一系列的管理提升项目活动，这就是企业管理能力的提升。不同的级别跨越，其管理提升可以精要地概括为导入提升、深化提升、整合提升、改善提升与变革提升。

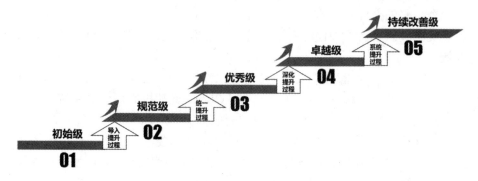

图 6-3　创新管理体系能力成熟度等级划分

6.2.1 初始级与导入提升

初始级的企业管理，处于简单、原始的状态，管理系统比较单一，企业管理的范畴较窄，对管理应用比较初级，对企业管理既不能很好地组织，也没有相应的标准与规范，仅仅停留在个人认知与经验上，"成事在人，谋事在天"。

在企业管理体系层面，初始级在整体层面表现为单一的项目管理系统应用，在单一的项目管理系统表现为没有建立起一套项目管理操作的运转机制。

这种情况下，企业管理比较原始，项目管理比较混乱，需要对人员进行培训，需要提高工作效率，需要导入构建过程。

6.2.2 规范级与统一提升

规范级的企业管理开始具备相应的操作能力和知识，具备一定的管理意识和要素，虽然有了一定的实践基础，但是未形成制度和规范，企业组织的管理思想未统一，仍然以"人治"为主，这个等级的管理开始暴露出协作与协调不统一的问题。

处于规范级的企业已经具备一个以上的管理系统，但是管理系统存在一定的混乱，因此，规范级的含义也是指企业需要规范内部管理系统。

在这种情况下企业需要人员能力跟组织或与具体工作相结合，形成规范的管理，切入企业管理统一的过程。

6.2.3 优秀级与深化提升

优秀级的企业管理已经有了正确的、规范的多个管理系统，也初步形成一个粗略的企业管理框架，但是企业管理还处于定性阶段，没有量化。虽然优秀级的企业管理已经有了较可观的管理成果，但是缺乏科学的运用，成效不足。

优秀级的企业管理固化了多个管理系统，一般是五大系统（战略、项目、运营、组织、财务），五大系统有了初步的运转机制，但是系统之间的交互路径、条线划分并不明确，工作与任务的科学性、先进性有待提升。

即使这样，优秀级的企业管理在我国尚属少数，不得不承认，优秀级的企业管理在我国的实践仍然有待发展。虽然现状如此，但是处于优秀级的企业管理已经可以在各管理系统方面拿出可用且有价值的管理成果，已经可以有效地支撑企业发展，保障企业提升动力。因此，优秀级的企业管理是企业管理建设的一个重要里程碑，也是各企业迫切需要通过管理提升所达到的一个基本水平，这个等级的企业管理需要切入深化操作提升的过程。

优秀级的企业管理可以通过管理系统的成果指标来识别判定：

① 战略管理系统。

➢ 年度战略目标达成率。

② 项目管理系统。

➤ 项目孵化率（每年新项目产生数量、新项目占所有项目的比例）；

➤ 项目成功率（项目一次成功率、修正成功率、成果转化率）；

➤ 核心技术（专利数量、行业内核心技术占比）；

➤ 技术创新（创新研发中心、R&D 费用占比）。

③ 运作管理系统。

➤ 主流程运营指标达成率。

④ 组织人员管理系统。

➤ 人员规模（人员规模、人员流动率、员工满意度）；

➤ 核心人才（核心人才数量、核心人才占比）；

➤ 人员能力（战略管理人员能力水平、项目管理人员能力水平、运营管理人员能力水平、组织管理人员能力水平、财务管理人员能力水平）。

⑤ 财务成效管理系统。

➤ 总体业绩（净资产收益率、总资产报酬率、资产负债率、已获利息倍数、销售增长率、资本积累率）；

➤ 盈利能力（资金利润率、销售利润率、成本费用利润率）；

➤ 资产质量（总资产周转率、应收账款周转率、不良资产比率、资产现金回收率、流动资产周转率）。

笔者服务的某企业，经过一年的规范管理导入，目前企业管理已处于规范级，预计完成二期管理提升后，将达到优秀级初期（见图 6-4）。

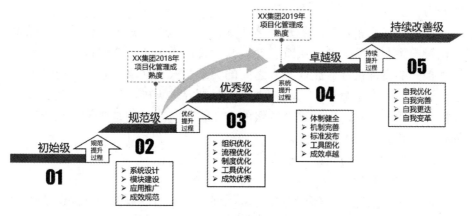

图 6-4 ××集团企业管理体系变革路线图

6.2.4 卓越级与系统提升

卓越级企业管理已经达到一定的高度，五大管理系统无论是成果与成效，还是过程操作的科学与规范，均已达到较高的水平。

这个能力等级中，企业已经形成一个稳固的管理体系，满足且可支撑企业发展，企业内各项活动的管理均有具体的指标可进行量化分解，企业信息化建设逐步完成，企业管理实现数字化转型。

虽然卓越级的企业管理已具备常规的五大管理系统和相应管理要素，但是尚未形成对内的有效整合和由外而内的动态互动。换句话说，企业仍然缺少自我的生命力，虽然高效、严谨，但更多是客观与机械的，组织内的人员是在企业管理体系下工作，人与企业管理仍然是单向的，这就决定了企业发展仍然需要人，人对企业发展的影响是至关重要的。这个等级的企业管理需要切入系统，完善能力的交互与互动系统。

卓越级已经是企业较为理想的管理水平状态。这个等级的企业管理具备了信息化管理系统，信息化管理系统的成果指标如下：

信息化管理系统（数字化转型基础）

➢　信息化应用（管理信息化流程占比、纸质文件会签占比、线上会议占比）。

6.2.5　持续改善级与变革提升

持续改善级企业管理是具备自我生命力的。这个等级的企业管理完善了思想与知识管理能力，并融入企业管理体系，使得企业管理体系具备了赋能人员的能力，同时具备持续改进与发展的能力，是一种理想的企业管理能力。

持续改善级企业管理是八大管理系统融合运转，知识管理系统和思想文化管理系统与六大操作系统互动，八大管理系统的每个要素均形成一种能力提升的良性循环。企业与人之间的关系是一种共赢关系，企业管理赋予了企业坚韧的生命力，可以在大变革时期寻求突破与创新，为企业不断开拓新的发展路径，因此这个等级的企业管理将应对的是变革，在变革与创新中不断突破，不断优化。

新增加的思想与知识管理系统的成果指标如下：

① 专业知识管理系统。

➢　外部认证（外部培训参与率、外部认证通过数量、外部认证通过率）；

➢　企业内训（企业内训次数、内部讲师数量、内部开发课程数量）；

➢　人员能力（战略管理人员能力水平、项目管理人员能力水平、运营管理人员能力水平、组织管理人员能力水平、财务管理人员能力水平）。

② 思想文化管理系统。

➤ 思想理念（创始人及历任 CEO 专著、传记数，创始人及高管曝光率）；

➤ 企业文化（品牌文化传播率、品牌价值）。

6.3 创新管理体系的科学建设与实施

任何企业，都在不同程度和层次上探索着各种管理方法，也在探索建立相应的管理体系。相信经过对本书的阅读，各位读者都希望对标本书所阐述的"创新管理体系"，都希望通过了解方法来建设与实施创新管理体系，以提升企业的整体管理水平，推动成为中国一流，乃至世界一流企业。

笔者通过在各大国企、大型民企、中小型民企长达二十年的管理咨询服务中研究与总结，结合创新管理体系能力成熟度、企业项目化管理建设方法、项目管理理论与方法、企业相应职能管理操作方法，为各位读者提供出一套科学的创新管理体系建设与实践操作方法。

6.3.1 创新管理体系的能力诊断

6.3.1.1 背景与目标

笔者通过实践发现，创新管理体系在实践过程中，有以下两大问题：

其一，管理实践界，对企业整体管理水平的评价和认知存在重大困惑。

其二，管理理论界，企业整体管理理论几近空白，缺乏实际成果。

因此，一方面为了填补企业管理系统构建和提升的理论空白，另一方面也为了让各大企业能掌握一套企业整体管理水平的诊断工具，特编制本节内容，希望读者们，尤其是各企业的主要领导安排人员进行管理诊断，以精准识别自己企业当前所处的状态，通过状态的明确与目标的清晰来确定发展路径。

6.3.1.2 术语与说明

1. 企业发展特征

根据一流企业创新发展三大阶段，企业各阶段发展特征如表 6-1 所示。

表 6-1　不同发展阶段各领域层级权重表

企业发展阶段	特征				难题
	特点	效益	死亡率	关注点	
永续发展阶段	业务来源稳定 服务标准 产生新业务	高	小	下一代	做优、做久
持续发展阶段	业务来源较稳定 服务规范 产生新业务	中	中	中长期（3～5）年	做强、做大
创业发展阶段	业务来源不稳定 服务不规范	低	大	现在	做对、做成

在进行创新管理体系能力诊断时，对于不同发展层次的企业，诊断的着重点也不尽相同。企业处于创业层级时，应注重于对企业项目创新领域的诊断和评价；企业处于持续阶段时，应注重对企业战略主导领域、项目创新领域、运作积淀领域、组织人员保障领域、财务成效支撑领域的诊断和评价；企业处于永续发展层级时，能力复制层级和思想传承层级的重要性需要提高，诊断重点在五大领域和两大层级之间平均分配，一般分配的大致比例如表 6-2 所示。

表 6-2　不同发展阶段各领域层级权重表

二级指标	权重		
	创业级	持续级	永续级
战略主导领域	一般	一般	一般
项目创新领域	较高	较高	较高
运营高效领域	较小	一般	较小
组织保障领域	一般	一般	一般
财务成效领域	较小	较小	较小
知识指导层级	较小	较小	较高
思想传承层级	较小	较小	较高

2. 企业创新发展整体管理等级划分标准

鉴于创新管理体系成熟度等级划分为初始级、规范级、优秀级、卓越级和持续改善级，在创新管理体系能力诊断的五大模块、两大层级中，同样按照此等级划分（见图 6-6 至图 6-11）。

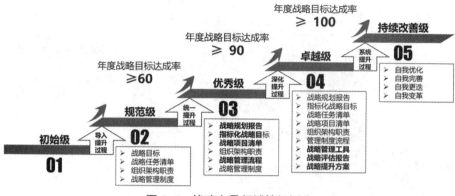

图 6-5　战略主导领域等级划分

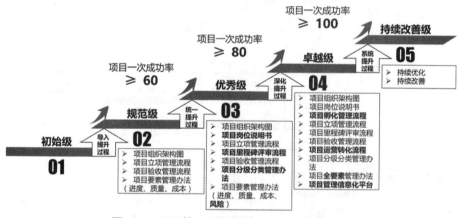

图 6-6　项目管理（创新管理）领域等级划分

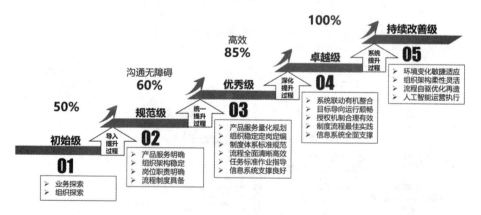

图 6-7　运营高效领域等级划分

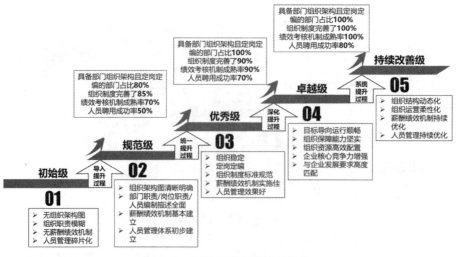

图 6-8　组织保障领域等级划分

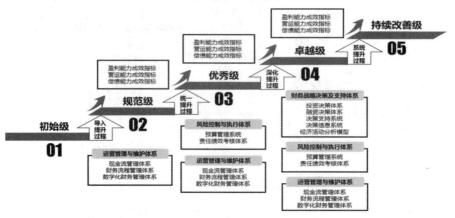

图 6-9　财务成效领域等级划分

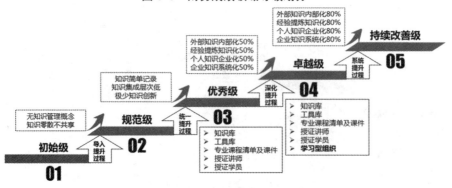

图 6-10　知识指导层级等级划分

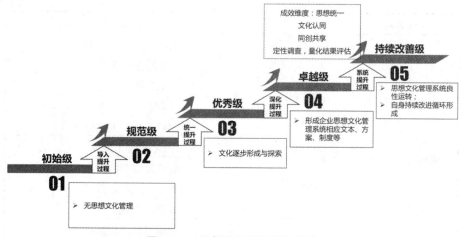

图 6-11　思想传承层级等级划分

6.3.1.3 创新管理体系能力诊断要素

创新管理体系能力由八大系统以及每个系统所包含的若干个成果、要素指标进行评价。

成果指标是结果导向的评价指标，体现为各系统的直接结果标准，易于观察与分析，是创新管理体系能力的主要标准（前部分已经介绍）。

要素指标是以成果指标为导向的过程评价与操作评价指标，即操作过程、制度、办法、方法、流程、信息系统等手段的科学、规范使用，是直接评价创新管理体系能力中实践方面的关键标准。

具体核心要素如表 6-3 所示。

表 6-3　各系统核心要素指标

系统名称	核心要素	评价要点
战略管理系统	战略分析	宏观环境分析报告
		行业竞争分析报告
		标杆企业分析报告
		企业业务能力评估报告
		企业管理能力评估报告
	战略规划	战略目标
		战略定位
		战略路径
		战略举措
		企业战略任务清单

续表

系统名称	核心要素	评价要点
战略管理系统	战略规划	战略突破项目清单
		战略组织架构
		战略组织职责
		战略管理工作流程
		战略管理制度文件
		战略管理工具库
	战略实施	战略宣贯实施方案
		战略项目验收报告
		战略任务执行报告
	战略考核修正	战略绩效评价报告
		战略偏差分析报告
		战略纠偏提升报告
项目管理系统	项目孵化	项目孵化流程及工具模板
		项目分类分级管理办法
	单项目管理	项目绩效管理办法（激励制度）
		项目进度管理办法
		项目质量管理办法
		项目成本管理办法
		项目风险管理办法
		项目沟通管理办法
		项目文档管理办法
		项目采购管理办法
		项目 HSE 管理办法
		项目全生命周期模型
		项目立项流程及工具模板
		项目规划流程及工具模板
		项目实施流程及工具模板
		项目验收流程及工具模板
		项目组织管理办法
	项目集群管控	PMO 管理办法
		项目管理组织架构图
		项目管理各部门职责
		项目管理岗位职责

系统名称	核心要素	评价要点
运营管理系统	运营转化	项目运营转化流程及工具模板
	运营管理	制度文件（含流程图）
		跨部门协作
组织人员管理系统	组织架构与职责	组织人员管理总体规划
		公司治理结构图
		企业组织架构图
		部门组织架构图
		部门职责描述书
		岗位职责说明书
	人员聘、用、育、留	人员编制需求说明
		人员聘用年度计划
		人事任免管理规定
		人事授权管理规定
		人才推荐管理制度
		人员招聘管理系统
		员工测评系统
		员工职业发展系统
	组织薪酬管理	绩效管理制度
		绩效整改实施细则
		绩效管理委员会章程
		绩效考核评价系统
		薪酬管理系统
	制度与标准	组织管理规定
		组织内控手册
		员工入职管理规定
		员工离职管理规定
		员工休假管理规定
		人员调动管理规定
		劳动合同管理规定
		工作交接管理规定
		员工档案管理规定
		员工带薪休假管理规定
		考勤及工资发放制度

续表

系统名称	核心要素	评价要点
组织人员管理系统	制度与标准	员工社会保险和住房公积金管理规定
		员工防暑降温费发放管理规定
		员工冬季取暖补贴和集中供热采暖补助费发放管理规定
财务成效管理系统	全面预算管理	预算管理体系成果
	全面决算管理	决算管理体系成果
	业绩成效管理	责任绩效考核体系成果
		现金流管理体系成果
		财务流程管理成果
		财务战略决策成果
		战略决策支持成果
知识能力管理系统	经验固化	专业学习组织
	知识提炼	知识库
		工具库
		专业课程清单及课件
	能力复制	专业授证讲师库
		企业能力复制方案
思想文化管理系统	使命愿景	专家主观判断有无以及合理性
	理念与价值观	专家主观判断有无以及合理性
	行为法则	专家主观判断有无以及合理性
信息化管理系统	信息化管理系统	管理信息化比例，管理系统完善性

6.3.1.4 创新管理体系能力诊断工具全景图（见图 6-12）

图 6-12 展示了创新管理体系能力诊断工具的全部内容。世界一流企业管理系统能力的复杂性与系统性决定了诊断是一项复杂且需要系统操作的工作，需要专业的判断与系统性操作。

对于创新管理体系体系能力的诊断需要从七个领域出发，其中战略主导领域、项目创新领域和运营高效领域涵盖了企业业务条线的工作内容；组织保障领域和财务支持领域涵盖了企业职能条线的工作内容。通过深入和诊断，形成企业创新发展整体提升方案规划，帮助企业在总结固化当前管理经验与成效的基础上，从中长期发展规划对管理的要求出发，大力提高系统化、一体化管理能力，系统支撑企业发展战略，务实体现卓越管理成效和经济成效。

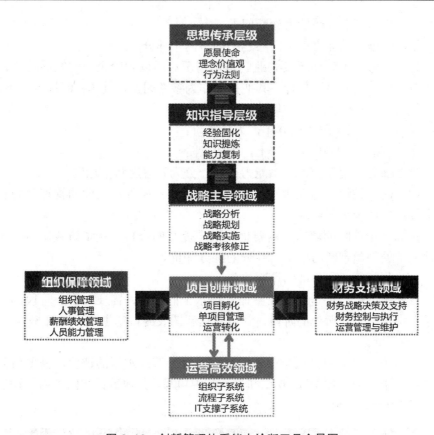

图 6-12 创新管理体系能力诊断工具全景图

6.3.1.5 创新管理体系能力诊断操作说明

1. 诊断流程（见图 6-13）

图 6-13 创新管理体系能力诊断流程图

2. 诊断工具

创新管理体系能力诊断工具包含诊断问卷和诊断报告两个部分。

（1）创新管理体系能力诊断问卷

创新管理体系能力诊断问卷包括如下两个部分：

第一部分：被调研者及企业的基本情况。用以判断企业的发展阶段，以企业发展年限为主要指标，其他指标作为参考因素，具体判断标准如下：

① 企业发展年限 0～3 年，为创业阶；

② 企业发展年限 4～20 年，为持续阶；

③ 企业发展年限 21 年以上，为永续阶。

第二部分：创新管理体系能力诊断。分为问答题和指标题。

问答题由被诊断对象填写，主要目的是供诊断师对企业的管理思想和基本情况做初步大致判断。

指标题由诊断师填写，需要根据客户提交的资料、现场访谈调研，根据诊断师的经验判断给出 1～10 分的打分评价。

（2）创新管理体系能力诊断报告

诊断报告首页中呈现企业整体管理水平的评价，需要在企业阶段的下拉菜单中选择企业所处的阶段，其他数据和图表为自动生成，如图 6-14 和图 6-15 所示。

诊断报告分页中呈现企业各领域（层级）管理水平的评价，需要将问卷中相应指标的分数乘以 10 在红色列签中填写，其他数据和图表为自动生成，如图 6-16 所示。

企业名称	企业阶段	领域层级	专项得分	专项等级	专项占比	总体分值	企业等级
	初始阶	战略主导领域	70	优秀级	18%	51.25	简单级
		项目创新领域	60	优秀级	36%		
		运营高效领域	40	简单级	9%		
		组织保障领域	30	简单级	18%		
		财务成效领域	20	初始级	9%		
		知识指导层级	75	优秀级	5%		
		思想传承层级	50	简单级	5%		

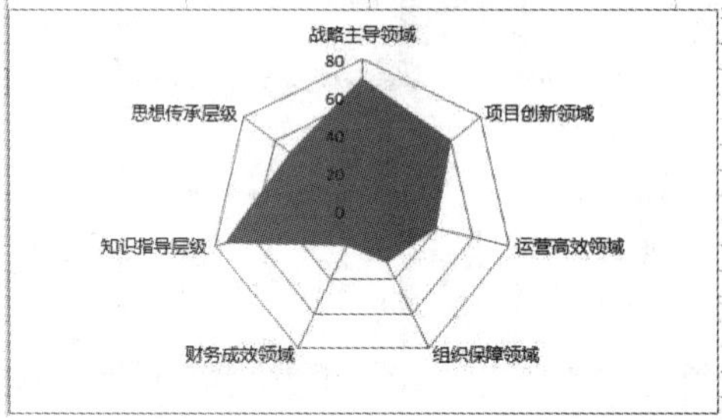

图 6-14　创新管理体系能力诊断结果示例 1

企业名称	企业阶段	领域层级	专项得分	专项等级	专项占比	总体分值	企业等级
	初始阶	战略主导领域	70	优秀级	18%	51.25	简单级
		项目创新领域	60	优秀级	36%		
		运营高效领域	40	简单级	9%		
		组织保障领域	30	简单级	18%		
		财务成效领域	20	初始级	9%		
		知识指导层级	75	优秀级	5%		
		思想传承层级	50	简单级	5%		

选择企业阶段

初始阶
持续阶
永续阶

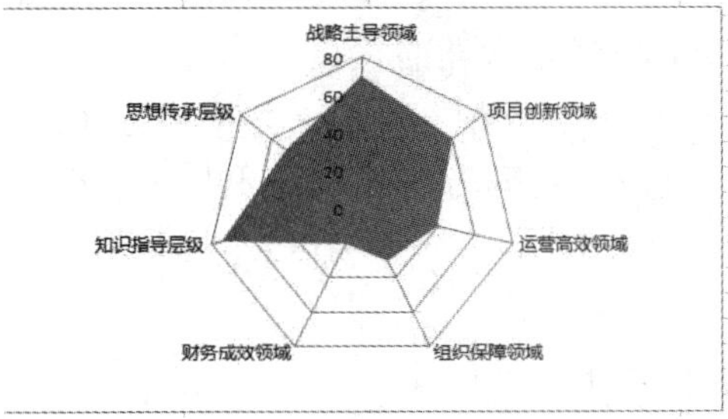

图 6-15 创新管理体系能力诊断结果示例 2

战略主导领域评价得分			总得分		70		
指标类型	一级指标	占比	二级指标	评价分	占比	得分	专项得分
战略成效指标	年度战略目标达成率	100%	年度战略目标达成率	70	100%	70	70
战略成果指标	战略分析	10%	宏观环境分析报告	70	20%	14	70
			行业竞争分析报告	70	20%	14	
			标杆企业分析报告	70	20%	14	
			企业业务能力评估报告	70	20%	14	
			企业管理能力评估报告	70	20%	14	
	战略规划	60%	战略目标	70	24%	16.8	70
			战略定位	70	12%	8.4	
			战略路径	70	12%	8.4	
			战略举措	70	12%	8.4	
			企业战略任务清单	70	10%	7	
			战略突破项目清单	70	20%	14	
			战略组织架构	70	2%	1.4	
			战略组织职责	70	2%	1.4	
			战略管理工作流程	70	2%	1.4	
			战略管理制度文件	70	2%	1.4	
			战略管理工具库	70	2%	1.4	
	战略实施	10%	战略宣贯实施方案	70	20%	14	70
			战略项目验收报告	70	40%	28	

问卷评价数值乘以10在该列进行对应

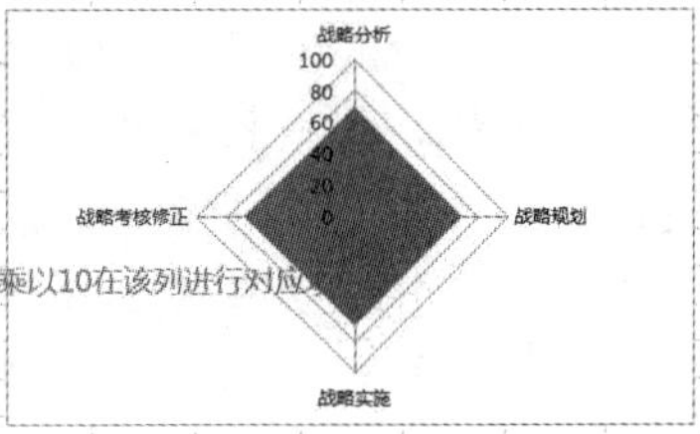

图 6-16 创新管理体系能力诊断结果示例 3

6.3.2 创新管理体系的建设规划

在进行创新管理体系建设实践前，请不要着急，如此庞大的“工程”，没有具体的建设谋划和负责的部门及人员，再好的方法也会事倍功半，以下是笔者服务过的几家企业在管理体系建设上的实践，期望通过具体的实践案例帮助读者感受创新管理体系建设“征途”中规划的作用。

案例一：重生后的企业艰难变革之路

笔者仅以曾经服务过的一家企业举例。该企业隶属于国企之下，我们可以称之为 A 企业。A 企业从国企中分离出来，进行股权稀释之后，国企由对其绝对控股变为参股，这对 A 企业来说，利弊各半。有利的地方在于，A 企业在进行决策时，具有相对独立的自主权，对于国企利益的考量不再是自身发展的重要参考标准；而弊端在于 A 企业需要自负盈亏，不能再依靠国企为自己进行经营补台。因此，A 企业的各位领导急需寻找一种适合企业当前团队组建、业务开拓创新的管理方式，在观摩多个企业后，对于项目化管理的实效感到了震惊，决定引入企业项目化管理方式，实现企业管理变革。A 企业的做法是，购买企业项目化管理的相关书籍，同时向标杆企业取经，复制标杆企业的流程、工作方法与相关制度。结果可想而知，本就处于重生动荡阶段的企业，不得其法的管理方法复制，更加重了企业的动荡与人心的不安，经营业绩一度下滑。

案例二：我做错了什么？

某海油公司最近接到一项不紧急但是很重要的小型设备建造项目，公司员工老李有幸被任命为该项目的项目经理，且公司为他配备了 15 位项目团队成员，这些成员分别来自不同的部门，大家互相并不熟悉。

老李首先召集大家参加项目启动会，并在会议上简单介绍了项目背景和项目目标，而后谦虚地表示，项目团队成员要共同努力，为项目出谋划策，最后大家也均表态一定会努力把项目干好。项目真正开始以后，对于要完成的工作，老李基本上是根据项目团队成员的能力和实践，临时分配任务并下达指令。各成员在遇到问题的时候也都会直接请教老李，尽管大家有时候认为老李的方式不对，但也不提出异议，认为有问题经理会负责。随着项目的实施进行，这个貌似团结的项目团队在进度、质量、成本等方面频频暴露出问题，并最终以亏损结束。

老李也在扪心自问：我一直勤勤恳恳地为了项目的目标而努力，为什么结果如此糟糕？我做错了什么？

以上两个案例中，领导的目标都非常明确，也都积极采取了一些行动，但最终结果都以失败告终，究其原因，一方面是没结合企业实际情况制定科学的工作方法和措施，另一方面是因为没有固定的相关责任人，没有进行权责利的对等分配。

任何管理变革的实践过程，都需要对企业的整体管理进行梳理、重建或完善，涉及企业的各个部门，而各个部门又有自己独有的工作职责与范围，因此既需要统筹部门负责整体推进，同时也需要各个部门进行通力配合。各部门既落实责任，又能将企业的实际情况细细拆解，结合特定的工具和方法便可大大提高企业管理变革的成功率。

一般而言，企业管理变革实践过程中，各系统构建需要配合的部门如

图 6-17 所示。

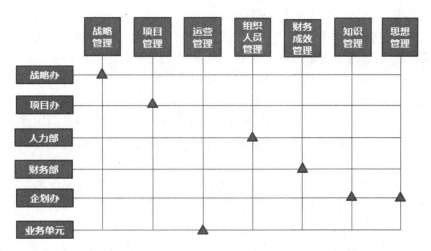

图 6-17　企业管理体系构建主要对接部门

而各个部门的主要职责如表 6-4 所示。

表 6-4　企业管理体系构建各部门主要职责

管理部门	管理内容						
	战略管理	项目管理	运营管理	组织人员管理	财务成效管理	知识管理	思想管理
战略办	F						
项目办		F					
人力部	C	C	C	F			
财务部	C	C	C		F		
企划部		C	C			F	F
业务单元	C	C	F	C	C	C	

注："F"代表负责，"C"代表参与。

① 战略办：战略管理办公室（Strategy Management Office，SMO）的简称，主要负责战略管理系统的构建与战略落实的推进工作，人力资源部、财务部与各个业务单元或参与战略的制定，或参与战略的监督执行。

② 项目办：项目管理办公室（Project Management Office，PMO）的简称，主要负责项目管理系统的构建，为项目提供平台支撑与资源协调，承担项目支撑与辅助、监督工作，各个提出项目的部门进行各自项目的管理与管控。

③ 人力部：即人力资源部，主要负责组织人员系统的构建，为企业系统的构建、运转提供组织与人员的保障。

④ 财务部：即财务管理部，主要负责财务成效系统的构建，为企业各业务、各项目的正常运转提供财务决策支撑与财务效果监督。

⑤ 企划部：在某些企业中也称为知识办公室，主要负责企业知识系统、思想文化系统的构建。

⑥ 业务单元：即企业中产生利润的各业务部门，负责本部门运营工作的运营管理系统构建，同时也是项目化管理最直接、最重要的参与部门与受益部门。

清晰的职责划分，是企业管理变革在企业顺利实践的重要保障。在实际操作中，企业中的各部门称呼千变万化，只要能够承担以上相应的职责，其部门名称无须深究。

以上两个案例展示了组织保障在建设规划中的重要性，除组织保障外，还有其他的重要工作需要准备，笔者将建设规划划分为以下几部分：

➢ 组织保障；

➢ 目标管理；

➢ 各管理计划制定；

➢ 资源管理；

➢ 工作分配；

➢ 监督与纠偏机制；

➢ 阶段性审查与验收机制。

6.3.3 创新管理体系的建设实施

项目化管理的引入是创新管理体系建设的核心途径，也是笔者一直倡导并为之努力实践的，希望大家了解这个方法，并与笔者一起为其实践而努力。

根据企业所处的时期、企业规模大小、所在行业、属性等的不同，项目管理方法引入的流程与方式各不相同。

案例一：新和成项目化管理之路——项目突破

笔者曾经服务过一家中小企业板上市企业——浙江新和成股份有限公司（以下简称新和成），作为国内中小企业板第一股（股票代码 002001），新和成自 1999 年创办以来，始终专注于精细化工，坚持创新驱动和均衡、永续发展理念，在营养品、香精香料、原料药、高分子新材料等领域，为全球 100 多个国家和地区的客户在动物营养、人类营养、医药、生命健康、环保、工程塑料等方面提供解决方案，以优质健康和绿色环保的产品不断改善人类生活品质，为利益相关方创造可持续的价值。

该企业最初接触项目化管理理念起源于"第四届（2016年）全国创新管理体系训练营"四天三夜的集中式研讨交流，随后逐渐对项目化管理的理念产生了浓厚的兴趣，并于2016年底尝试在项目化管理的实践之路上进行探索。这家企业最初进行项目化管理探索是以企业中的标杆项目规范管理为切入点，从标杆项目的标准化、高效化管理对其他相关联部门的要求出发，对企业中的企业部门进行项目化的规范化管理。截止到2017年底标杆项目规范化管理项目期结束，该企业的标杆项目管理已经成为公司项目管理的示范项目，也将该项目的部分成果进行了运营转化，固化为响应的操作流程与方法，同时也具备了项目化管理的初步基础。

为实现战略目标，2017年新和成酝酿在山东省投资几百亿元人民币，建设自营自管的化工产业园。面对如此大规模的产业园建设活动，新和成于2018年初再次引入创新项目化的管理理念与方法，从标杆厂房项目建设的组织模式、流程规范，到整体产业园集群建设的管控方案、运营系统等方面，全面以创新的项目化管理理念起步，实现了产业园建设与试运营的良好运转。

众所周知，制造型企业2018年整体业绩并不乐观，而新和成2018年实现业绩收入45亿元人民币，利润达到22亿人民币，创新项目化的管理方法已经成为新和成取得卓越成效的重要法宝。

分析：新和成在自身战略较为完备（公司发展战略相关文件较为完备）的基础上，以项目为突破口，对运营提出相关要求，以组织人员方面为支撑，最终产出了较为优秀的财务效果，项目化管理导入较为成功。

案例二：铁路客站项目化管理实践——规划导入

笔者服务过的另一家单位，即中国铁路客站总指挥部，其承担了中国铁路客站建设的职责。中国的铁路客站建设，比西方起步晚，但通过不断的创新探索，经历了从思维突破到标杆引路再到系统推进的科学进程，形成了具有实践指导意义的铁路客站建设项目化管理体系，从以下三个方面对铁路客站的建设起到指导作用：

① 站在客站整体建设管理视角，从理念、战略、路线图对客站建设规划进行阐述。

② 根据高铁客站建设快速推进的经验总结，将客站建设整体分解成为不同的项目集群，从管理、技术以及保障机制方面剖析客站建设集群管控模式。

③ 将客站集群进行有效划分，形成单个铁路客站，对其精益建设管理

模式进行深入研究。

　　通过对铁路客站建设以上三个方面的剖析研究，结合中国铁路客站的多年建设经验，形成了符合国情、领先国际的铁路客站建设项目化管理体系，如图 6-18 所示。

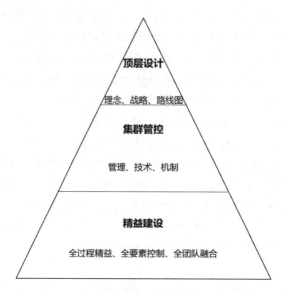

图 6-18　铁路客站建设项目化管理体系图

　　通过创新管理体系的建设和实施，中国的铁路客站在几年间取得了超过西方发达国家数十年的发展成就，主要表现在以下几个方面：

　　（1）规模更宏大

　　中国新时期的铁路客站，多以宏大的规模、磅礴的气势呈现在世人面前，相比于改革开放之初建立的多数小规模的客站，在建筑规模上有了很大的突破。与西方国家相比，中国新时期的铁路客站规模也有了长足的进步。目前西方规模最大的铁路客站为美国纽约市大都会终点火车站，占地 19 万平方米，在中国新时期铁路客站的建设规模中，仅相当于一般的中型客站，而中国大型铁路客站占地面积一般在 60 万平方米以上，建筑面积 35 万平方米以上，特大型的客站占地面积甚至超过 100 万平方米，相当于西方最大铁路客站占地规模的 5 倍以上。

　　（2）品质更卓越

　　"打造'百年不朽'精品工程"，是新时期铁路客站建设对于品质的最新要求。作为迎接国内外宾客的第一道窗口，新时期的铁路客站从建筑形式、绿色环保、技术标准等方面不断进行品质打造，形成了北京南站、武汉站、上海虹桥站等综合功能齐备、建筑造型优美、极具文化内涵的精品客站。

（3）数量更庞大

截止到 2014 年，我国共建成新客站 784 座，根据《中长期铁路网规划》，到 2015 年末我国将基本建成 4 万公里以上快速铁路网，基本覆盖所有省会和 50 万人口以上城市，需要新建铁路客站 1000 余座。

（4）功能更全面

中国新时期的铁路客站，贯彻"以人为本、以流为主"的原则，逐渐将客站的功能定位从"服务运输、经济适用"向"服务社会、先进适用"转化，铁路客站也逐步从以往"单一的客运营业场所"和"城市大门"向"综合交通枢纽"转变，流线模式逐渐从"等候式"向"通过式"过渡，与整个城市、整个区域的交通融为一体，如此全面的功能设计，在方便旅客出行的同时，也增加了舒适感。

（5）速度更快捷

西方发达国家建设一座铁路客站的平均周期为 10～15 年，而中国建设规模更宏大、品质更卓越、功能更全面的大中型铁路客站的平均周期为 3～5 年，并可同时进行百余座铁路客站建设的管理，近十年所建设的铁路客站数量为西方国家近百年的客站数量的总和，创造了世界客站建设速度的奇迹。

分析：铁路客站建设的项目化管理体系，从整体规划入手，以项目集群管理体系的建设为抓手，进行组织人员等资源的调配，最终实现了铁路客站建设的有效管控。

可见，项目化管理的实践直接带动创新管理体系的建设。

同时，根据企业的不同可以采用不同的切入方式，需要根据企业当前阶段所需解决的重点难题、企业长远的发展规划以及现阶段的资源储备支撑情况进行综合考量。

纵使创新管理体系的切入途径多种多样，但不可否认的是必须要有较为完备的战略目标作为主导，同时以标杆项目突破为核心，以项目成果运营化管理为基础，以组织人员为保障，以财务成效为支撑。在此基础上，再将以上运转的规则进行专业固化与提炼，形成企业知识管理库，总结凝练企业的愿景使命等思想，形成指引企业永续发展的思想，从而最终达到创新管理体系的建设目标。

通过上述，可以将创新管理体系实践和建设的一般流程总结如图 6-19 所示。

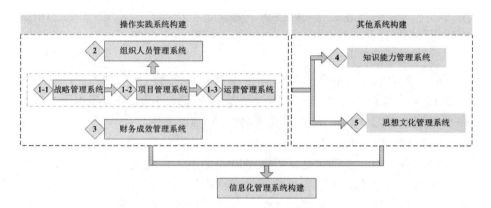

图 6-19　创新管理体系实践一般流程图

具体构建步骤如下：

第一步：构建管理操作实践系统

首先构建任务主线系统，构建顺序如下：

➤　1-1 战略管理系统构建；

➤　1-2 项目管理系统构建；

➤　1-3 运营管理系统构建。

其次构建保障支撑系统，构建顺序如下：

➤　2 组织人员管理系统；

➤　3 财务成效管理系统；

➤　4 信息化管理集成系统。

第二步：构建专业知识指导系统

➤　5 专业知识指导系统构建

第三步：构建思想文化引导系统

➤　6 思想文化引导系统构建

想要践行世界一流管理体系的企业，可以根据上述流程进行，具体构建细节参考上一章相对应的各部分内容，八大系统的逐步构建是与企业发展需求和发展实际相匹配的。

关于以上创新管理体系建设的一般流程，有些读者可能会存在以下困惑：

① 此构建流程是基于企业并不存在战略管理等系统的基础之上的，但现实中任何企业都有自己原有的管理系统，因而此流程仅适用于初创时期各系统都不完善的企业，并不适合已经运行了多年的具有自身成熟管理体系的企业。

② 此构建流程有明显的先后顺序，然而企业在进行管理创新方法引进

的过程中，实际的做法通常是各个流程交互进行，例如在进行战略管理系统构建的同时，也会进行组织人员的调整等。

基于以上问题，笔者做出如下解答，以期能够解决读者的困惑：

① 此流程是创新管理体系引入企业的一般流程，在实际执行过程中，会根据企业的实际需要进行相关顺序的微调，但不影响其参考价值。

② 任何的企业在践行之前，都有自己运行的管理系统，而进行管理变革的过程中，需要将企业现有的管理系统进行梳理分类，而梳理分类的顺序即为以上的顺序。例如笔者服务过的某企业，本身具有自身的战略、项目、组织人员、财务管理等系统，但以项目为核心的其他各系统的有序运转与项目化管理所倡导的科学、健康、规范有一定的差距，因此在践行项目化管理的过程中，需要按照以上项目化管理一般构建流程的顺序，进行项目化的战略规范梳理，实现战略任务项目化之后，重点进行较为薄弱的项目管理系统的完善与补充，再进行各系统之间关系与关联的构建，以达到该企业管理体系的有序运转。

③ 任何管理体系与系统的构建都不能把各个职能与业务部门完全割裂开来，世界一流企业管理也一样。也就是说，在践行世界一流企业管理的过程中，整体的思考维度应该是理顺战略、突破项目、转化运营、保证组织人员、实现财务成效、构建知识系统、实现思想传承。在此过程中，前一系统的某一部分会是后一系统的输入，并不是前一系统的全部为后一系统的输入。例如某企业在战略梳理的过程中，实现部分战略任务项目化后，需要对实现战略任务项目化的项目进行集中管控与管理，因此进行了PMO 的组建，以保证项目的有序进行。但此时项目还未产生具体成果，因此无法进行运营转化的相关工作，运营系统的构建就需要错后进行。可见，项目化管理构建过程中的各系统交叉构建的情况属于正常现象。

6.3.4　创新管理体系的持续推进

创新管理体系能力是企业经过比较复杂的过程而形成的一种企业内外互动的能力。虽然这种能力因企业不同而存在部分差异，但都会受到企业内外部因素的影响和制约。

因此，创新管理体系能力不会一成不变，如果不进行维护，已经拥有的管理能力在许多情况下就会减弱甚至丧失。诸如随着项目规模的不断扩大、复杂程度的逐步提高，原有的活动项目管理能力就会逐步萎缩；随着社会经济水平的提高、科技水平的发展，企业原有的组织管理能力可能会因薪酬、激励的不足而下降；随着企业人才流失和新员工的加入，企业原有的人力资源管理能力将会被削弱。

那么，创新管理体系能力如何进行维护与完善，才能保证企业持续、健康、稳定发展呢？

6.3.4.1 企业管理体系能力维护

1. 能力衰落与因素

企业管理体系能力不是一成不变的，而是在不断复制与传承的过程中逐渐有所衰退，这符合"熵增理论"。认清企业管理体系能力衰退的因素，能够协助企业有针对性地寻找避免能力衰退的手段，保证企业的持续发展。

企业管理体系衰退的原因主要有以下两点：

① 环境变化。

企业项目化能力受环境影响较大，一般情况下，企业所处的环境越稳定，能力衰退的就越慢，反之，就越快。影响能力衰退的环境包括政治法律环境、社会经济环境、行业发展环境等。

② 自我变化。

自我变化是指能力会受到企业内部变化的影响。企业自身的变化，包括管理方式、操作流程、管理规范等方面的变化，都会对企业管理体系能力提出新的挑战与要求，对能力的自然传承产生重要影响。

2. 能力维护与手段

为避免能力的衰退，使能力能够有效地进行复制与传承，从而保证创新管理体系水平的提升，需要对能力进行维护，主要有以下几种手段。

① 规避陷阱。

能力在复制、传承的过程中，会遇到看似提升，实则停滞不前或衰退的陷阱，例如"能力陷阱"①等。能力维护过程中应规避类似的陷阱，保证能力与管理水平的有效提升。

② 突破误区。

在能力维护的过程中，应该认清能力具有自然衰退属性的事实，不断根据内外环境变化而进行变化与提升，突破能力一旦具备就不会消失的误区。

③ 健全体制。

体制是否健全是衡量创新管理体系水平的重要指标，也是企业管理体系能力能否有效维护的重要保障。健全的体制，包含企业的组织建设、部门规划等内容，是能力维护的基础与载体。

---

① 能力陷阱，是指企业在变化的环境中，不能抛开既往成功经验去寻求新的方法，因而阻碍了变革和创新。

④ 完善机制。

机制是否完善是衡量创新管理体系水平的另一重要指标，同时也是能力能够有效维护的重要保障。

6.3.4.2 创新管理体系机制完善

创新管理体系的建立，可以使企业形成一个促进创新、追求卓越的发展机制。这样，企业在业界可以持续发展并保持领先，即使遇到突如其来的挑战，也能快速应对。因此，创新管理体系机制的完善，是企业项目化能力稳定的重要体现。

1. 企业管理机制简述

机制，指有机体的构造、功能及其相互关系；机器的构造和工作原理。管理机制，是指管理系统的结构及其运行机理。管理机制本质上是管理系统的内在联系、功能及运行原理，是决定管理功效的核心问题。创新管理体系机制，是指企业项目化思想管理、企业项目化知识管理、企业项目化战略管理、企业项目化项目管理、企业项目化运营管理、企业项目化组织管理和企业项目化人员管理七大子系统之间相互协调与相互作用的关系，从而保证创新管理体系在企业内正常运转的作用机理。

2. 创新管理体系机制与框图

创新管理体系机制是否完善是衡量管理体系构建是否全面的一项重要指标。创新管理体系机制以项目为中心，通过思想引导、知识指导、战略主导、组织保障、人员支撑、运营推动几大机制，同时通过计划、执行、检查以及纠正进行不断自我完善，共同推动创新管理体系在企业内的落地实施。如图 6-20 所示。

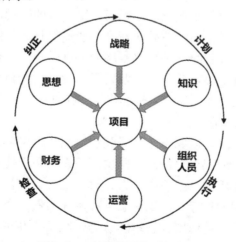

图 6-20　创新管理体系机制图

3. 创新管理体系机制完善

创新管理体系机制的完善，是对企业的各部分进行统一协调与管理的过程，是企业正常运转的有效法则。

（1）项目决定机制

项目决定机制是指企业的管理协调以项目为中心，通过对思想、知识、战略、组织、人员、运营等方面进行资源的配置机制。项目决定机制位于机制图的正中，是创新管理体系机制的轴心。项目决定企业的未来，是企业不断升级发展的动力，因此在创新管理体系机制中，项目起决定作用。

（2）思想引导机制

思想引导机制位于机制图的左上方，是创新管理体系机制中必不可少的"理念"指引，也是企业经营的最终愿景与发展规则的体现，引导着企业发展与前进的步伐。日本的著名企业家松下幸之助曾说过："有正确的经营理念，企业才有健全的发展"，可见思想引导对于企业发展的重要作用。

（3）知识指导机制

企业中的活动来源于知识，也通过知识进行管理经验的传播，因而知识是企业项目化活动的指导机制。21 世纪是知识经济时代，知识的有效接收与传播，是社会与企业不断发展与前进的动力。企业中的活动，缺少了知识的指导，将难以提升效率，难以向规模化发展。

（4）战略主导机制

战略是企业一切活动的主导，是企业任务分解的来源，因而战略主导机制在创新管理体系中占有重要地位。进入 21 世纪以来，中国经济乃至世界经济正在发生结构性、根本性的变化。在这样的大变革背景下，哪个企业具有战略眼光，哪个企业就能脱颖而出。未来的时代，应该属于战略驱动的时代。正是由于中国经济处在新产业快速增长、传统产业升级的转折点，未来的很长一段时间将是战略制胜的关键时刻，是否有前瞻性的战略眼光将在很大程度上决定着一个企业发展的大格局和最终的成就。战略的重要性将被极大地放大，未来将是战略主导的时代。

（5）组织保障机制

企业的项目活动，需要与之相匹配的组织作为保障。组织是为了达到某些特定目标经由分工与合作及不同层次的权力和责任制度，而构成的人的集合。组织的作用就是把现有的人、财、物进行整合，从而以最优的形态完成或实现组织的目标。组织对于发挥集体力量、合理配置资源、提高劳动生产率具有重要的作用。管理学认为，组织一方面是指为了实现企业目标而建立起来的一种结构，该种结构在很大限度上决定着企业的目标能否得以实现；另一方面，是指为了实现目标所进行的组织过程。对于企业而言，组织是企业中人、事、物的凝结体，也是管理规则与制度的载体，因此是企业项目化活动强有力的保障。

（6）人员支撑机制

企业的项目活动，需要不同的人员来完成，因此人员是创新管理体系的支撑机制。在一切企业要素中，人是决定性因素，因为资金、设备、原材料、科学技术等都是靠人去掌握和运用的。例如，企业的经营、生产、销售、计划、组织协调等都靠人的活动来实现。因为企业竞争的主力军是广大员工，任何制度的实施、任何目标的达成都要通过人的努力去实现。要提高效率，也必须通过人的努力去实现。人员是企业活动的主要执行者与管理者，因此创新管理体系的正常运转缺少不了人员的支撑机制。

（7）运营推动机制

企业中的项目活动，是推动企业不断进步与发展的动力，而运营却是保障企业稳定的主要因素。项目活动的产生，需要稳定的基础，因而运营作为保障企业稳定的活动，对项目的产生起了推动作用。运营推动机制，是创新管理体系机制的动力机制，对企业项目活动的出现起着至关重要的作用。

（8）信息化集成机制

企业的所有活动最终应落在信息化系统上，全面的数字化转型是企业的发展方向，要以数字化、信息化实现企业管理信息的实时共享，实现管理的最佳效率。

6.4 创建创新管理体系的挑战与应对

管理存在系统复杂性，任何管理的变革都会给企业带来连锁反应，更何况一个管理体系的建立。创新管理体系的创建过程中更将面临诸多挑战和大量不确定因素，必须以充足的信心、持久的耐心、坚定的恒心来面对。

6.4.1 创建创新管理体系的挑战

结合企业发展生命周期和管理体系能力成熟度，并综合大型企业管理变革的里程，创建创新管理体系的过程可分为三段六期，如图 6-21 所示。不同阶段和期间，挑战众多，其主要挑战如下：

（1）孕育期与"做对"的虚幻空想挑战

孕育期的企业处于创业阶段初期，管理者对企业发展前景和发展方向并不明确，思考、判断与选择出正确的创业项目至关重要。同时，这个时期还容易出现因噎废食的情况，在左思右想中抉择不定、犹豫不前，反受其害。

（2）婴儿期与"做成"的夭折消亡挑战

婴儿期的企业处于已经确定创业项目，正在努力拼搏地完成项目时期，这个时期仍然处于创业阶段，企业管理者正兴奋于正确项目的实施中，这个时期也是痛苦的，项目充满着未知风险，接踵而至的挑战甚至可能摧毁前进的信心。

（3）学步期与"做强"的体弱多病挑战

学步期的企业已经迈入成长阶段，业务初步稳定，管理者有了信心基础后迫切需要做强企业，但随之而来的是资源缺乏，企业需要进行大量资源整合方能做强。这时的企业实力还是较弱的，但是有发展前景，注意要审时度势，量力而行。

（4）青年期与"做大"的多吃不长挑战

青年期的企业已经逐渐"强壮"起来，业务逐渐稳定，企业发展生机勃勃并已经走上正轨，在这个时期企业管理者面临的更多的是外部"诱惑"，融资、新业务、蓝海等，可能是新的发展机会，但也可能是高风险的短期利益。复杂的外部不确定性会动摇企业发展的基石，因此要懂得多吃不长的道理，坚定发展方向。

（5）盛年期与"做优"的能力流失挑战

盛年期的企业已经进入成熟期，业务稳步增长，企业发展方向固定，但这个时期并不意味着平安稳定。相反，对于日新月异的外部环境来说，稳定的企业存在着一定程度发展风险，比如诺基亚，盛世之下的危机，一朝爆发，王国倾塌。这个时期的企业一定注意保持内在活力，不要让"固化"消灭了"激情"，刚柔并济，方为王道。

（6）传承期与"做久"的分化瓦解挑战

传承期的企业已经逐步走向"自治"，企业内形成一种理念或文化，影响每一位管理者，虽然传承期的企业也会面临着外部风险，但是由理念驱动的自我革新能力会让企业蜕变以适应时代的发展，这样就会长久保持企业生命力。这时企业更需要担心的是内部风险，或者说内外结合的风险，这是企业分化的挑战。这种生命力的企业赋予人的能力是强大的，人人如龙，则群龙无首，合久必分可能是这种企业面临的最大挑战。

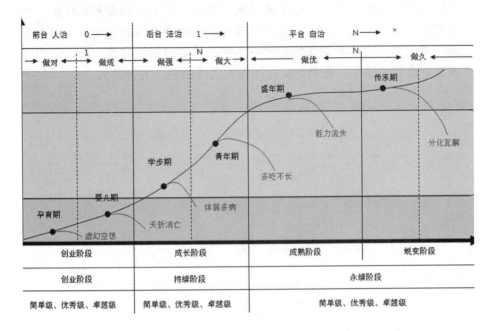

图 6-21 不同阶段企业所遭遇的挑战

6.4.2 创建创新管理体系的应对

针对创建创新管理体系所遇到的挑战，企业应妥善应对，从应对依托和途径来看，主要有以下策略：

（1）自我努力应对

企业管理者应当建立长效机制，坚定建设世界一流企业和创新管理体系的决心。理念、信念、文化是驱动企业持续发展的指南针，要坚定不移地探索与实践，不断进行改革与创新。

当然，这种方式要求企业必须有坚定不移的信念和组织人员的支撑，以保证长效机制持续推行下去，同时要避免实施过程中的困惑和疑惑带来的心态失衡和信念动摇。

（2）外部助力应对

良师益友是企业发展的强大助力，企业可以选择一家或多家第三方专业服务公司建立长久合作机制，这样始终有一个外部角色帮助企业管理者从更多的角度观察企业问题，吸收外部意见，保持信息对称，从而为企业发展扫清更多障碍，避免更多风险。

这种方式也是笔者所推荐的，并不是因为笔者的身份，更多的是由于笔者亲身经历过这一角色，真正感受到了这个方式为企业带来的好处、为企业领导带来的益处。同时，这一方式可以转移很多问题和矛盾，为管理变革扫清很多障碍，希望各位读者去感受、去尝试新的方式，以合作的方式推动企业管理变革，推动创新管理体系落地生根，发扬光大。

附录 "中国企业对标世界一流管理提升行动"调研问卷

21 世纪，我们迎来了百年不遇的大变局，作为社会主义建设主体的经济企业，更是面临着前所未有的机遇与挑战。为深入学习贯彻习近平总书记加快建设世界一流企业的重要指示精神，2020 年 6 月，国务院国资委发布《关于开展对标世界一流管理提升行动的通知》，要求所有 97 家央企和国有重点企业，开展对标世界一流创建有中国特色的企业管理体系三年行动计划，确定责任人与负责部门，制定提升行动方案和工作清单，并于 2022 年 8—12 月份进行评估并抓好典型选树。

道特作为拥有 20 年管理顾问服务经验的智库，不忘初心，坚持"凭借卓越管理之道，特助企业辉煌之路"之使命，联合南开大学商学院教授、知名企业管理精英，提炼南开乃至中国管理思想智慧，共同著作《一流管理创新——走向世界的企业管理体系》一书，推出"争创世界一流企业管理体系"培训课程和系列服务，并开展"中国企业对标世界一流管理提升行动"调研活动。

鉴于您以及贵公司在行业内的管理影响和成就，我们特向您发送"中国企业对标世界一流管理提升行动"调查问卷，感谢您的帮助和支持。联合调查组郑重承诺：我们对您提供的资料予以保密，并保证完全用于推进中国企业管理体系能力提升活动。

为表示对您的感谢，请留下您的联系方式，我们将为您寄送相关电子资料，并盛情邀请您参加相关的线上、线下交流研讨活动。

您所在企业的名称：_____

您的联系方式（微信或邮箱）：_____

对于您的帮助和支持，再次表示感谢！

"世界一流企业管理体系"联合研究调查组

2021 年 3 月 6 日

第一部分 被调研者及企业基本情况

1. 您所在企业的类别属于：

☐ 97 家央企总部　　　　　　　　☐ 97 家央企下级单位

☐ 地方重点国有企业　　　　　　☐ 地方一般国有企业

☐ 民营企业　　　　　　　　　　☐ 外资企业

☐ 其他（请注明）：＿＿＿＿＿＿＿＿＿＿＿＿＿

2. 您所在企业的行业是：

☐ 工程建筑业　　　　　　　　　☐ 生产制造业

☐ 农业　　　　　　　　　　　　☐ 医疗

☐ 金融　　　　　　　　　　　　☐ 电子

☐ 纺织　　　　　　　　　　　　☐ 交通

☐ 通信　　　　　　　　　　　　☐ 互联网

☐ 计算机　　　　　　　　　　　☐ 咨询业

☐ 能源　　　　　　　　　　　　☐ 零售

☐ 矿产

☐ 其他（请注明）：＿＿＿＿＿＿＿＿＿＿＿＿＿

3. 您所在企业的规模为：

☐ 特大型企业　　　☐ 大型企业　　　☐ 中型企业

☐ 小型企业　　　　☐ 微型企业

4. 您所在部门和职位：

☐ 高层领导　　　　☐ 业务部门负责人　　　☐ 职能部门负责人

☐ 业务部门基层　　☐ 职能部门基层

☐ 其他（请注明）：＿＿＿＿＿＿＿＿＿

第二部分 "对标世界一流企业管理体系"进展情况

1. 您所在企业对于"对标世界一流企业管理体系"行动目前的状况：（可多选）

☐ 进行了宣贯落实　　　　　　☐ 确定了责任部门与人员

☐ 做好了资金、人员与制度保障　　☐ 制定了对标提升行动实施方案

□明确了对标提升工作清单 　　　　□取得了阶段性预期成果

□只获得了相关通知，暂未开展具体行动

2. 您所在企业对于"对标世界一流企业管理体系"行动的目标：（可多选）

□完成上级单位的任务交付

□借此行动使公司经营拓展与体系管理能力得到切实提升

□到2022年成为管理提升行动推出的国家级管理标杆企业

□到2022年成为管理提升行动选树的国家级管理标杆项目

□到2022年成为管理提升行动推广的国家级管理标杆范式

□到2022年成为管理提升行动推出的地方级管理标杆企业

□到2022年成为管理提升行动选树的地方级管理标杆项目

□到2022年成为管理提升行动推广的地方级管理标杆范式

3. 您认为达到上述目标的重点工作任务有哪些？（可多选）

□提升战略引领能力 　　　　　　　□提升科学管控能力

□提升精益运营能力 　　　　　　　□提升价值创造能力

□提升自主创新能力 　　　　　　　□提升合规经营能力

□提升科学选人用人能力 　　　　　□提升系统集成能力

□体系管理相关能力

□其他（请注明）：_____

4. 您认为达到上述目标的主要抓手与突破点有：（可多选）

□强化高层领导重视与支持程度

□提升中层管理人员认知与落实力度

□营造管理创新整体氛围，广泛调动群体参与

□明确目标认知，清晰实现路径

□突出重点工作，加强资源保障

□获取高校专家、专业智库、标杆企业的外部支持与帮助

第三部分 "中国企业对标世界一流管理提升行动"
活动及服务意向

1. 对于以下活动，您感兴趣的有：（可多选）

□《一流管理创新——走向世界的企业管理体系》新书与"中国企业对标世界一流管理提升行动"调研报告发布会

□世界一流管理体系标杆企业参观走访

□世界一流企业管理经验分享与专题交流会

□中国世界一流管理体系案例大赛

□中国企业走向世界一流管理故事宣讲团

□参与世界一流企业管理体系专委会组织与活动

2. 对于以下服务，您可能需要的有：（可多选）

□企业一流管理体系成熟度评价

□世界一流企业管理体系培训

□企业现有管理体系提升策划

□企业一流管理体系专题研究

□企业一流管理体系咨询服务

□企业一流管理体系品牌推广

3. 针对以上活动和服务，您还有哪些建议与期望？

_____

_____

_____

扫码答题更方便！

参考文献

1. 郭瑜. 加强内控制度建设，提高风险防控能力，防范企业经营风险[J]. 社会保障问题研究，2016.

2. 丁璐. 物流基础[J]. 新商务周刊，2018.

3. 高培龙，等. 三链协同、五优联动推动企业高质量发展——陕西粮农集团粮食产业经济创新与实践[J]. 中国粮食经济，2019.

4. 丁立会，王法涛. 雄安新区科创中心建设的产业战略分析——基于创新链与产业链融合的视角[J]. 商业经济，2019.

5. 洪银兴. 围绕产业链部署创新链——论科技创新与产业创新的深度融合[J]. 经济理论与经济管理，2019.

6. 陈劲，尹西明. 范式跃迁视角下第四代管理学的兴起、特征与使命[J]. 管理学报，2019.

7. 高冠新，刘明诗. 管理的三重根本属性[J]. 湖北社会科学，2009.

8. 王冠男. 解决多种管理体系运行问题——施工企业管理体系一体化建设实践[J]. 施工企业管理，2018.

9. 黄群慧. 改革开放四十年中国企业管理学的发展——情境、历程、经验与使命[J]. 管理世界，2018.

10. 王永贵，李霞. 面向新时代创新发展中国特色企业管理学[N]. 人民日报，2019-11-25（009）.

11. 宿春礼. 世界上最伟大的思想书[M]. 哈尔滨：黑龙江科学技术出版社，2008.

12. 张烈生. 蓝色基因[M]. 北京：中国华侨出版社，2011.

13. 施炜，苗兆光. 企业成长导航[M]. 北京：机械工业出版社，2019.

14. 潘武林. 企业管理理论在县域城市发展管理的应用研究[J]. 财会通讯，2012.

15. 郑健. 中国高铁客站的创新与实践[J]. 铁道经济研究，2010.

16. 卢纯. 培育打造强国重企推动国家崛起强大[EB/OL]. http://www.qstheory.cn/d.

17. 普华永道. 深化国企改革五部曲：建设世界一流企业［EB/OL］. https://www.sohu.com/a/3.

18. 公司治理究竟"治"什么［EB/OL］. https://www.sohu.com/a/3.

19. 任志宽. 推动产业链与创新链深度融合［EB/OL］. 2020. https://c.m.163.com/news/a/FHMTDTHC0511DV4H.html?referFrom=&spss=adap_pc.

20. 人民日报评中兴事件：核心技术靠化缘要不来，花钱买不来［EB/OL］. https://baijiahao.baidu.

21. 国资委启动国有重点企业对标世界一流管理提升行动［EB/OL］. https://www.gtja.com/cos.

22. Pete. 字节跳动的管理哲学［EB/OL］. http://www.woshipm.com/chuangye/4091102.html.

23. 熊二哥. 字节跳动核心竞争力学习与思考［EB/OL］. http://www.cnblogs.com/xiong2ge/.

24. 陈思. 张一鸣：创业 6 年，估值 750 亿美元！人才不是核心竞争力，机制才是［EB/OL］. 2019-12-19. https://mp.weixin.qq.com/s/03yDB6-gvSIL7e69CNfVpw.

25. 张一鸣 10 年面试过 2000 人：混得好的年轻人都有这 5 种特质.［EB/OL］. http://www.360doc.cn/mip/656671328.html.

26. 国务院国资委《关于开展对标世界一流管理提升行动的通知》。

后 记

在本书编辑出版的同时，世界经济竞争，特别是以"世界一流企业"为主体的竞争，还在如火如荼地进行。

书稿顺利完成并如期出版，是众多专家、学者、企业家、管理精英更各界人士同创共融的结果。本书的立意启动，始终是在南开大学原MBA专业委员会主席张金成先生"项目化管理"思想指引和核心引导下进行的；本书的推广价值，受到了全国政协常委、南开大学创始人张伯苓嫡孙张元龙先生、张伯苓研究会顾问罗世龙先生的鼓励和肯定；本书的研究推进，得到了包括南开大学商学院白长虹院长、以及薛红志、孟繁强、李季、杨坤等教授的理论指导和专业辅导；本书的要点呈现，融合了中国铁路总工程师郑健先生、中车集团副总裁余卫平先生、物美集团董事长张文中先生、开滦煤矿书记王和贤先生、中车唐车叶彬先生、中国铁设集团王宏宇先生和李华良先生、天孚物业原董事长刘长进先生、天狮集团董事长李金元先生、桓兴医院原院长丁剑先生等众多成功人士的经营管理智慧；本书的快速出版，得到了南开大学出版社董事长邵刚先生和周敏编辑、机械工业出版社张星明先生、天津人民出版社张素梅老师的专业支持；本书的写作编辑，凝聚了我的助理王旭女士以及众多道特同事优秀专业和执着敬业的辛勤付出；本书的发行推广，还得到了南开大学校友总会秘书长曾利剑先生、南开大学天津校友会会长詹先华先生、南开大学EMBA校友会会长文飚先生、南开大学房地产校友会张雪峰先生等的积极鼓励和大力支持。另外，还有很多专家、领导、朋友，都给予了大力帮助，限于篇幅，不能一一列举，仅在这里，一并表示感谢并致以专业崇高的敬意。

希望本书重点阐述的以"创新变革"为核心的企业管理体系概念观点、模型系统，以及相应的管理法则、方法和工具，对于那些已经成为或正走向"世界一流"的企业有所裨益。

同时，更希望本书所倡导的跨越时空、国界和文化的开放合作理念，能够让更多的国家、民族和企业，从零和游戏的竞争，乃至残酷的竞杀，走向全球化共融的竞合发展。

　　鉴于当今社会经济发展的不确定性，以及世界一流企业发展的快捷性，本书在"世界一流企业管理体系"（创新管理体系）的研究思路和成果方面，还存在着各种不足，也希望通过本书的出版，能够联系和认识更多"创新管理体系"的实践者和"世界一流企业管理体系"的研究者，希望大家能够共同交流分享，跨界合作，促进世界一流企业的发展和企业管理体系理论的成熟。

　　最后，衷心祝愿中华民族，乃至世界各民族，在新时代里，以创新为核心，以合作为抓手，协同发展，共创辉煌。

韩连胜

2021 年 1 月于南开园